法哲学叢書 9

自由の契約法理論

山田八千子

弘文堂

序　文

本書は、自由をベースとして、契約法理論を展開していこうとする試みである。本書で扱われるのは、経済的自由、契約自由と呼ばれる領域に属するタイプの〈自由〉である。経済的自由は、精神的自由や政治的自由と区別して扱われることもあり、また、市場経済や契約という問題領域は、人権、生命倫理、多文化あるいはジェンダーのような、解消しがたい深刻な道徳的対立をもたらすような分野とは性質が異なるといわれることもある。たとえば、生命倫理の領域において、堕胎や臓器移植を肯定するか否定するかについては、主張の対立する論者間に深刻な道徳的価値観の対立が発生し、この対立は、解消されなければ、場合によっては悲劇的な選択をもたらすこともあり、相争う当事者が対立を解消することは困難である場合も多い。たとえば、臓器移植を認めるべきかどうかという争いは、一方が他方に対し金銭の提供をすることで解決できるタイプの紛争ではない。他方、市場や契約の領域における対立が、こうした解消しがたい生き方の対立として立ち現れることは一般的ではなく、市場経済や契約をめぐる対立は、道徳的な価値対立ではなくて利益の対立に過ぎないのだ、と表現されることもある。ある商品の情報提供をめぐる消費者と事業者との争いを例にとれば、特定の財・サービスについて十分な情報を提供されなかったために損害を被った被害者から事業者に対し損害賠償や契約解除を求めて裁判が提起されたとしても、事業者が消費者に対し相応の金銭的な償いを申し出ることで、双方が和解に至ることは想定しやすい。しかし、市場経済、自由競争や契約をめぐる問題は、本当にこうした利益対立問題に還元され尽くすものなのだろうか。

契約法の領域での経済的自由の重要性を表した契約自由の原理は、近代法においては、まさに原則として地位を確固たるものとしていたが、現代においては、その原則としての地位は必ずしも万全とはいえない。契約自由の原理に対する例外、つまり契約自由の原理を様々な理由から修正する原理の方が、現代契約法の領域では、むしろ実質的な主役になっている印象を受けることも多いし、契約の自由の原理と密接に関連する自律という理念も、現代社会においては形骸化しているといわれることも少なくない。また、日本の契約法理論の領域における〈契約自由から契約正義〉へという標語で表されるように、契約法の領域でも分配的な正義や矯正的ないし交換的正義の方に比重を置くタイプの考え方すらも提唱されてきた。

では、契約自由の原理は、原則としての地位を放棄されるべきなのだろうか。いや、やはり放棄されるべきではない、と回答するとしたら、契約法における〈自由〉の理念は、いまだに魅力のある実体を有する理念として通用しうるのかという問いが生まれてくる。そして、契約の自由が魅力ある理念として通用することが可能であるとしたら、その中核となるのは、どのような〈自由〉なのであろうか。あるいは、仮に契約の自由という理念を放棄するとしたならば、契約法の領域から何か重要なものが失われてしまわないのだろうか。本書は、こうした素朴ないくつかの疑問から出発した。

経済的自由、契約の自由についても、政治的自由と同じように尊重されるべきであると主張する代表的な見解は、最も自由を尊重すると自認するリバタリアニズムと呼ばれている考え方である。このリバタリアニズムの法理論を手がかりにして、契約法における〈自由〉の理念の魅力を分析することは、一つの有力なアプローチの仕方であり、本書は、リバタリアニズムの見解、とりわけM・ロスバードやF・A・ハイエクのような経済学におけるオーストリア学派の立場から数多くの示唆を受けている。しかし、個人と市場、国家との関係をどのように把握するかをめぐっては、リバタリアニズム内部でも必ずしも意見が一致していない。契約法の領域において市場と国家との関係をどのように把握するかについては、単一的な国家秩序を廃止し市場を中心とした分散的な秩序の確立を目指す市場無政府主義（アナルコ・キャピタリズム）の立場においても、国家の役割を裁判、警察、国防のような最小限に限定する最小国家論の立場においても、いまだ解消すべき問題点が数多くある。市場秩序、国家秩序、そして市場秩序とも、国家秩序とも区別可能な三番目の領域――家族、近隣の地域共同体、ＮＧＯ・ＮＰＯなどの様々なものが考えられる――という三つの社会秩序の中で、個人がどのように位置づけられるのかという問題も無視されてはならない。こうした観点から、本書は、リバタリアニズムの法理論の魅力と同時に限界や問題点をも分析、検討することで、従来のリバタリアニズムの枠に限定されないような、〈自由〉を基礎にした契約法理論を目指している。

さて、〈自由〉を基礎にして契約法理論を展開していくという本書のアプローチに対しては、自由という理念以外にも、もっと重要な理念が存在するのではないかという反論が容易に想定されるので、あらかじめ対処しておきたい。たしかに、生命身体に対する最低限の安全が確保されていない究極の状況下では、自由の理念は無意味な場面もある。社会の基盤を脅かすと明白に立証された取引に対し規制をおこなうことも、理にかなっているだろう。また、平等という理念も、平等の中味をどのように捉えるのか自体が議論の対象となるが、独立に扱われるべき理念といえよう。さらに、連帯や配慮という、現代社会で注目が向けられつつある価値についても、契約法の領域では連帯や配慮は無関係で検討にも値しないと切り捨てることは、もはやできないかもしれない。本書では、こうした自由とは区別されうる様々な理念について、これらを否定したり消極的な価値しかないという主張を展開したりすることを直接の目的とはしてはいない。むしろ、社会の中に存在すると考えられている、こうした様々な理念の中でも、個人の経済的〈自由〉の理念の価値を探求することで、どこに到達するのかに、本書の関心はある。よって、たとえば、主体を表す用語としては人、個人、事業者、消費者という用語を用い、伝統的に政治的自由と関わりが深い市民という用語はあえて避けている。経済的な自由を中核として、どこまで魅力的な私法理論が提示できるかが、まさに本書の課題なのである。本書はⅢ部構成となっており、第Ⅱ部の「市場経済と契約法理論」がその中核となるが、第Ⅱ部の一部は既出の論文を元にして、これらを大幅に書き換えたものである。この第Ⅱ部の「市場経済と契約法理論」を基礎にして、市場経済の領域へ問題関心が拡がり出来上がったのが第Ⅰ部の「自由論と市場経済」であり、法概念論の領域に問題関心が拡がった結果が第Ⅲ部の「契約法理論から法概念論へ」である。

本書は、東洋大学法学部、中央大学法学部、中央大学法科大学院における法哲学の講義の経験を元にしている。また、二〇〇四年度から発足した法科大学院において、実務法曹を目指している学生たちに対し法哲学と民法学の両方を講義する機会を得たことも、本書の問題意識をより一層深めることになった。法哲学と実定法学という二つの科目を並行的に受講者に教えて、彼らから実践的な問題と関連づけるような刺激的な質問を受けることは、法学部教員時代には得られなかった貴重な経験であった。法科大学院では、日々の講義を通して、まさに法哲学と民法学との対話を自分自身の中で繰り返すという営為を実践することができた。また、法科大学院に奉職したことにより、様々な場面で実務法曹の方たちの法哲学に対する関心の深さをより一層身近に感じるようになった。本書は、こうした経験もふまえて、契約法における実践的素材を活用して、法価値論と法概念論とを併せた包括的な法哲学的考察をおこなうという構成をとることを試みたものであり、法科大学院生のみならず、実務法曹の方たちにも、法哲学的問題への関心をより一層深めていただく契機になればと願っている。

本書は、本当に多くの方々に学恩を負っている。中央大学大学院時代の指導教授であった山田卓生先生には、民法学と基礎法学双方にわたるご指導をいただき、筆者の問題関心が専攻の民法学にとどまらず拡がっていくことについても寛大に受け入れていただいた。そして、故矢崎光圀先生には、大学院に入学以来、言葉に表せないほど本当に多くのことを教えていただいた。先生の敬愛すべきお人柄に身近で接し、暖かく見守り続けていただいたおかげで法哲学の研究を続けることができたことを、心から感謝したい。さらに、イギリスのＬＳＥにおいて在外研究した折にご指導をいただいたヒュー・コリンズ先生は、契約法・労働法・法理学という広範な領域を扱われており、市場経済の中で契約法理論を把握するという考え方を実践し常に実定法の具体的な問題を出発点として哲学的アプローチをおこなうという研究姿勢を間近に示していただき、多大な影響を受けた。

井上達夫先生（東京大学）は、法哲学叢書に執筆することを勧めて下さったうえに、本書の草稿にも目を通していただき、数多くの詳細で有益なコメントをいただいた。日頃のご指導を含めて、心から感謝をさせていただきたい。もちろん、本書の記述に誤りがあるとすれば、その責任はすべて筆者にあることはいうまでもない。

また、日本法哲学会をはじめ、様々な研究会や学会において報告の機会を与えていただき、多くの方々から有益なコメントをいただいたこと、そして、既出の関連論文に対して様々なご教示をいただいたことにも深く感謝したい。ご指導をいただいた数多くの先生方の中でも、桂木隆夫先生（学習院大学）、亀本洋先生（京都大学）、嶋津格先生（千葉大学）、田島正樹先生（千葉大学）、松浦好治先生（名古屋大学）、森際康友先生（名古屋大学）、森村進先生（一橋大学）のお名前を挙げさせていただきたい。さらに、東京法哲学研究会の若手研究者の方々との交流の中で知的な刺激を受けていることについても、とりわけ鳥澤円氏（関東学院大学）には日々の会話の中で数多くの示唆を受けていることに、お礼を申し上げたい。

最後に、本書の完成にあたり、執筆の遅い筆者を辛抱強く暖かく激励し、ひとかたならないご尽力を下さった弘文堂編集部の北川陽子氏に心よりの深い感謝の意を表したい。

二〇〇八年三月

山田　八千子

自由の契約法理論◉目　次

序　章

「知識を獲得して、そしてそれを自分の内に取り込むには、各人が自分で知識を獲得しなければならないことは、自然の法である。誰も、彼に炎の本質を教え、彼にそれを真に理解させることはできない、たとえ彼の両親でさえ。彼は自分で炎について実験をしなければならず、そして火傷を負わなければならない。初めてそれで、彼は炎とは何かを知ることができるのである。」

ライサンダー・スプーナー（1808–1887）『悪徳は罪ではない』
: Lysander Spooner, Vices are not Crime : A Vindications of Moral Liberty, Sec. 14, 1875.

本書のメッセージは、シンプルであるが、異論が予想されるものである。契約の自由、契約制度における自由が、自由社会の構想にとって欠くことができないものだという議論を展開し、市場経済が確立された魅力のある自由社会と協働しうる契約法理論の正当化を試みるものである。

1　契約自由の理念の揺らぎ

現在、自由な交換や市場経済の原理が最大限にその機能を発揮するべきであるという主張をおこなおうとすれば、直ちに、数多くの反論が予想される。

まず想起されるのは、市場経済や自由な交換を擁護する立場は、いわゆる弱者と呼ばれる人たちの立場を意識的に無視しているか、せいぜい好意的に解釈しても、楽観的すぎるという反論であり、素朴であるが強力なメッセージ性を有している。

この反論は、端的にいえば次のようにまとめることができよう。自由な交換や市場経済の原理が最大限に機能する場面で利益の享受ができるのは、ごく一部の人間である。自己の方向を決定するについて他人から影響を受けにくく、熟慮のうえで判断をおこなうことができるような強い人間は、市場経済が確立した社会での自由な交換により、相応の利益を享受することができる。しかし、他人から影響を受けやすく軽率に判断をおこなうような弱い人間は、利益を享受するどころか、強い人間の犠牲になってしまう。市場経済を礼賛する自由主義は、強い人間を想定したり期待したりしているのではないか。しかし、強い人間は例外的であって、むしろ弱い人間が大多数である。そもそも、市場経済自体が、自己の利益の極大化をはかる人間同士が争う弱肉強食の世界である。その社会に溢れているのは、利益の極大化のためには、遵法精神を有さず、自己の利益になる場合にはためらいなく法を破る、法制度に対して外在的な人間であり、それを許容し促進する原理こそが、市場経済原理である。したがって市場経済には、利益追求のための市場の論理はあっても、市場倫理のような観念も、自分以外の他者との関係が問題関心となりうる公共性の契機も存在することができないと。

次に、市場経済への批判は、法制度は、むしろそうした市場経済の原理を減殺するような方向で、機能するべきなのではないかという立場へと発展しうる。すなわち、市場経済や自由な交換としての契約の正当化を強調する法理論は、二〇世紀以降のいわゆる福祉国家理念の下で、伝統的な契約自由の原理を修正する様々な法原理や法準則（法的ルール）が契約法の領域において出現している傾向に逆行しており一九世紀型の消極警察国家的自由主義へ、先祖返りするのではないかという反論として現れる。この立場は、次のような形で論旨を展開することが予想される。一九世紀型の自由主義が前提にしていたとされる対等な当事者というフィクションは、現代では、ますますそのままの形では維持できなくなっている。市場に参加する当事者の間に、経済的側面や情報の量・質の側面において、程度の差はあれ、見過ごすことが公正でないと相当数の人が感じるような格差が存在する事態があることは、認めざるを得ない現実として、私たちの前に突きつけられている。このような場合には、市場経済における自由な交換を放任することは許容されるべきではない。こうした事態を防ぐために、むしろ、契約自由の原理は、原則としての地位を奪われ、法制度は、契約自由の原理とは異なる原理を導入して、積極的に契約を規制することを奨励するべきなのではないか(1)。

さらに、格差があるということを前提にすれば、市場経済の基盤である自由な交換という理念自体も怪しくなってくるのではないかという、自由という理念を重視する構想に立つ立場からの内在的な批判も予想される。すなわち、自由な交換という言葉は、当事者が他人から過度に影響を受けないという意味で自律的な判断をしたことが前提になっているが、契約の実態を見れば、この前提は虚構に過ぎないのではないか。消費者と事業者との間のように、消費者が十分な情報を保有することができず、事業者が有している情報を保有していたならば、契約をおこなわなかった場合には、はたして消費者は真の意味で自律的な判断をしたと評価できるのか。あるいは、事業者と事業者との間でも、系列企業下の元請負人と下請負人との契約に典型的なように、一方当事者の経済的な立場が弱い場合には、他方当事者にとって有利な契約を不承不承受け入れている側の当事者は、自由な交換をしたと到底評価できないのではないか。したがって、自由な交換を基礎づける自律性を確保するために、自由な交換としての契約

に対して法制度による規制を導き入れる必要性があるという立場が生じてくるのである。(2)

2　契約自由の理念の魅力

以上のような様々な強力な反論が想定されるにもかかわらず、本書が、あえて市場経済や自由な交換としての契約の自由を基礎とする契約法理論を定立しようとするのは、なぜか。

結論的にいえば、右で紹介した批判は、一部は正しいが一部は誤っており、総合的にみれば、市場経済や自由な交換の積極的な価値を認めることにとって決定的な打撃を与えるものではないし、個別的にみても、たとえば知識の発見・伝達のような市場経済の機能を無視ないし過小評価するという弊害をもたらすものである。具体的に一体どの部分が誤っているのか、あるいは市場経済や自由な交換の積極的価値についての論証は、本書の第一章以下で展開するところであるが、この序章では、市場経済が確立された自由な社会の魅力、つまり本書で展開する議論の基底となっている契約自由の理念に基づく契約観について、言及しておきたい。

人々は、雑多な人間関係の中に生きている。人にとって、最も身近な人間関係は通常家族であるが、さらに、人々は、血縁、地縁、社会的地位で結びついた、親族、地域社会、階層社会などの中間共同体としての様々なコミュニティの関係の中で生活している。便宜上、このような関係を「自分たちの仲間」と呼ぶことにしよう。そこでは、自発的であれ、非自発的であれ、お互いに相手の利害に興味があるという意味で親密な関係が形成されているのであって、人は、このような自分たちの仲間との関係の中でのみ生きている状況では、その仲間に情緒的に依存している。もし、個人が仲間との間だけで関係をつくり上げていかざるをえない環境にいるとしたら、その人は、自分たちの仲間に情緒的に依存せざるをえないであろうし、そうなってしまえば、その人に「個人」という名称を付ける必要もないかもしれない。しかし、人々は、お互いに相手の利害に興味がなく愛着もない場合であっても、相互に利益をもたらすような仕方で、相互作用をもたらすことができる。しかも、これは、継続的関係ではなく、一回の取引で終わるような、いわゆる単発的契約と呼ばれる場面にあってさえ生じる。こうした相互作用をもたらすことができる仕組みこそが、契約である。人は、契約制度が確立されたことで、相手に対する愛着に基づかず、言い換えれば自分たちの仲間との間に限定されずに、関係を構築することができる。契約に関する分析は、個別の契約をめぐる文脈の中で検討されなければならないことは事実である。(3) しかし、個人は、契約という仕組みがあってこそ、自分を取りまく様々な情緒的な絆（affective bonds）に依存しなければならない関係から、解放されることができるのである。そして、市場ないし市場経済は、このような契約による相互作用の場として捉えることができるのであって、情緒的な絆からの解放という制度構想と必然的に結びついている。契約自由の理念は、個人を情緒依存から解放する途を開いたという意味で画期的なのである。(4)

なぜ、情緒的な絆からの解放が画期的であるのかについて、もう少し説明を加えた方がよいだろう。現代においては、絆からの解放は、むしろ望ましくないことであるという印象を有している人も多いかもしれない。たとえば、近代の自由主義思想が前提とする個人観は、個人の主体性が社会の中で形成され、社会に依存したものであるということを無視した誤った原子論的個人（アトミックな個人）に根ざしているという批判が、たちまち想起されるに違いないからである。しかし、問題を見誤ってはならない。私たちが直面すべき問題は、情緒的な絆の存在自体ではない。その絆がどのようなものであれ、自分たちの仲間との絆に縛られざるをえないことこそが問題なのである。むしろ、人が、他人との情緒的な関係を自発的に形成することは、自由社会の構想にとっても貴重な要素である。しかし、こうした自発的な情緒的関係の形成は、情緒依存せざるをえない状況とは、必ずしも親和的な関係にはなく、むしろ相反することも多い。

自分たちの仲間との情緒的な絆で縛られている状況は、誰にとっても望ましいものとはいえない。とはいえ、実際上、情緒的絆による束縛の弊害を被る程度は、人によって異なっているともいえよう。一般に、情緒的な絆の強さは、自分たちの仲間内において、たとえば和を尊ぶというような気質、情熱を傾ける対象、魂が求めているものなどの、善き生き方が共通しているほど、より一層強くなるといえるだろう。あるコミュニティ内部の他の構成員との生き方の同質性や、そのコミュニティ外部の人々との異質性を知り、外部の異質な人々に対する排除意識を感じれば感じるほど、その絆はむしろ強固なものになり、心地良いものとなる。しかし、どのように結束の堅いコミュニティであっても、自らの異質性を意識する部分集団が、多かれ少なかれ、そのコミュニティ内部において存在する。しかも、異質性を意識する集団は、決して固定化せず、絶えず流動している。昨日まで、地域社会の中心人物だった人間が、何かの事件をきっかけに村八分にされることは、頻繁に起こることであろう。そして、どのようなきっかけであれ、自らの異質性、多様性を意識しはじめた人々にとっては、情緒的依存関係のみで構成される社会は耐え難いものであるに違いない。コミュニティごとに固定した共通の善き生き方が存在するのではなく、善き生き方の構想が多様に存在し、人はそれを探求することが望ましいと考える思想は、このような耐え難い社会に対する防波堤となりうる。よって、自由な社会は、絆からの解放を意味する契約・市場経済とまさに密接に結びついているのであって、特定の卓越した生き方を押しつけるのではなく、個々人の善き生き方の多様な構想の競合を認めるという意味で寛容な社会でこそ、個人の多様性が尊重され、人はより善く生きることができるのである。市場経済が確立した自由な社会の魅力は、ここにある。市場経済の中で、公正で自由な競争をおこなう条件こそが問題とされるべきなのである。

3 自由論と契約法理論

本書は、契約法ないし私法の領域を扱っているわけだが、私法の領域では、周知のように、いわゆる私的自治の原則が妥当する。しかし、実は、契約のような、他者との関係を定義上前提としている領域で扱う問題は、純然たる私的な問題とはなり得ない筈である。また、国家による権能の付与や義務の賦課を伴う契約法の領域にあっては、すべての問題は公共的な事柄であるともいえる。現行の国家法秩序が、組織的な権力行使を必然的に伴う暴力装置の側面を有している以上、法が関わる事柄自体が、公共的契機を有しており、正義の理念の要請から無縁であることはできず、単純に公的領域、私的領域という分け方で問題が解決するわけではない。このため、契約法理論を展開するにあたっては、一定の哲学上の立場が前提にならざるを得ない。

本書の基本的な立場について明らかにする前提として、自由主義などの、自由な社会の存立の基礎となる構想に関する用語法につき、若干説明をしておきたい。日本において、しばしば自由主義と翻訳されるLiberalismという用語は、複数の意味で用いられているからである。古典的自由主義（Classical liberal）、リベラル、リベラリズム、リバタリアニズム（Libertarianism）のように、自由と関連性を有する用語も様々である。もし、Liberalismが、首尾一貫してあらゆる個人の自由を尊重する立場なら、このような事態は生じなかったであろう。元来、Liberalismは、少なくとも一七世紀から一九世紀にかけては、個人の自由を基礎とする社会構想であったが、二〇世紀のアメリカにおいては、平等を基礎とする社会福祉国家的な意味で用いられることになった。そこで、平等ではなく個人の自由を重視する立場、とりわけアメリカの論者たちが自分たちの思想を表す言葉として利用するようになった用語が、リバタリアニズム（Libertarianism）であり、日本では自由尊重主義と訳されることもある。さて、このような経緯から、アメリカ政治のある時期においては、リベラルないしリベラリズムという用語は、社会福祉政策と結びつけて用いられ、政治哲学、法哲学においても、この用法が使われていた。しかし、現在では、リベラリズムは、このように平等基底的な意味に還元する形で使われるのは、必ずしも一般的ではない(5)。

また、日本語におけるリベラリズムという用語と自由主義という用語との関係にも注意が必要である。井上達夫のように、リベラリズムは自由主義ではないのだと明言する立場もあるからである。井上によれば、リベラリズムと自由主義は同じではなく、自由主義は、むしろリバタリアニズムと親和的であると考えられている。そして、日本において、Liberalism を自由主義と訳すのが定訳とされたのは、リベラリズムが「自由」を根元的価値とする思想であるというリベラリズム理解に基づいている。したがって、Liberalism を自由主義と訳すのは誤訳であって、Liberalism はリベラリズムと訳すべきであるとする。井上の提唱するリベラリズムとは、自由へのしたたかな戦略であるけれども、リバタリアニズムとは異なって、自由以上の何か、正義を基底とするものであるとされており、すなわち、リベラリズムとは、リバタリアニズムと平等基底的なリベラリズムを包摂する理念（正義）に依拠するものとして扱われている。(6)

以上のように、現代における自由な社会の存立基盤をめぐる構想は、やや複雑であるが、本書では、自由社会における契約法理論を構築するという本書の目的の範囲で、以下のような用語法を用いたい。まず、自由と並んで平等の理念をも重視する福祉国家的なリベラリズムについては、平等基底的なリベラリズムという用語で表すことにし、たとえば、J・ロールズやR・ドゥオーキンの理論についても、社会福祉国家的な文脈で語るときには、平等基底的なリベラリズムという表現を用いる。他方、自由主義という用語については、リバタリアニズムと親和的な文脈で用いているのか否かをできる限り明らかにする形で用いることにしたい。(7)また、自由主義と峻別され、平等基底的なリベラリズムとリバタリアニズムを包摂する理念に依拠するものとしてのリベラリズム、つまり井上のような理解の下でリベラリズムという用語を用いるときには、この点を明示することにする。

さて、本書における基本的な立場は、複数の善き生き方の競合を認めるという意味での自由な社会の実現を求めるものであって、自由を基点として、市場経済や契約法制度を検討すべきであると考えている。したがって、経済的自由を精神的活動の自由と同様に尊重するリバタリアニズムの論者の主張に共感し、これに依っているところが多いのは間違いない。しかし、第Ⅰ部および第Ⅱ部で具体的に展開するように、リバタリアニズムの市場経済や契約に関わる主張には魅力があると同時に限界や問題点もありうると考えており、個別のイッシューにおいては、リバタリアニズムの個別の論者の立場に対して批判的な態度を採用している点を、ここで確認しておきたい。

4　市場経済・契約法理論・法概念論

本書は、三部構成で、それぞれ市場経済、契約法理論、法概念論を扱っている。それぞれについて、その狙いと概要を簡単に言及しておきたい。

第Ⅰ部と第Ⅱ部は、いわば法価値論の領域を扱っている。第Ⅰ部では、契約法の舞台となる市場経済に関する様々なファクターを対象として、その分析をおこなう。その分析にあたっては、いったん契約法という法制度とは分離した形で、市場の意義、市場に参加している当事者たちの本性の分析ならびに市場倫理について議論している。市場経済と契約法とを分けて論じた狙いは、逆説的ではあるが、市場経済と契約法が繋がっていることを強調するためである。従来、我が国の契約法理論における理論動向において、市場経済との繋がりが十分に意識され議論されてきたとはいえない(8)。よって、あえて、冒頭に、市場経済に関する筆者の立場を明らかにすることで、市場経済と契約法との密接な連関性を浮き彫りにすることを意図したのである。

第Ⅰ部において、非主流派経済学に属するオーストリア学派の経済学に筆者が親和的な立場であることを鮮明にして、オーストリア学派のアイデアから受け取った、いくつもの示唆を基に議論を展開している。これはオーストリア学派の市場観に共感を有する筆者の立場を明らかにしたうえで、市場経済と契約法との関係を論じるための準備作業である。

続く第Ⅱ部では、契約法に関する基礎理論、とりわけ契約法制度の基底にありうる倫理的価値群に向かい合う形で論述を展開している。具体的には、契約という法実践の領域で、自由、自律あるいは平等のような倫理的な価値がどのように位置づけられるべきかという視点で、議論が展開される。

第Ⅱ部の、自由を基軸として展開したアプローチは、筆者が、法制度の基礎に一定の倫理的な価値への志向性を認め、それが正当化されるという立場を採用していることを意味している。このように法制度の基礎に一定の倫理的な価値への志向性があると述べることは、法制度の基礎に実在している普遍的な価値に基づいて議論を展開していると述べることに比べれば、より控えめではある。しかし、一定の価値判断を混入させて法理論を論じること自体に、否定的な立場もあるし、そもそも、契約法の基底にある倫理的価値群の序列、構造、意味自体についても、考え方は一様ではない。しかし、価値観が多様だからこそ、その共存を可能にする、より基底的な価値原理の探求が可能になるといえるのではないか。

第Ⅲ部の「契約法理論から法概念論へ」は、契約法を素材として、法システムや法的思考の領域を扱う。私たちが、自分たちを取り巻く社会制度の中で、法システムをどのようなものとして把握するべきか、法解釈の対象となる条文や判例の中で用いられている言語がどのような性質を有しているかと考えるべきかは、契約法理論を検討するにあたっては取り上げざるをえない問題である。また、契約法のような私法は、私たちの自由を狭めるものなのか、それとも法によってこそ人は自由に活動することができるのかということも、社会における法のあり方に深く関わっている。こうした問いに応える領域は、広い意味で法概念論と呼ばれる領域である。周知のように、第Ⅱ部の法価値論と第Ⅲ部の法概念論とは、法哲学の領域における二つの主要な問題領域である(9)。ただし、この広義の法概念論——特殊な規範体系としての法を同定しようとする狭義の法概念論と特殊な思考様式・推論形式として法的思考を解明する法的思考論双方を含む意味での——は、法価値論とは独立した領域であって、本書が法概念論について言及する必然性はなく、「契約法理論から法概念論へ」という第Ⅲ部の表題自体が、むしろ勇み足だという批判もありうるかもしれない。しかし、契約法に関する基礎理論は、法概念や法的思考・法的推論・法解釈についての何らかの立場を、少なくとも暗黙の前提にしない限り、整合的な形で論旨を展開することはできない。また、このような大仰な取組み方をしない通常の場合であっても、すなわち実定法上の法律問題について実定法学者が法解釈を検討している際にも、少なくとも個別の事例の検討の中では、法概念論上の一定の立場が明示的であれ黙示的であれ、解釈者の解釈技法等に混入しているはずなのである。[10]そこで、第Ⅲ部では、広い意味での法概念をめぐる領域に関する論述を展開することとし、実定法学者のみならず、裁判官、弁護士などの実務法曹にとって極めて重要な役割を果たしている法的推論・法解釈に関わる法的思考の領域を中心に検討をしたい。

法学の領域における思考法つまり法的思考とは、どのようなものか。それは、他の「学」とどのような相違点があるのか。一般に法的思考と呼ばれている思考様式は、数学、物理学のような社会科学以外の領域における思考法と区別できるし、同じ社会科学の分野に属する経済学における思考法とも区別できるだろう。法分野における思考法という言葉でまず念頭に浮かぶのは、「リーガル・マインド」と呼ばれる思考法であるものの、リーガル・マインドの実体は、実は曖昧で漠然としていることも、法律学を少し勉強すれば明らかになる。しかし、法的思考が、固有の思考方法を有しているという確信は、良かれ悪しかれ、法律学に携わる者一般に共有されている。

何を固有の法的思考方法とするべきか自体が論争的な問題であるが、法的思考と切り離すことができないと一般に考えられてきた思考方法がある。いわゆる法的三段論法と呼ばれる思考方法がこれである。法的三段論法とは、一般的抽象的な法規範を大前提とし、裁定者、たとえば裁判官によって認定された具体的事実を小前提として、この小前提を大前提の構成要件に包摂することによって結論を導出するという形式をとるタイプの三段論法であるとされる。[11]この法的三段論法とは、典型的には裁判の判決書の場面で現れるものの、より広い射程を有しており、法的三段論法は、法律家——法学研究者、実務法曹双方を含む——にとって、法律を用いるための基本的な道具として修得されるべきだとされている。第Ⅲ部で述べるように、法的三段論法自体の機能の限界や基礎づけへの疑問については、とりわけ二〇世紀以降盛んに提起されているものの、現代でも、実務法曹にとっては、法的三段論法こそが、法的思考方法の典型例であろう。

裁判官は、裁判の場で提示される具体的な紛争に対峙し、事実を認定したり、法を適用・解釈したりする作業をおこなっている。裁判官の目の前には、当該事案を構成する様々な事実を提示されるわけであるが、事実群は、必ずしも一貫した整合性をもって示されるわけではない。もちろん、民事事件と刑事事件では、事実群を構成する事実関係の対立の質は異なっている場合も多いだろう。刑事の否認事件では、当事者である原告、被告人――刑事事件では原告たる検察官側と被告人側――の主張が、真っ向から食い違っている。他方、市場における契約をめぐる紛争を扱う民事事件には、有罪か無罪かという図式での対立はないが、民事の事件における原告側と被告側との事実関係をめぐる主張は、より一層複雑な形で食い違っている。たとえば、裁判官の向き合う事案の姿につき、原告側の提出する訴状とこれに応答する被告側の答弁書から、それぞれ描き出される事実関係は、同一の事案として把握できないような様相を帯びているかもしれない。あるいは、紛争の実体さえ明らかにならないような簡略でバラバラな貧弱な主張しか、訴訟当事者側は提出しないかもしれない。裁判の開始直後の弁論からは矛盾と混乱に満ちた状況しか提示されないこともありうる。裁判官は、こうした混沌とした事実群から、法の適用・解釈に関連しうる事実を抽出して事実を認定するとともに、当該事案に関わる法規を探し出して、法規を適用、また必要な場合には法規の解釈をおこなって、最終的に、法的に正当化されうる理由に基づいた結論を下すのである。裁判の判決を下す裁判官は、常に、こうした一連の作業を――手間のかかり方の軽重はあろうが――おこなっているわけである。裁判官が、弁護士などの法曹集団と協働でおこなっている、こうした作業全体こそが、法的思考が機能している典型的な場面であると宣言しても、異論は少ないだろう。

法的思考論へのアプローチの仕方は論者により様々であるが、本書の基本的な立場は、法的思考の特徴につき、二つの特徴をその中核として捉えて検討をすることにある。第一は問題志向的であることであり、そして第二は組織的強制力を具備していることである。

第一の法的思考の問題志向的性格とは、法的思考が、具体的な問題が与えられてはじめて、その思考内容が明らかになるという側面を備えていることを意味している。こうした問題志向的性格は、伝統的な法律学のドグマティック、いわゆる法教義学と呼ばれる思考様式の特徴とは一見整合しないように見えるかもしれない。第Ⅲ部では、なぜ不整合が生じたのかという原因に遡って、法的思考の問題志向的性格を明らかにした。

第二の組織的強制力の具備とは、裁判における法的思考の産物としての判決が、組織化された権力、現代国家においては中央集権的な国家という組織権力により、強制的に実現されるという特徴を有していることである。法令の条文や判決書は、言語から成り立っている生産物の中でも、特異な存在なのであって、人の支配ではなく法の支配が強く希求され、様々な批判を浴びながらいまだに重要な価値という地位を維持しているのは、法的ルールが強制的な支配を伴いうるルールだからであろう。そして、民事事件においても、刑事事件と同様に、私法の解釈から導出される民事事件の判決の有する強制的側面、すなわち公共的な側面が、法曹集団や実定法学者に強く意識されるべきである。強制的側面が民事事件においては刑罰という直接的な有形力の行使を伴う刑事事件におけるよりも見えにくいからこそ、この点を自覚する必要性は民事法における方が一層強い。

以上のような法的思考の二つの特徴を基軸としながら、第Ⅲ部では、自由を基底として、市場における、あるべき私法ないし契約法の姿を模索していく中で遭遇した問いとの関連で、法的思考や法システムをめぐる法概念論の争点を検討していく。

序章　注

（1）［森田 1998a］、［森田 1998b］、を参照。また、契約自由と対比する意味での契約正義という理念の提唱も基本的にはこの流れに属するであろう。［吉田克己 1999］一―五ページ、［星野 1983］二六七―二七六頁、を参照。

（2）［山本敬三 1993］、［山本敬三 2004］、を参照。

（3）周知のように近時I・マクニールが提唱した関係的契約理論という社会学的な分析をふまえた契約理論が有力に主張されている。日本におけるマクニールの理論の紹介と検討としては［内田 1990］があり、マクニール自身の関係的契約理論についての論文集としては［Macneil 2001］がある。契約自由の理念が一九世紀型の〈身分から契約へ〉という標語と結びつきがちであるのに対し関係的契約理論は、〈契約から関係へ〉という標語と結びつくと指摘されることがある。ただし、マクニールの関係的契約理論自体については、契約関係への介入を強める方向の理論として一般に理解される傾向があるが、これはマクニール理解としては、必ずしも正確ではないことに注意が必要である。マクニール自身が近時の論文で自認するように、関係的契約理論は、特定の政治的理論と結びつくような理論ではなく、むしろ取引や諸理論を分析する中立的な道具であり、マクニール理論の中核は取引を分析する際にはその文脈の中で検討するべきであることを強調することにあると考えるべきであろう。［Macneil 2003］207–210. を参照。

（4）D・ゴティエによれば、市場社会の非人格性は市場が実現してくれる根本的解放の基礎であって、「市場社会は個人を特定の情緒的な絆や強制的な結合から解放する。」という。［Gauthier 1986］100–104（一二六―一三一頁）．を参照。

（5）リベラルという言葉が、市場への国家の介入に禁欲的な一九世紀型の「リベラリズム」とは逆の意味で本格的に用いられるようになったのは、ニューディール政策以降のアメリカの政治ないし政治哲学の影響であり、リベラルは経済の中で政府の役割を拡大する主張を意味するようになった。その由来には、ニューディール政策前後のアメリカ特有の事情が存在するようである。たとえば、一九九八年に出版されたヤーギン&スタニスローの『市場対国家』の中では、第一次世界大戦の間に、革新主義の代表的な論者が、人気の落ちていた革新主義に代えてリベラル派という言葉を使うようになったと指摘されている。［ヤーギン&スタニスロー 1998］一三頁以下によれば、一九二〇年代にニューヨークタイムズ紙が「長年使われてきた『リベラル』という言葉が収奪された」と批判し、「過激なアカは、……『リベラル』という言葉を本来の所有者に返却すべきだ」と主張し、一九三〇年代初めに、大統領候補のハーバード・フーバーとフランクリン・ルーズベルトは、どちらが本物のリベラル派かで激論を交わした結果、ルーズベルトが勝利を収め、左派だという非難を単純にはねのけるためにリベラル派を使うようになり、政府が経済に果たす責任と役割についての新しい考え方を示す優しい言葉として扱われるようになった、とされる。

（6）［井上 1999a］一九七—二三五頁、を参照。また、日本におけるリベラリズムの再定義については、［井上 1995］、［井上 2004］を、参照。なお、自由論の系譜については、［ペルチンスキー&グレイ 1987］も、参照。

（7）リバタリアニズムと古典的自由主義との関係については、本書第Ⅱ部第三章の注（9）で詳細に説明しているが、とりあえず、ここでは、リバタリアニズムについては、本書では、特に注記がない限り、古典的自由主義、最小国家論（ミノーキズム）、無政府主義を含めた広い意味で使っていることを述べておきたい。

（8）市場経済と契約法との連関性を意識して記述された教科書の例としては、［Collins 2003］．を参照。

（9）法価値論、法概念論、法的思考論という三分法で表されることの方が多いかもしれない。

（10）R・イェーリングが、当時の裁判所から船荷の二重売買における危険負担の事例において鑑定意見を求められたとき、概念法学における教義学的な解釈の徹底を放棄して、いわゆる目的論的な解釈を導入した有名な事例は、法概念論に関する自らの立場の自覚の契機を端的に示している。［青井 2007］二一七—二一八頁、を参照。

（11）［亀本 1990］二二四—二二五頁、を参照。

I　自由論と市場経済

序

市場経済や契約の自由の原理は、序章で展開したような肯定的なイメージで捉えられるよりも、否定的なイメージで捉えられることの方が多い。たとえば、否定的なイメージとしては、以下に描くようなものが典型的である。

市場において、人々は、自らの利益を極大化することのみを欲して競い合い、自分の欲望の実現のためには、他人を犠牲にしても反省することはしない。その結果、知識や経済力などの市場で競い合うのに必要な資源を有していない者つまり弱者は、資源を有している者つまり強者の利益追求の手段へと化してしまう。弱者は強者の犠牲となるのである。

平等主義者（egalitarian）の視点からみれば、このような状況は、市場は、道徳的に望ましくない弱肉強食の場と映るかもしれない。このような眼で見れば、市場経済や契約の自由の原理は、強者にとってのみ利益があり、弱者にとっては多大な不利益をもたらす。そして、市場経済を重要な要素としている近代自由主義は、こうした強者こそを、自らの立場の人間像のモデルとしているのであるから、弱者の視点を排除しており、望ましくない帰結を導くのである。

他方、共同体における共通の善き生き方に着目する共同体論者（communitarian）の視点からは、市場経済は、情緒的な絆の基盤となっている共同体そのものの存立を危うくする存在と映るかもしれない。(1) すなわち、市場経済における自由競争原理により、人間の私利追求という欲望が放縦化されるが、市場経済自体には公共性の契機が乏しく、その商品交換の原理は、人間を交換の対象となる単なる商品と扱うことで、人間ひいては人間同士の関係を利潤追求の単なる手段へと化してしまうのである。加えて、競争原理の導入は、社会の基盤となるべき情緒的な人間関係を希薄化させる。たとえば、自由競争原理に基づく市場的サービスの提供による大規模店の出現は、伝統的に培われてきた共同体的な相互扶助や、地域に密着した小規模営業によるサービスのような、地域に固有の人間関係に結びついて提供されてきた種類のサービスを衰退させてしまう(2)。

では、自由な社会を望ましいとする側は、こうした批判に対し、どう応答するのか。まず一般的になされる応答としては、こうした批判は、市場経済を過度にカリカチュア化した一面的なものであり、市場経済の有しうる豊饒な中味について、意識的ないし無意識的に無視していると応答することが可能である。しかし、この応答は、もともと初めから市場経済や経済的自由を重視するタイプの自由主義に好意をもっている者の共感に訴えかけるかもしれないが、市場経済に対し懐疑的な立場を採用している者の意見を覆すような説得力は有してはいない。加えて、極端な市場原理主義者を除けば、自由な社会を擁護する側の者さえも、平等主義者や共同体論者からの批判が、市場経済が陥りやすい負の側面を、ある意味で的確に把握している点を認めざるをえない。したがって、市場経済が確立された自由な社会が望ましい社会であると擁護しようとする側は、平等主義者や共同体論者からの批判に対し、より注意深く熟慮して応答せざるをえないのである。

さて、自由主義的な市場経済に対する批判者たちの矛先は、一般に、主体と背景との双方に向けられている。

第一に、市場における自由競争が前提としている〈人間像に向けた批判〉がある。第二に、市場の存在そのものに向けられた〈背景に関する批判〉がある。もちろん、この二つの批判は密接に絡み合っているものの、争点を浮き彫りにするには区別して検討することが有用であろう。そこで、第Ⅰ部では、自由な社会の市場経済の擁護を、二つの批判に対応して展開していくが、冒頭に、両方の批判の骨格を素描しておきたい。

第一に、〈人間像に向けられた批判〉とは、市場における自由競争こそが価値を有しているとする立場が、特定の人間像を前提としていることへの批判であり、次のような論旨で展開されるのが典型的である。

市場経済は、合理的（rational）で自律した個人、いわゆる強い個人を、前提としている。この強い個人たちは、取引社会において対等な当事者として登場し、自己の行動を熟慮のうえの自律的な判断に基づき決定しており、その決定から生じた結果についても自己において責任を引き受ける者たちである。すなわち、競争に負ければ市場から淘汰される結果も引き受ける覚悟を有し、この覚悟通り、結果を引き受けさせることが不当ではない当事者である。しかし、人間は、必ずしも、そのような熟慮や自律的な判断・決定が十全にできる能力を備えた者ばかりではない。むしろ、様々な原因により、そのような能力を備えていない弱者が多数存在する。知識や経済力などにおいて、他者より劣る弱者は、自律的で合理的な個人としての強者の犠牲になり続けるのである。こうした現状が存在するにもかかわらず、市場経済を重視する経済的自由主義や、市場経済を尊重するタイプの法理論たとえばリバタリアン的な法理論は、人間像のモデルとして強者を中心に構築されている。よって、これらの理論は、前提としている人間像自体が道理に適ったものではない。

以上のような批判は、経済的自由も精神的自由も等しく重視する、リバタリアニズムに対してのみ、向けられているわけではない。平等のみならず**自律**に固有の価値を認めるタイプの、平等基底的なリベラリズム等をも名宛人とする批判であって、その意味で、自由な社会を擁護する立場全体が向き合い応答すべき批判なのである。そこで、第一章では、人間像問題について論じる。

第二に、主体とは切り離された形で措定できるような、市場それ自体に対する批判としての〈背景に関する批判〉が考えられる。ただし、この批判は、市場構造の特質に対してだけではなく、市場という場における当事者の相互作用によって生じる関係に対しても向けられている。その骨子は以下のように整理できる。

市場は、いわゆる弱肉強食の世界であり、市場における競争ゲームの結果として、必ず一方が勝者で他方が敗者となる。そして、経済的側面や情報収集の側面などにおける交渉力の格差が厳然と存在する以上、弱者は敗者となり、強者の犠牲となり続ける。

こうした競争は、次のような戯画的な事例として表すことができる。どこにも身を隠すところのない、アフリカのサバンナの中で、最終的には常にシマウマが追いつかれるように周到に計算された距離に、ライオンとシマウマを配置して、ライオンがシマウマを追いかけるような場面を想像してみるとよい。こうした状況で、追いかけっこのゲームを実施してみても――そもそも、これがゲームと呼べるかどうか自体が問題だが――、観戦者にとっては、彼らが特別に残虐な性向を有していれば別段だが、ゲームとしてのおもしろみはまったくない。ましては、参加しているシマウマにとっては、決して参加したくないゲームであろう。もし、ライオンとシマウマを市場における強者と弱者に置きかえてみれば、そのような競争を中心として成りたっている社会は、不安定で、決して魅力的な社会ではなく、**公正**な社会ともいえないだろう。

しかし、はたして、市場はこのような意味で弱肉強食的な社会であり、市場でおこなわれている取引にとって、右で述べたような特徴は、欠くことのできないほど本質的なものなのだろうか。いや、決してそうではない。市場経済は、むしろ弱者にとってこそ、魅力があり、しかも欠くことのできない制度であることを示すことは可能ではないか。自由主義的な市場経済を擁護しようとする側は、市場という背景や市場における当事者の相互行動の関係に対して向けられた第二の〈背景に関する批判〉に対しても真摯に応答しなければならない。そこで、第二章では、市場を**公正**な競争を実現させる背景として位置づけ、これを可能とする条件を探っていきたい。

第Ⅰ部　序　注

（1）もちろん、共同体論者すべてが、情緒的な絆で結ばれた共同体を、自らの共同体観として採用しているというわけではない。共同体論者が、どのような共同体観を採用しているかは、様々である。正義の基底性に対する共同体論の批判を最も強力に展開したと一般にいわれているM・J・サンデルは、J・ロールズのような正義を基底とする政治哲学が、空虚な、負荷なき自我（the unencumbered self）としての自我概念に依拠しているとして批判する。サンデル自身は、愛情のような利他的で情緒的な絆によって動かされるタイプの共同体とは区別される構成的共同体観（the constitutive conception of community）という概念を提唱する。そして、この構成的共同体とは、たとえば人間の卓越性の理想のような、一定の善を求める伝統を共有しており、単なる選択の自由を超える、選択の指針となるようなアイデンティティ（identity）を備えた主体は、こうした共同体の内部でだけ陶冶される。そして、こうした構成的共同体内部でアイデンティティが形成された人間的主体性に裏付けられた自我観として、位置ある自我（the situated self）という概念を主張している。［Sandel 1998］133–174（二五五—三二二頁）．を参照。すなわち、サンデルのようなタイプの共同体論者においては、情緒的絆と共同体観とは、形の上では切り離されている。共同体論の諸相ならびにリベラリズムの視点からの共同体論についての詳細な批判的検討については、［井上 1989］、［井上 1990］、を参照。

（2）［井上 1990］一二六頁以下は、共同体論が生じてきた背景には、リベラリズムが米国等にもたらしたひずみ、共同体的な人間関係の場を崩壊させたという認識があるとして、共同体論がアメリカにおいて勃興してきた背景について具体的に描写している。

第一章　人間像

一　人間像の意義

そもそも、正義に適った制度を論じるにあたり、なぜ、ある特定の人間像を確立しなければならないのか。実は、特定の人間像を打ち出すという姿勢は、自由な社会を構想する側で積極的に採用されてきた戦略ではない。むしろ、自由主義に対する批判的な文脈で、自由主義が前提とする人間像批判という形で展開されてきた。自由主義への批判的な文脈で検討されてきたことは、自由主義は合理的で自律的な強い個人を基礎に展開される構想であって望ましくないという、ステレオタイプ的な批判を想起してもらえれば、直ちに了解されるだろう。

強い個人と自由主義との結びつきに関する批判は、リバタリアニズムに対して向けられる場合が多い。もっとも、平等基底的なリベラリズムに対しても、程度の差こそあれ、こうした批判は向けられている[1]。もし、自由社会を構想するために自律という概念を肯定的に評価するならば、他者との情緒的な絆などの関係から独立することができる自律的な個人像を引き受けざるをえないからである。

では、多様な善き生に関する構想の競合を認める考え方としての自由主義あるいはリベラリズムは、多様な善き生き方の競合を容認すると標榜しているにもかかわらず、何らかの特定の人間像と結びつきを有しているのであろうか。

自由主義と特定の人間像との結びつきについて検討するためには、その結びつきがどのようなレヴェルのものであるかという点から、検討を始めなければならない。すなわち、よく用いられる「自由主義が前提としている人間像」という表現は実は相当に曖昧なものであり、人間像を論じるときには、事実的なものと規範的なものの二つのレヴェルに分けて論じる方がより正確なのである(2)。

第一の事実的なレヴェルとは、人間が事実に照らしてどのような性質・属性を有するものとして、想定されているかというレヴェルであり、いわば想定される人間像である。第二の規範的なレヴェルとは、人間がどのようにあるべきと期待されるかというレヴェルである。いわば、期待される人間像であって、何らかのあるべき人間像をめぐり、その性質・属性が検討されることになる。

1　想定される人間像と人間の属性

多様な善き生に関する構想の競合を認めるという考え方は、他の思想的立場と比べ、特定の個人像を積極的に想定しないタイプの考え方に属すると考える方が自然である。強い個人を想定しているという批判は、経済的自由と精神的自由とを両方とも尊重するリバタリアニズムに対して、集中的に加えられている。しかし、リバタリアニズムの思想家の論述をみれば、強い個人という、ある特定の人間像の想定を明言するよりも、むしろ人間の多様性に着目している主張が目立っている。

たとえば、自らの立場の根拠を自然権に求める原理的リバタリアンの代表者であるR・ノージックは、人間の異質さを強調する。彼は、『アナーキー・国家・ユートピア』において、最小国家を超えるような拡張国家が正当化できないという議論を展開したうえで、最小国家の理念が人々を惹きつける魅力に欠けていることを正直に認め、最小国家の有する欠点を補うために、人々が渇望するユートピアのための枠を検討している。彼は、この検討の中で、人々にとって理想となるコミュニティが存在していないことを論証する過程において、人間の異質さを、以下のように語っている。

最初の道筋は、人々が異なるという事実から出発する。彼らは、気質、興味、知力、情熱の対象、生まれつきの性向、魂の求めるもの、そして送りたいと思う人生の種類、において、異なっている。彼らは、もっている様々な価値において異なり、共通にもっている諸価値に異なるウェイトづけを与える。彼らは、異なった風土に住みたいと思い、それぞれ山岳地、平原、砂漠、海岸、大都市、小さい町、などに住みたいと思う。すべての人々にとって理想となるような**一つの**コミュニティーがあると考える理由はないし、そのようなコミュニティーはないのだ、と考える理由は多くある。(3)

ノージックと同じく自然権論的リバタリアンの立場の森村進は、リバタリアンが、事実としての人間像につき、特定の人間像を想定しているわけではなく人々の間で多くの点で相違があるという事実を重視している点を、強調する。その結果、リバタリアンは、政府が特定の生き方や価値観を公的に決定して、それを国民に押しつけることには反対することになる。加えて、リバタリアンにとっての理想の社会は、複数の多様な社会の共存を許すものでなければならず、その社会の中には、個人主義的ではない人々や「弱い個人」のための共同体も存在できるという。たしかに、ノージックや森村が指摘するように、「気質、興味、知力、情熱の対象、生まれつきの性向、魂の求めるもの、そして送りたいと思う人生の種類」において、人々の間に多くの点で相違があるという事実は、否定することはできないから、彼らの主張は自明のことのように、一見思える。しかし、人々の間の相違点が挙げられるという事実は、同時に、人間相互の間の多くの共通点の存在を、暗黙の前提としている。比較対象の相互において相当程度共通する基盤が共有されていなければ、比較の意味は喪失する。実際、森村も、人間の多様性を強調する一方で、リバタリアニズムは、ごく例外的な人物を除いて殆どの人間には最小限の理性と自律性が備わっていると想定していると述べている(4)。

人間は、肉体的にも精神的にも完璧ではないし、望めば何でも手に入るエデンの園やR・F・ボームによって描かれたモーの国で暮らしているわけではない。もちろん、一般的にも、人間に備わっている属性や性質や取り巻く環境の有する限界があることは、自明なこととされている。しかし、想定される人間像の枠を明らかにするためにも、そして、一般に多用されるモデルとしての「合理的経済人」という概念を検討する前提のためにも、こうした自明な事実群は重要である。

人間に備わっている属性や性質や取り巻く環境の有する限界に関する事実群について詳細な説明を与えているH・L・A・ハートの分類を借りて、これらを確認しておきたい。

ハートは、主著である『法の概念』の第九章「法と道徳」の中で、有名な「自然法の最小限の内容」を導出する前提として、人間に備わっている自然的事実と人間を取りまく環境に関する事実について展開している(5)。ここでハートが挙げているのは、次の五つである。①人間の傷つきやすさ、②おおよその平等性、③限られた利他主義、④限られた資源、ならびに、⑤限られた理解力と意志の強さである。

①の〈人間の傷つきやすさ〉は、殺人とか身体的危害をもたらす暴力の行使を制限する前提として述べられている。この①の点については、説明の必要はないであろう。

②の〈おおよその平等性〉については、若干の説明を加える必要があるだろう。この〈おおよその平等性〉は、様々な形態の法や道徳を理解するうえでも、欠くことができない要素である。ハートは、人間が身体的にも精神的にも異なっていることは認めているが、より重要なのは、どのような人間であれ、他人の協力なく他人を支配し服

従させるほど強くないということを強調している点である。

人間の強さの限界に関わるハートの説明は、人々の間に、おおよその平等すら欠けているような架空の情景を想定してみれば、納得しやすいだろう。たとえば、ある人間が、プラトンの『国家』の中でグラウコンが語った逸話におけるギュゲスの指輪を手に入れた羊飼いのように、他人に一切の協力を求めずに他人を支配できるような力を手に入れたとしたら、その人間に対する社会的ルールの拘束を正当化する根拠を見つけるのは困難である。逆に、もし、理性は備わっているとしても、身体的にも精神的にも人間より極めて劣っていて、人間からどのようなことをされても抵抗できないような架空の種の生物が存在すると想定してみれば、そのような生物との間に社会を構築することは困難である(6)。

③の〈限られた利他主義〉は、限られた利己主義との裏返しの関係にある。ハートによれば、人間は、お互いに相手を絶滅させたいという願望に支配されている悪魔でもないし、天使でもない。これらの両極端の中間であるという事実が、相互自制の体系を必要とさせるという。人間の性質について、天使と悪魔のどちらに比重を傾けるかは、論者によって異なるであろう。また、外見上は同じ利他的な行為をおこなっていても、実際に、他人の幸福を心から願って行為した者もいれば、他方で、他人を犠牲にすることで最終的に自らに降りかかってくる不利益につき慎重に計算した結果として同じ行為をした者もいる。むしろ、一人の行為者の中でも、こうした複数の動機が分かれがたく結びついていることの方が多い。このように人間の利己主義的傾向と利他主義的傾向との関係は、一見するほど単純なものではないが、とりあえず、本章の〈想定される人間像〉との文脈では、人間は、他人に危害を加える意図がまったくないタイプの天使でも、常に他人を破壊する欲望を有するタイプの悪魔でもないということを確認しておけば十分である。

④の〈限られた資源〉とは、人間にとって必要な衣食住のための資源が無尽蔵にあるわけではないため、最小限

の財産制度や、契約制度などの財産を尊重する特別な種類のルールが不可欠になるという文脈で説明される。最後に、⑤の限られた理解力と意志の強さは、相互に利益をもたらすことが明白な「人や所有や約束に関するルール」の遵守の文脈で語られる。これらのルールの不遵守が慣行として通用していれば、長期的にみて相互に不利益をもたらすことは明らかである。契約はなぜ遵守されなければならないのかという契約の拘束力の根拠については多元的な説明が可能であるが、重要な根拠の一つには、こうした帰結主義的な理由が含まれるであろう(7)。こうしたルールを遵守する動機は様々であるが、その動機がルール遵守にとって効果を上げるかどうかは、長期的な相互利益に関する人間の理解力と意志の強さによる。長期的な利益を理解する能力に乏しかったり、意志が弱かったりする者は、目前の直接の利益のために長期的な利益を犠牲することが多いかもしれない。よって、理解力と意志の強さは、すべての人に同様に備わっているわけではないものの、どのような人であれ、完全な理解力と意志の強さを備えてはいないのである。

以上をまとめると、リバタリアニズムも平等基底的なリベラリズムも、特定の個人像を想定していない反面、傷つきやすさ、おおよその平等性、限られた利他主義、そして限られた理解力や意志の強さ等の人間の属性としての自然的諸事実については、これらを前提としていると考えるべきである。

2　期待される人間像

では、リバタリアニズムや平等基底的リベラリズムは、何らかのあるべき人間像を打ち出しているのだろうか。続いて、事実として想定されている人間像ではなく、指針として期待される人間像について検討しておきたい。

まず、期待される人間像に関する主張の狙いとその射程につき触れる。期待される人間像という問題の定立をした場合には、定立すること自体が、卓越主義的な野心を含んでいるものと受け取られるかもしれない(8)。卓越主義

(perfectionism) とは、倫理的に卓越した生き方の実現をめざし人格を倫理的完成へと導くことが国家の任務であるという考え方であり、共同体論のテーゼの一つであって、公定された善き生き方のリストを提示する。多様な善き生き方の競合を認める立場からすれば、期待される人間像については、想定される人間像よりも一層謙抑的な立場になるべきなのではないか。むしろ特定の人間像を打ち出さないという立場が導出される方が自然だといえるのである。この点は、リバタリアニズムの立場も平等基底的なリベラリズムの立場も、相違はない。

もちろん、自由な社会の構想を有する論者が、人間の個人的幸福についてある特定の人生哲学を有し、その人生哲学と期待される人間像とをセットとして提示することはある。たとえば、アメリカのリバタリアンの中で最も著名な思想家・小説家であり、一般大衆に多大な影響を与えたという意味で希有の存在であるアイン・ランドは、その代表である。彼女は、客観主義というリバタリアニズムの中でも独自性の強い思想を展開した哲学者であるが、自分の描いた小説の登場人物に、彼女が期待する人間像を託して、語らせている(9)。

しかし、リバタリアニズムにとっても平等基底的なリベラリズムにとっても、期待する人間像に関わる議論であることは、必要条件ではない。少なくとも、本書は、正義に適った制度についての基礎理論を提示する一環として、法システムという組織的な強制力行使を包含する社会制度の文脈の中で、リベラリズムや自由主義的な諸立場を分析・検討しているのである。このため、こうした議論においては、特定の期待される人間像を提示する傾向には、むしろ慎重な態度をとることになろう。たとえば、共同体の内部での異質な個人を排除する目的で、国を愛するという崇高な生き方を称え、この生き方とは異なる生き方を排斥するような形で、特定の期待される人間像を提示して、こうした人間像を法システムを用いて涵養しようとする立場に対しては、リバタリアニズムも平等基底的なリベラリズムも断固とした批判的立場をとることになるだろう。

二　自由論と人間像

ここまでの検討から、リバタリアニズムも平等基底的なリベラリズムも、想定された人間像を提出するとしても、それは、いわゆる自由主義への批判者が指摘するような強い個人ではなく、人間の自然的事実から導かれる限度に限られることが明らかになった。そして、特定の期待された人間像については、両者はむしろ懐疑的ないし批判的であることを示した。しかし、リバタリアニズムや平等基底的リベラリズムがこのように自己規定したとしても、以下のような反論が直ちに予想される。

自由競争社会では、当事者の交渉能力の差が、取引の結果として享受する利益に直接的な形で反映することが多い。また、熟慮された判断に従い自己の利益を極大化し、ルールとの関係では自己の利益を守るという目的でのみルール遵守をする人間こそが、自由主義の構想で構築された社会が生み出す果実を、最も豊かに享受しうる者である。彼らは、長期的にみても自己の利益が害されないことが保障されているならば、躊躇なくルールを破る。他方、長期的にみて損をするような状況でも目先の利益に目を奪われて利益を優先させる短期的な戦略をとる者たちは、市場での取引相手にしたくないという意味での〈悪人〉であるというレッテルが貼られて、市場から退出せざるを得なくなるだろう。

以上に述べたような人間像、すなわち熟慮した判断に基づきもっぱら自己の利益の極大化をめざし、将来の自己の利得を考慮する動機に基づいてのみ他人と協力するような人間こそが、いわゆる「強い個人」と俗称的に呼ばれる人間像の核心である。この人間像は、伝統的にいわれてきた、いわゆるモデルとしての合理的経済人という概念にほぼ対応している。実は、自由主義の前提とする人間像への批判の焦点は、この合理的経済人というモデルに向けられているのである。

1　合理的経済人モデルとルール外在性

さて、リバタリアニズムも平等基底的リベラリズムも、強い個人を想定してもいないし期待してもいないとしても、自発的な合意による道徳によって支配されている社会の中で利益を享受できる行為者類型としての合理的経済人という概念が一般に使用されてきた事実は、無視することはできない。これは、端的にいえば、契約のような合意における道徳とは、いわば経済人にとって道徳なのではないかという問題である。

この経済人とは、資本家だけには限らない。資本を有する者、事業者、労働者、消費者など、どのような立場であれ、自分の選好を充足させるために、自分の有する力を行使して、自分の力に世界をより一層服させるようにしようとする者は、経済人と呼んでよいだろう。自由な社会を基盤として構想される社会制度の下では、こうした合理的経済人こそが最も利益を享受しうる人間像であると、いわれてきた。もちろん、合理的経済人は、あくまでモデルであって、実体・事実としてその存在が実証されている人間像ではなく、必ずしも歴史的・文化的な実証的な基盤に裏づけられてはいない。近代の社会科学における抽象的個人主義や、近代契約法理論の基盤となるドクトリンとしての意志（思）理論や契約自由の原理の基盤となった経済的個人主義の下において、人間の行動を説明するために有用な概念モデルとして提唱された概念であり、その意味で、一種のカリカチュアであることは十分に意識されるべきであって、強調しておかなければならない。よって、この第Ⅰ部の冒頭で指摘したように、合理的経済人という概念を用いたタイプの自由主義批判に対する一つのよくある応答とは、この概念自体が歪曲されたカリカチュアであるとして門前払いすることだったのである。

たとえ、仮にこうしたモデルがカリカチュアに過ぎないとしても、経済人モデルは、自由主義や個人主義のような一連の近代の社会思想の基盤として、我々の思想の中に深く根づいており、近代思想の受容と経済人の概念との連関を切り離すことは容易ではない。したがって、そのような意味で経済人モデルは一種のカリカチュアでありながら、法システムを含む我々の現実の中に深く根づいているともいえよう。[10] 周知のように、現在では、自由主義と合理的経済人との結びつきを切り離す試みが、多角的な視座から様々な形でなされている。こうした試みの一部を概観することで、自由主義や市場経済に対して向けられた批判のうち、自由主義の想定する、ないし期待する人間像が合理的経済人であるということを根拠とする批判に対しての応答を試みたい。

まず前提として、いわゆる合理的な経済人の目には、社会で機能している法や道徳は、どのようなものとして、映っているのであろうか。合理的経済人とルールとの関係について確認しておきたい。

合理的経済人は、自己の選好充足のために自分の周りの世界を利用する者である。自分が不正を受けることは彼にとっては害悪であるが、他方、自分が他人に不正を加えること自体は、彼にとっての害悪ではない。自分が欲するならば他人に不正を加えうるが、自分は他人から不正を決して受けることはないという状態こそが、合理的経済人にとっては最も望ましい。しかし、そのような状態を長期的に維持する力を有する者は稀である。彼が他人に不正を加えたならば、長期的にみれば報復にあう蓋然性が高い。とすれば、不正を加えることも受けることもないような状態が、次善の策ではあるが、望ましい。したがって、もし長期的にみても、自分が不利益を受けることなく、ルールを破ることができれば、合理的経済人はルールを破ることに躊躇しないであろう。彼にとって、道徳的秩序は何ら決定的な意味を持たず、そのような意味で、合理的経済人は、ルール内在的でなく、ルール**外在的**なのである。

このような意味で、ルール外在的であるというのは、合理的経済人の大きな特徴である。このようなルール外在的であることから生じる問題は、合理的経済人の合理性につき、より限定的な概念、つまり限定合理性という近時取りあげられることが多い概念を採用しても、同様に生じる問題である。すなわち、限定合理性という概念は、いわゆる合理的選択理論において、利用できる情報が完備されていない状況下における合理的選択の分析において利用されているが、この限定合理性という概念も、合理的経済人固有のルール外在的側面の問題からは免れていないことを述べておきたい。

合理的選択理論の想定する合理的個人とは、利得の極大化という目的のために行動する人間であるが、こうした合理的な個人を前提とする合理的選択理論においてさえ、個人が膨大な情報を入手して正しく計算し最適な戦略を考え出すという前提に対しては、限定合理性という概念を用いて、その限界が指摘されている。限界としては、計算や思考能力の限界や認知能力の限界の場面が考えられる。また、思考能力に照らせば可能であったとしても、思考のコスト計算をした結果としておこなわない場面がありえるが、これはまさに合理的計算の結果である。しかし、こうした計算すら、面倒であるとしておこなわず、自分の過去の単純な経験に頼った選択をすることもありうる。これは動機における合理性の限界である(11)。

さて、こうした限定合理性の概念は、周知のように、完全情報の入手を前提とする伝統的な合理的経済人モデルの修正をはかる点では有益である。しかし、本書がここで問題にしている合理的経済人の性質は、ルール外在的であるということであって、この特質は、限定合理性を備えた経済人というモデルに置き換えたとしても、伝統的な合理的経済人モデルと同様に備えているのである。すなわち、長期的にみても、自分が不利益を受けることなく、ルールを破ることができれば、合理的経済人はルールを破ることに躊躇しない、道徳的秩序は彼にとって何ら決定的な意味を持たず、ルール外在的であるという特質は、限定合理性という概念が導入されても、質的な変化を遂げることはない。

2　ルール遵守への道徳的能力と自律的な個人

さて、合理的経済人一般の問題に戻るとしよう。合理的経済人の特徴を表す逸話として有名なのが、ソクラテスとの対話の中でグラウコンが語ったギュゲスの指輪の話である(12)。正義とは何かという問題をめぐり、グラウコンは、正義の本性とは、不正をはたらきながら罰を受けないということ――これが最善である――と、不正な仕打ちを受けながら仕返しする能力のないこと――これが最悪である――との中間的な妥協であると主張した。よって、正義を守っている人々は、それが善だからではなく、不正をはたらくだけの能力がないために、しぶしぶそうしていることになるのだと述べて、その例として、ギュゲスの指輪の逸話を挙げる。

ギュゲスの指輪の逸話とは、次のような話である。昔、リュディア王に仕えていた羊飼いのギュゲスは、ある日偶然迷い込んだ洞穴の中で、倒れている死体を見つけ、その死体から不思議な力のある指輪を手に入れた。その指輪をはめた者は、自由に自分の身体を現したり隠したりできる力を手に入れることができるのである。そこで、ギュゲスは、その指輪の力を用いて、王の寝室に行き、王妃と情を通じ、王妃と共謀して王を殺害して、最終的に、その王国を手に入れたのである。

この逸話でいう指輪は、いわば万能な力の象徴として描かれている。万能の指輪を手に入れた羊飼いは、たとえば他人のものを奪うべきではないとか、他人を殺すべきではないという社会の道徳に縛られることはない。すなわち、何でも望むことができる力を手に入れた人にとっては、正義は何の意味をもたない。もし、このような指輪が二つあり、その一つを正しい人間がはめ、もう一つを不正な人間がはめたとしよう。人間たちの中で神様のように振る舞えるのに、正義を固守し、他人のものに手をつけることがないほど意志の強固な人間はいない。万能の力が手に入ったとき、正しい人のおこないは、不正な人のおこないと異なることはなく、正しい人も不正な人もともに同じ態度をとるのだと、グラウコンはいう。

正義／不正義の選択が問題になる状況とは、当事者達にとって自分たちが不正を受けることを避けることのできないような弱さの状況に限られるということを、この逸話は表そうとしている。すなわち、万能の指輪をはめた人は、こうした弱さの状況を超越した、いわば正義／不正義が問題にならない超越的状況に置かれることになる。このようなギュゲスの指輪の逸話の前提になっている人間こそが、合理的な経済人の典型といえよう。すなわち、合理的経済人にとっては、ギュゲスの指輪という神のように振る舞える力を手に入れたとたん、彼ないし彼女には正義を守り、合法的な振舞いをする理由がなくなってしまうわけであって、まさにルール遵守の場面で、ルール外在的に振る舞っているのである。

こうした合理的経済人は、道徳的拘束を指示するルールの意味内容を理解しているものの、彼らにとって、ルールを遵守することは、いわば必要悪であって、ルールを尊重することについて何ら情緒的な絆を有してはいない。合理的経済人にとって、道徳や法システムは、目的実現の道具以上の意味をもたず、感覚的に遵守することが訴えかけられることはないという意味で、正義感覚を有さないといってよいだろう。もっとも、グラウコンの言葉を借りれば、正しい人間もギュゲスの指輪をはめれば、正しくない人間と同じに行動するのだということである。しかし、このときグラウコンのいう正しい人間を、そもそも真に〈正しい人間〉として扱うべきなのか。

グラウコンのいう正しい人間は、相互に利益をもたらす枠組みを維持しようとする情緒的な絆、コミットメントをもつ必要はない。このような構成員によって構成されている社会は、もちろん異論もあるであろうが、あまり魅力的な社会ではないし、何よりも安定的な社会とはいえないと考えられるだろう。しかし、他方で、情緒的な絆によって強制的に拘束されるような、あるいは絆を切断する手段が制度的に保障されていないような社会も――本書の主たる攻撃対象はこうした社会であるが――、決して魅力的とはいえないのである。

そこで、魅力ある社会の構想の下で構成員の必要とされる能力の手がかりとして挙げられるのは、ルール遵守への道徳的能力という能力である。このルール遵守への道徳的能力とは、次のような能力である。すなわち、相互に利益をもたらす拘束、たとえば相互に不正を加えることも受けることもないようなルールにつき、このルールによる拘束をいったん正しいものとして受容したならば、その正しさを根拠として、拘束に対して情緒的に動機づけられるような能力である。こうした能力に着目しているのが、契約論的リバタリアンであるD・ゴティエである(13)。ゴティエは、各自が利益の最大化を目指して行動するような場面でさえ各自を拘束する道徳として、合意による道徳という概念を提唱している。

ゴティエは、道徳的な問題と感情との関係において、二つの意味を区別する(14)。

第一に、人は、たとえば慈愛の道徳などの他者への配慮や関心による感情的な道徳を前提にする道徳能力を有するといい、このような道徳的能力を、感情的道徳への能力（capacity of affective morality）と呼ぶ。このような感情的道徳への能力は、人が仲間に対して抱く関心によって動機づけられたものである。当然、合理的経済人は、この種の道徳を有さないが、現実の人間は、通常は、多かれ少なかれ、他人の利益に対する関心によって拘束されるであろう。これは、古来、道徳思想家たちが真剣に扱ってきた問題である。しかし、感情的な道徳は、合意による道徳との明瞭な関係を有していないとして、ゴティエは、感情的道徳についての言及はおこなわない。この種の感情的道徳が、社会制度としての正義構想について占める位置については極めて論争的な問題ではあるが、本書でも、ゴティエと同様、契約法理論を検討する領域では、一応無関係なものとして扱わないことにしよう。

しかし、彼は、道徳と感情との関係をすべて退けようと考えているわけではない。第二に、ゴティエが、道徳的な問題と感情との関係として挙げるのは、道徳的と考える問題につき情緒的に引きつけられる能力である。道徳への感情的能力（an affective capacity for morality）とゴティエが名づけた、この能力を有する人間は、自分が正しいと考えているという理由から、正しいことを実行する。この道徳への感情的能力と、第一に挙げた感情的道徳への能力との相違は、明白である。道徳への感情的能力は、あらかじめ受容されている拘束を遵守することを、情緒的に動機づけるのであるが、第一の感情的道徳への能力は、拘束されるべき何らかの道徳観念があらかじめ受容されていることは前提ではない。むしろ、感情的道徳への能力は、他人への関心や配慮による拘束と親和性を有している。

合理的経済人は、他人への配慮を有さず、道徳を道具として扱うわけであるから、第一の感情道徳への能力のみならず、第二の道徳への感情的能力のいずれも有してはいない。他方、合理的経済人と異なるタイプとして、情緒的な絆には縛られないものの、ルールに対しては内在的な視点を有する人間のタイプを想定することは可能である。こうしたタイプの人間は、第一の感情道徳への能力は有さないが、第二の道徳への感情的能力を有する。第二の道徳への感情的な能力は、第一の感情道徳への能力とは異なり、情緒的な絆の強制的な拘束とは独立して観念できる能力だからである。ある人間が、道徳への感情的な能力を備えている場合には、その人は、ルール外在的な行動をとる合理的経済人とは異なり、ルール自体に忠誠を有するルール内在的な行動をすることが可能となってくるのである。こうした道徳への感情的能力を備えた人間で構成される社会は、合理的経済人で構成される社会よりも、安定的で魅力的であるとはいえないだろうか。

ゴティエは、道徳への感情的な能力に加えて、他人との情緒的な絆が欠けてはいないが、その絆がその人の意志（思）に由来するタイプの自由な感情状態（free affectivity）を有する個人を想定し、合理的経済人と対置し、これを自律的な存在者としてのリベラルな個人（the liberal individuals）と呼ぶ(15)。この個人は、「自分の未来の自我が自分の現在の自我から生成し、自分の選好が――行きあたりばったりに、あるいは抑制のない仕方ではなく、自分の経験や理解に照らして――修正されていく反省的プロセスを自覚している」のである。ゴティエのいう自律的なリベラルな個人は、感情の対象となる他人を自分自身で選択し、固定化された社会的役割に束縛されない者である。いわば、その個人に結びついている情緒的絆は、押しつけられたものではなく、自己によって選び取られたがゆえに自己拘束的なものであり、固定化された社会的役割に束縛されるものではないのである(16)。

したがって、ゴティエによって提唱された、合理的経済人の代替的概念たる自律的なリベラルな個人という概念を用いれば、少なくとも、自由主義に結びつけられて扱われてきた合理的な経済人という概念やそれに基づいて構築された社会構想に向けられていた非難を、一応回避することができるかもしれない。

しかし、自律的なリベラルな個人という概念自体には、解決されるべきいくつかの問題点がある。第一に、自由な感情状態における情緒的なコミットメントが推奨される状態は、家族のような緊密な共同体を擁護する人々にとっては脅威であるということである。ゴティエ自身も、自由な感情状態と緊密な共同体との間に生じる緊張関係を自認している(17)。しかし、市場において合意に基づいて行動する当事者を考える場合には、この第一の問題はさしあたり無視してよいだろう。

しかし、無視できない第二の問題がある。情緒的な絆を維持しながらも、情緒に縛られることなく選択能力を有している自律的な個人というのは、どのような内容を有するかが明らかにされていない点である。ゴティエ自身は、著書『合意による道徳』の中で、自律的であることの条件や、自律的な個人による選択に関わる問題については、ほとんど語っていない。自律的なリベラルな個人であるということの意味こそが正面から検討されなければならない問題なのである。

3　抽象的個人と観念論

自由論と人間像問題を検討するにあたり、自由主義ないしリベラリズムに批判的な文脈で語られてきた合理的な経済人とは異なる自律的な個人という類型が、ルール遵守への道徳的能力という識別基準を用いることで提示しうることを述べた。しかし、人間像問題を検討するうえで、言及しておかなければならない背景がある。それは、デカルト流の啓蒙主義的合理主義としての個人主義を背景で支えていた観念論という論理形式との関連である。

近代における個人主義は、周知のように、密接に関連しているが、概念としては別個に扱われるべき複数の類型――政治的個人主義、経済的個人主義、方法論的個人主義――を区別することができる。この中で、取引活動の主体のモデルとしての合理的経済人の枠組みと密接な関係があるのは、もちろん経済的自由についての信念を基礎とする経済的個人主義である。

経済的個人主義は、一八世紀中庸に唱えられるようになった思想であるが、近代契約法理論の基盤となるドクトリンである意志（思）理論や契約自由の原理の思想的な基盤を提供した考え方であり、国家が経済的活動へ規制することに対して抵抗する主張を含んでいる[18]。しかし、同時に、そもそも、この経済的個人主義が前提としていた個人を理解する方法として、抽象的個人という要素の存在も無視されてはならない[19]。

抽象的個人という概念によれば、個人は、ある特定の利害、欲求、目的等をもった所与のものとして抽象的に考えられている。抽象的個人という理解方法に対しては、周知のように、数多く批判がなされてきており、そうした批判の多くは適切なものであった。こうした批判を簡単にまとめれば、個人は、常に社会的な存在であって、社会的な文脈から離れて、一つの普遍的かつ抽象的な概念でのみ個人を把握しようとするならば、その試みは、分離できないものを分離しようとする無理な試みにすぎないということである[20]。もっとも人間の性質の中には、先に述べたような、傷つきやすさ、おおよその平等性、限られた利己性と利他性などの、共通する性質をみることができるので、その限度で普遍化は可能である。しかし、抽象的な個人として人間を把握する抽象的個人主義は、個人像の把握としては、現実と乖離していることも否定できない。

しかしながら、仮に抽象的個人という概念が現実と乖離しているという批判が的を射た批判であったとしても、こうした事実との乖離に着目した批判は、抽象的個人という概念に対して致命的な打撃を与える批判とはなりえない。というのは、抽象的個人という概念を唱えた論者たちは、そもそも実証的な方法によって、論証を組み立てようとしたわけではないために、両者はすれ違いに終わってしまうからである。抽象的個人という主体の把握へのより本質的な批判は、それが拠って立っている、いわゆる論理形式たる近代の観念論自体に向けられる必要がある。

近代ないし近世の観念論とは、近代の主流をなす哲学であって、その意義も多義的であるが、その共通の特徴を、田島正樹に従い、次の四点で特徴づけることにしよう。

1. 明晰・判明な観念によって、認識を再構成しようとする。
2. そのため、認識を、明晰・判明な観念からの主体による構成と捉える。
3. そのさい構成とは、主として数学的な構成、ないしはそれに倣った構成を意味する。つまり、学問の理想をガリレイ流の力学（数理物理学）におく。
4. 合理性をもっぱら主体による構成可能性と考える一方、主体を合理的構成主体として考える。つまり、観念論にとって主体とは、しばしばありのままの個人ではなく、そもそも合理的であるならば、引き受けざるを得ない規範的制約である。(21)

このような観念論によれば、認識を、ある特定の観念からの構成として、把握することになる。主体は、能動的でもあり、かつ受動的でもあるという二重性を備えることになる。すなわち、主体は、構成をおこなう者であるという意味で能動的であるが、同時に明晰な観念から演繹的な構成をおこなう資格のある主体という枠をはめられることにより、その制約を引き受けざるをえないという意味で受動的でもある。このような観念論の立場こそが、法システムにおいて、いわゆる概念法学がおこなってきたところの概念の演繹的操作による法的問題解決という枠組みを導入する主要な要因となったものであろう。(22)こうした観念論の立場から導かれる個人像は、明断で誤りのない観念からの演繹という手法に適していない諸要素――情緒的な要素あるいは歴史的文化的な背景――から切り離された抽象的な個人像と親和的なのである。

前述した自律的な個人は、合理的な経済人と異なり、情緒的な絆を維持しながらも、その絆に縛られることなく選択能力を有している主体である。自律的であるかどうかの判別には、具体的な判断も必要となる。よって、主体を所与の存在として抽象的に把握する伝統的な観念論の論理形式の中では、居場所が見つけ難い存在である。したがって、合理的経済人と異なる自律的な個人という主体、つまりルールに自発的に従うという遵法の絆を意識する主体を基礎として法システムを構想していこうとするならば、近代の主流の哲学であった人間の理性に対する信頼を基礎にするデカルト流の観念論とは異なる立場に、意識的であれ無意識的であれ、立たざるをえないことになる。

なお、デカルト流の観念論とは異なる立場に立つということは、市場や法のような制度を完全に設計できる理性が存在すると考える立場に対しても、批判的な側に立つことを意味している。すなわち、理性に対する全幅の信頼をおくような設計主義の立場には与することがないということである。したがって、理性によってすべての社会秩序（法システムも当然含まれる。）を完全に設計することができると考えず、理性の能力を過大視せず、人間の行為によって生まれる秩序であるが人間の理性によって構成的に設計されつくすわけではない秩序、たとえばオーストリア学派のＦ・Ａ・ハイエクの思想で展開された自生的秩序の存在を積極的に評価する立場へと繋がっていくことになろう。(23)

第一章　注

（1）自由主義やリベラリズムをめぐる様々な立場の分類については、序章、を参照。
（2）［森村進 2005］四八—四九頁、を参照。
（3）［Nozick 1974］309–310（（下）五〇二頁）.
（4）［森村 2005］四八—四九頁、を参照。
（5）［Hart 1961］Ch.9,194–198（九章、二一二—二一六頁）. を参照。
（6）［Gauthier 1986］308（三六二頁）. を参照。
（7）契約の拘束力について、契約当事者の意志（思）に基づく義務論的な説明をする代表的論者は、C・フリードである。フリードの議論については、［Fried 1981］. を参照。また、契約の拘束力の基礎に関する約束と信頼をめぐる議論については、［森村 1989］一四七—一五三頁、［内田 1990］一〇七—一四六頁等、を参照。
（8）［井上 1990］一二九—一四〇頁、を参照。なお、近年、J・ラズにより、卓越主義的なリベラリズム（perfectionist liberalism）の構想が提示されているが、卓越主義的なリベラリズムの内容と評価については、［井上 1995］二一一—二二三頁、［濱 2008］九一—一四六頁等、を参照。
（9）［Rand 1957］923–979（一〇八八—一一五二頁）. を参照。また、日本では、経済哲学の橋本努が一貫して提唱している成長論的自由主義の立場も、期待する人間像を定立しようとする試みとして分類できるとも考えられる。［橋本努 1999］一五五—一六二頁、［橋本努 2007］三五六—三九一頁、を参照。
（10）［Lukes 1973］73,139（一〇九、二〇二頁）. を参照。
（11）限定合理性については、［サイモン 1987］一九—二四頁、を参照。また、［Posner 2000］42–46（七二—七四頁）. も参照。
（12）［プラトン 1979］359C–360D. を参照。
（13）［Gauthier 1986］326（三八二頁）. を参照。なお、ゴティエの契約論的正議論の分析については、［小林公 1991］

一五一―一七〇頁、を参照。'Morals by Agreement'（『合意による道徳』）の概要を紹介したものとしては、［山田八千子 2005b］がある。
（14）［Gauthier 1986］Ch.9. を参照。
（15）［Gauthier 1986］346（四〇三頁）．を参照。
（16）［Gauthier 1986］Ch.10. を参照。
（17）たとえば、ゴティエは、家族という共同体を考えた場合に、自由な感情状態により家族生活を営んでいくのは難しいだろうという。［Gauthier 1986］348（四〇六頁）．を参照。
（18）［Lukes 1973］139（二〇二頁）．を参照。
（19）［Lukes 1973］73（一〇九頁）．を参照。
（20）［Lukes 1973］78（一一五頁）．を参照。
（21）［田島 2006a］一九四頁。
（22）概念法学と観念論との関連性については、本書第Ⅲ部第八章、を参照。
（23）［嶋津 1985］一四―一七頁、を参照。

第二章　市場経済と市場倫理

一　市場経済の意義

本章の冒頭で言及したように、市場経済への不信感、たとえば市場で活躍するプレーヤーは拝金主義で不道徳であるとか、市場での競争は**公正**さとは無縁であり、だからこそ市場に対しては国家や共同体が介入していかなければならないという感覚は根強く存在する。自由社会における市場経済を擁護するためには、このような感覚を霧消させるとまではいかないまでもできるだけ薄めることが有用である。市場という背景や市場における当事者の相互行動に向けられた批判には、いくつかのタイプがあるため、タイプごとに対処するべきであろう。市場に対する素朴な誤解や一面的な理解に基づくタイプの外在的批判に対しては、市場ないし市場経済という概念の豊饒さを示すことで対処することができる(1)。

1　市場の意義

市場ないし市場経済は、多様な側面を有しており、どの側面に着目するかにより、その意義も様々である。本書は契約あるいは契約法を含む契約制度の基礎理論を提示することを目指しているから、契約との関連で市場ないし市場経済の意義について述べる。

契約は、多種多様な立場にある当事者の間で締結され、契約という制度が利用できなければ決して出会わなかった当事者、つまり家族やコミュニティのような親密圏を超える当事者間でも締結されうる。契約をめぐる環境全体について、一般化された条件で特定したり、環境の特徴を包括的に挙げたりすることは、非常に困難である。契約は、情緒的な利害関係のある当事者間でなされる必要はなく、むしろ情緒的な絆から解放されたところに、その醍醐味があるからである。加えて、契約という現象を把握する際には、契約が完成した時点、つまりいわゆる契約締結の時点に絞ることは十分ではなく、契約当事者の交渉の端緒から締結に至るまでのプロセスも対象にしなければならない。契約締結へと至るプロセスは、いわば一定の目標を実現するために将来へと向けられたプロジェクトであって、目標も様々であり、そのプロセスの期間も長期にわたるものから短期や一瞬のものまで多様にある。また、契約という現象を捉えるには、契約上の給付の履行が完了するまでに絞ることも、同じく不十分である。契約によって定立された関係が、履行完了後においても影響を与える可能性を排除しきることはできないからである。

こうした契約が機能する典型的場所が市場である。市場は、多義的な概念であるが、「当事者がお互いの利害を考慮しながら、貨幣という手段を用いて、財・サービスの交換をおこなう場所」であると表すことができる。本書では、このような場を表す概念として市場を用いる。そして、市場における取引つまり市場取引とは、貨幣という手段が用いられ、価格という取引条件が契約というプロジェクトにとって決定的な役割を果たしている場合と定義する。このように市場取引を定義することで、市場取引を取引条件が価格という変数に集約可能なタイプの取引に限定することになるわけである。そして、価格変数に集約可能ということは、同時に、道徳的な対立を生み出す蓋然性がより一層高い価値については、優劣の判断を下すことを回避しうることをも意味している。すなわち、契約という制度を利用することで、当事者たちは、本質的な価値の優劣という道徳的対立を引き起こしかねない問題に触れずに、交換によって協力し合うことができるのである。なお、価格に集約されるための前提条件としては、交換の対象としての財・サービス自体の定義が相当程度明確におこなわれうるという条件が挙げられるであろう。(2)

以上に挙げた条件すべてが具備された取引のタイプであっても、様々なタイプの取引が存在する。(3) たとえば証券市場のような、取引市場に参加する当事者が不特定多数であり、しかも匿名性のある取引もある。あるいは不動産流通市場のような、取引相手が特定しており取引条件を個別に交渉するタイプの取引もある。また、個別の市場取引以外でも、市場という「場」の重要な構成要素として考えられるものもある。たとえば、決済システムのような取引環境を提供する仕組みも市場では欠くことができない。個別取引の様々な実態も、こうした仕組みと切り離して把握することは不可能であろう。

2　競争の意味

市場を語るレトリックのうえで、競争ないし自由な競争という概念は、良い意味でも悪い意味でも、重要な位置を占めてきているが、この競争という概念は、どちらかといえば否定的なものとして把握されることも少なくない。たとえば、しばしば自由競争は弱肉強食という言葉とセットで用いられるが、このような場合には、自由競争がある種の正義感覚に反する本質を有していることを暗に示していることが多いだろう。あるいは、協力という概念はどのような場面であっても妥当する万能な倫理の一つといってもよいだろうが、競争と協力とは、対比的な形で用いられることも多い。

競争という概念の有するこうした消極的なイメージを考慮して、市場経済を擁護するために採用された戦略の一つが市場における競争という概念を用いないことである。市場競争という用語の代わりに、市場における自由な交換という概念を用いて市場における当事者相互の行動を論じることで、市場経済を競争のネガティブなイメージから切り離そうという試みである。

たとえば、市場経済の原理について強力な擁護論を展開してきた桂木隆夫は、用語法について、競争という用語法を変更し、社会哲学の中心概念を自由な交換であるとしている。その理由について、競争は協力と対立的に用いられることが多いということ、人間社会の中核的な関係は競争だけでなく協力も含むことを勘案して、「競争」という用語は社会の基本関係を表す用語としては不適切であるとしている(4)。

こうした市場経済と競争との関係を切り離そうとする見解の動機には首肯できる点もないわけではないが、しかしながら、市場経済と競争との結びつきを切り離すことは、結果として予想していなかった望ましくない状況を生み出すことになろう。

市場における自由競争と弱肉強食との結びつきを想起させる主たる原因は、競争といわゆるゼロサムゲームとを結びつけて考えることから生じるといえよう。ゼロサムゲームとは、誰かが勝てば誰かが負けるゲームであって、勝者の存在自体が敗者の存在を含意するようなゲームである。もし、そうしたイメージの下で自由競争を把握するならば、競争がある場合には弱肉強食という事態が発生するという、極めて単純な図式が生まれる。しかし、ゼロサムゲームと競争とは、決して必然的な関係はない。どちらかが必ず不利益を被るのではなく、両方とも現在の状態より良くなる競争もありえるからである。

競争が発生する場面としては、大きく分けて、二種類の場面を想定することができるため、二つの場面に従い、この問題をみていこう。

第一は、同一の財・サービスをめぐって向かい合う契約当事者間の競争である。契約当事者の間には合理的な信頼を必要とするため、両者の間には協力という要素も含まれうるが、様々な戦略的な駆引きこそが彼らの関係の中核であって、協力の要素に還元され尽くすものではない。こうした第一の場面においては、契約当事者は、現在と比べて、より良い地位を求めて契約を締結するわけであるから、契約締結前よりも契約締結後の方がより良くなる方がむしろ健全である。

第二は、同一の財・サービスを供給する側ないし需要する側における競争である。この場合、一見、Aという人の商品が売れれば、Bという人の商品は売れなくなるように、つまりゼロサムゲーム的な場面に限定されるようにも考えられる。しかし、この結論は状況を固定化して需要のパイが増加しないことを前提に考えているわけであるが、AとBが競争することでパイ自体が増える可能性を無視してはならない。たとえば、駅前に大規模店が開店することで、同じ駅前で商売をしていた従前の商店街の客が奪われることもあるが、他方、大量の人がその地域に集まることで商店街自体の売り上げが上昇することもありうるのである。

このように、競争を通して、現在の状態より良くなる状況は十分イメージしうるのである。むしろ、競争という言葉を用いない戦略の方が、競争の有する豊饒さに訴える機会を自ら放棄するという弱点も有しているのではないか。加えて、より重要な点は、市場と競争とは、現実には、わたしたちのイメージの中で分かちがたく結びつけられて用いられているのであって、市場と競争とを切り離したからといって、決して市場の魅力を訴えかける力が増大するわけではない。むしろ、競争概念の分析をおこなう過程で、競争自体に向けられた誤解を正面から解消するように努めることこそが、肝要なのである。競争は、誰かと何かをめぐって競いあうというところに、その核心部分がある。競争自体が有している豊饒さや限界に焦点を絞ることこそが、市場における倫理を検討するうえで不可欠であると考える。

ところで、第一章の「人間像」では、市場のおける当事者像をめぐり、自由論の文脈で、いわゆる強い個人を想定しているわけでも期待しているわけでもないことを述べた。しかし、一般的に使われている用法として、強者と弱者という使い分けがされているのも事実である。したがって、仮に、社会に流布している用法に則って、社会における強者と弱者という非常に大雑把な分け方をしたとすれば、はたして市場は、弱者に対してどのような存在なのかという問題を最初に確認しておきたい。

強者も弱者も双方とも、市場や契約制度から何らかの利益を受けることができるのはまちがいない。では、市場や契約制度の存在によって、より一層利益を受けるのは、強者と弱者のどちらなのであろうか。弱肉強食の世界では、利益を受けるのは、その定義上も、文字通り強者でしかありえない。しかし、市場や契約制度が存在することによって、利益を受けるのは、むしろ強者ではなくて弱者であるというのが、単純であるが、真実なのである。この指摘は、市場を弱肉強食の場に尽きるとする考えからすれば意外かもしれない。しかし、実際、市場、契約制度という概念あるいは契約に基づく権利という法概念が存在しない、あるいは限られた一部の人しか利用することが難しい――たとえば契約の主体は家長に限られる――社会にあっては、損をするのは、たとえば家長になりえない女性や次男以下の弱者だったというのは、紛れもない事実である。もちろん、このことは個別の市場取引において弱者が常に得をするとか、得をすることが恒常的であるということまでは意味していない。しかし、契約制度や市場が一般的でなかった社会と現在の社会の現状とを比べてみれば、市場という制度自体は弱者にとって利益があるという側面は否定できないだろう。(5)

3　市場の構造観と秩序観

市場の構造をどのように捉えるのか、市場秩序は秩序としてどのような性質を備えたものなのかという点については、複数の考え方がありうる。本書がどのような立場に依っているのかについて、明らかにしておきたい。

第一は、市場の構造つまり市場の様子をどのように捉えるかという意味の市場の構造観である。これは、大別すれば、静的な秩序観と動的な秩序観という二つの考え方に分けられるだろう。

静的な秩序観とは、経済学における主流派である新古典派経済学によって、完全市場の文脈で展開される市場観である。すでに一定の選好が社会に存在していることを前提とすると、市場は、そうした既存の選好に対して均衡点に向かって順応していく行動を促進する文脈でモデル化される(6)。こうした市場観は、市場の状態を静態的なものとして把握するため、静態的市場観と呼ぶことができよう。市場が均衡点に達するのが完全競争の下であるとすれば、均衡状態が成立することは、競争の消滅をも意味する。

しかし、静態的市場観では、現実の市場の重大な機能を捨象してしまうことも指摘されている。新たな選好や人々に満足をもたらすような新技術が生まれてくることを促して、社会が望ましいと考えられる方向へ進化していくことを可能にするような機能を、現実の市場は果たしているのであって、こうしたプロセスに着目した機能は、静的な市場観では、十分に評価されることはない。そこで、静的な市場観と対比して、市場のダイナミックな構造を表す市場観として、動的な市場観が提示されるのである。こうした動的な市場観を強調する典型的な立場の論者は、非主流派のオーストリア学派に属する者が多い(7)。

第二に、市場の秩序観についても、二つの考え方、すなわち設計的秩序観と自生的秩序観のどちらに主として依拠して展開されるかにより、その様相は異なる。

設計的秩序観とは、秩序の生成に関して、確実な予測に基づく計算に基づき制度設計していくタイプの秩序観である。他方、設計的秩序観とは対比的な秩序観があり、これが自生的秩序（spontaneous order）と呼ばれる秩序観である(8)。この自生的秩序観に立った場合でも、秩序は、人間の行為とは無関係な自然とは異なると位置づけられ、人間の行為によって人工的に造られた構築物であると考えられているが、予測に基づく制度設計の枠では捉えられないダイナミックな枠組みを有していることが強調される。市場を自生的秩序観に基づいてみる立場は、動的な市場観と繋がることになるだろう。

自生的秩序の典型例としては、言語が挙げられることが多い。言語については、設計的な秩序、いわゆる人工言語によって、社会に通用する言語秩序全体を確立することは不可能であろう。他方、言語秩序と比べれば、市場においては、計画経済のように設計的な秩序を想定することは、不可能ではない。しかし、程度の差こそあれ、設計的秩序によって社会にもたらされる状況は、決して望ましいものではないことは、歴史的にみても明らかである。統治機関が計画を立案し計画に従い経済活動を制御することなく、また特定の取引当事者が設計したわけでもないが、試行錯誤の取引活動を通して自生的に生成されていく秩序があり、これが市場の秩序の核心部分なのである。こうした秩序こそが、市場を最もよく機能させることができる。(9) たとえば、市場に参加する当事者が工夫して望ましい結果を獲得した場合、その事実を観察していた者たちが上手くいった当事者の振舞い方やアイデアを模倣していくプロセスのうちに、市場秩序は生成されていく。

では、法システムは、市場秩序に対して、どのような関係に立つのだろうか。自生的秩序論を唱えたハイエク自身は、自生的秩序に該当する法秩序もあると述べている。それは、英国のコモンローのような判例法である。コモンローが市場秩序と同程度に自生的秩序と呼べるかどうかには、当然異論もあるだろう。判例によるケースローであるコモンローは、制定法と比べれば、設計的な要素は少ないが、判決という形での宣言が制度的な権威を有する点や、コモンローの生成に携わる英国の法曹システムが制度的に整備されている点などを考慮すれば、市場秩序と同じ意味で自生的であるかどうかは大いに疑問の余地がある。仮にコモンローが自生的な秩序の要素を有していたとしても、英国やアメリカのような、いわゆる判例法国であれ、ヨーロッパ大陸や日本のような、制定法国であれ、契約法のような国家法によるシステムは、一定の目的に従い、制度設計されたルールから構成される側面も有していることはまちがいない。このような国家法も市場において重要な役割を果たしているわけである。ただし、こうした制定法たる国家法が、市場で機能している様々な行為指針の中で占める割合は、一部であることを無視してはならない。したがって、国家法としての契約法制度を通して市場取引に対してコントロールをおこなう場面においては、市場における自生的秩序の生成過程を無視するような、過度に価値中立的な立場をとるならば――たとえば近代契約法理論を唱えた理論家たちの一部のように――、市場において重要な役割を果たす自生的秩序との相互関連性が見過ごされるという不幸な結果を招くことになるだろう(10)。

4　市場原理と組織原理

市場では、市場の取引活動を通して生まれた自生的秩序や国家法によるルール群が混在している。そこで、こうした秩序やルールの共通する特徴として、市場の取引活動において機能する原理の特質についても、簡単に確認しておきたい。

第一に、市場に参加する者の主要な情報媒体は、価格であるという点である。各人が自分たちの効用の最大化を目指して自由に自発的な交換をおこなうことができるためには、価格が媒体となることが必要なのである。これは、契約当事者の決定根拠に関わる側面である。第二に、市場に参加する当事者が、市場に自由に参入し退出できる環境が整えられていなければならない。これは、当事者相互の関係という側面ではたらく原理である。

こうした市場原理の特質を、より鮮やかに浮き上がらせるためには、市場原理とは対照的な場面を想定してみよう。当事者の決定根拠の側面においては、当事者の自由な意志（思）ではなく、権限のある指令によって最終決定がなされることが通例な類型がある。加えて、当事者相互の関係における特徴としては、固定的で継続的な関係が原則であり、自由な参入や退出は事実上生じにくい類型が想定できる。このように、当事者の決定根拠の場面でも、当事者相互の関係の場面でも、市場とは対照的な場が、社会で数多く存在する。決定が権限のある指令によってなされ固定的・継続的な関係を特徴とするような状況で機能する原理は、市場原理と対比して、組織原理と呼ばれて

いる。(11)

このように市場原理と組織原理とは対照的な性質を有しているが、留意すべきは、現実の市場における取引すべてが、市場原理の通用する市場メカニズムの下でおこなわれているわけでもないし、市場原理だけではなく組織原理あるいは共同体の原理とも呼ばれるようなものがかなり浸透しているような、いわば中間的な形態も一定割合を占めていることである。同時に、逆の場面もある。すなわち、市場以外の組織、共同体の場においても、市場原理の浸透が生じているのである。こうした市場原理の作用や市場原理の浸透について、どのように評価するべきかについては、市場の倫理をめぐる問題を検討する中で明らかになるだろう。

二　市場倫理の意義

市場に倫理はあるのか。このような市場経済の構造自体が内在的に含んでいる問題に関わる市場経済批判、すなわち市場における公正な競争のあり方に関わる市場倫理の問題については、市場倫理自体の意義を分析、検討することにより、応答していくことができるだろう。

市場に参加する者が、価格を主要な情報媒体として、各人の効用の最大化を目指して交換をおこなう点が、市場メカニズムの中核を占める部分であることは疑いない。しかし、こうした効用最大化の要素に還元され尽くされない複数のファクターが、市場メカニズムの中に存在することも必要である。たとえば、市場から暴力や詐術が閉め出されなければならないということは、異論のないファクターの一つである。また、市場の構造の動的な側面に着目するならば、革新的、新奇工夫に充ちた企てが、市場の中で多数存在し、それが継続的に存在しうるということ

も挙げられるであろう。(12)

さらに、市場経済や市場原理が、広く魅力あるものとして受け容れられるためには、消費者などの、交渉力が事業者との比較で構造的に劣る者の地位に対しても配慮するようなファクターも、考慮しなければならない場面もある。というのは、消費者の選択権が実質的に無力化されているという批判に対する応答として、対等な当事者であるから自己責任の原則が適用されるべきだという回答でいわば門前払いすることは――あるタイプの自由主義ではそうした回答が想定されうるが――、市場経済に対する不信を無駄に増幅させてしまったり、より悪いことには、決して望ましいとはいえない途へ、制度への構築を導いたりすることになるからである。ただし、多様な市場参加者の存在こそが、市場の活力のもとであるから、交渉力の格差を理由とする介入は仮に導入する場合であっても、慎重にその可否や程度が検討されなければならないだろう。

市場経済や市場原理を肯定的に捉える論者の中にも、効用の最大化に還元し尽くされない市場倫理や市場における公正さの価値の重大性を強調する者もいる。

桂木隆夫は、市場経済とは、「自然の限りある資源の中で、人間が利己心に導かれて、各人の欲求を、貨幣を手段として、コンベンショナルな制度を援用しつつ、実現しようと争うことによって、自由な競争と自発的な協力のネットワークが自生的に形成されているという事実」であるとしており、協力という、徳の存在に注目する。(13)また、市場経済の発展のためには、市場参加者達は、単なる利潤追求ではなく、自己実現も求めて経済活動に参加するのであって、市場経済は、多様な生き方を実現する制度であって、利潤追求のような一元的目標を追求するというのは、むしろ市場経済の多元性や寛容の精神に反しているとみるべきであるという主張を展開する。(14)

桂木のいうように、人は、金銭的な動機からだけではなく、人間としての尊厳や独立、または自由など非経済的であるが重要だと彼らが考える目的をも重視して行動するのは確かである。しかし、非経済的な目的すべてが公正なものと評価されるものではないことも事実である。たとえば、既得権益の確保は、人間の行動の重要な原因となるが公正なものとはいえないし、この既得権益には、利潤を追求する経済的な利益に限らず、たとえば自らのプライドなど非経済的な利益も含まれる。

井上達夫は、**公正**な競争とは何かという問題関心に基づき、「公正な競争は、既得権擁護の政略にも効用最大化の戦略にも還元できない倫理的脊椎をもつ。」[15]とし、その倫理的脊椎の強靱さは、我々が公正という規範理念により何を理解しているかに依存しているとする。

市場ないし市場経済の発展にとって重要なファクターとなりうる市場倫理とは何か。そもそも、市場に特有の倫理があるのか。言い換えれば、市場倫理は、国家のような組織的な権力行使を伴う領域や親密な関係で結ばれた共同体での生き方において問題になりうる倫理とは、区別して論じ得るものなのか。検討されるべき問題は数多い。

1　市場・国家・共同体

市場経済において市場原理を導入して、市場原理の再構築を図ろうとする立場に対して、そもそも日常的な生活関係の場に市場原理が浸透することについては否定的な評価がなされるべきだという見解を、強力に唱える者も、とりわけ民法学の領域には少なくない。すなわち、市場においては、個人が商品化されて扱われるわけであって、市場経済の拝金的価値観が市場以外の日常の生活領域にも進入して、伝統的な生活体によって維持されてきた良好な関係が崩されてしまうというわけである。市場へ参加する者は、同時に、家族、近隣関係、勤務先など諸々の共同体の中で、日常的な生活関係をも営み、日常的な生活関係において具体的な人格を前提として関係を築いている。こうした一定の生活関係を背負っている契約当事者が市場取引に関わる場合に、日常的な生活関係と市場経済とは、どのような関係に立つことになるのか。

市場経済と日常の生活関係とを対照的に捉えて、市場経済が日常的な生活関係を浸食していると否定的な評価をする見解を唱える者がいる(16)。この見解の主旨を端的に述べれば次のようになろう。市場経済においては、利潤の追求を通して、すべてを貨幣という商品価値に置き換える。しかし、人格的関係を基盤とする日常生活の場では、貨幣以外の価値、たとえば人格等の価値が現に尊重されているかあるいは尊重されるべきである。このような日常生活の場にはいわゆる「生活世界」固有の原理が存在しており、生活世界の原理に適合的な形でのルール設定こそが検討されるべきである(17)。したがって、市場原理を媒介としたルールの設定に適さない領域が相当な範囲で存在するというのである。

たしかに、市場原理の特徴の一つである「自由な交換」という取引の性質上、生産者が利潤を、そして消費者が効用を最大化するために各々行動しているという側面は無視することはできない。しかし、だからといって、利潤・効用の追求という利己的な動機が、市場参加者の動機のすべてとして還元されるとは限らない。また、右のような市場の特徴から、市場経済が異質な価値観を抱く者たちの間に信頼関係を築ける可能性はないという帰結が直ちに導かれるわけではない。市場経済が私たちの生活の中で、どのような位置を占めているのかは、市場、国家、そして第三の領域である共同体等との関係が、慎重に分析、検討されることが必要となる。

市場と同様に重要な制度であるが、市場とは異なった固有の機能を有する制度としては、国家あるいは共同体がある。市場と共同体との対比は、異質性と同質性との対比として表すことが可能である。歴史的にみても、市場の成立ちは、欧米であれ、日本であれ、血族や種族などの同質的な共同体の境界付近で形成されるという特色を有していた。他方、共同体の内部においては、血縁や仲間などの絆によって人と人との関係が形成されるのであって、共通点があるということが共同体にとって重要な要素であった。こうした共通点としての同質性は、共同体内部の同質な者同士との比較で明らかになるわけではなく、むしろ異質な者との対比により、露わになることが重要である。だから、たとえばA共同体の構成員の同質性は、A共同体の構成員にとっては異質な者の集まりであるB共同体との対比によって同定されるわけである。すなわち、ある人間が、A共同体に帰属する境界線の内にいるのか、外にいるのかが、同質性と異質性とのメルクマールとなるのである。同質か異質かは、完全に分離されるものではなくて連続性があり、ある意味程度の問題であるといってもよい。だから、B共同体とは異なるA共同体の存立を基礎づける場合や、ある人間がA共同体の帰属を判定する境界線の内側に属するかどうかを判定する場合には、A共同体の内部に存在する個別の構成員の異質性は、それが仮にあったとしても、あまり重要ではないのである。その共同体における共通の生き方の構想や生活様式としての同質性が、共同体構成員それぞれの独自なものよりも、重視されるからである。

他方、市場における当事者は、情緒的な絆から切り離されたという意味で相互に無関心である。血縁や友人関係のような親密な関係における他者への関心は、市場における当事者間にとっては必然的ではない。一般に、こうした相互の無関心さについては消極的な評価が下されることが多い。しかし、実は、親密な関係におけるような関係は、日常生活においては、基本的にごく限られた領域に限定されるのであって、この領域以外の人間に対しては、無関心どころか敵対的な関係、つまりよそ者となる。よそ者との間に協力関係を築くことは極めて困難である。他方、市場においては、契約当事者は等しく相手方に対して相互無関心でありうるがゆえに、相互に利益を発生することへ向けて協力することができる。共同体においては、よそ者の立場に立って考えることは共同体の存立基盤そのものを揺るがしかねないが、市場においては、相手の立場に自分の立場を反転させて考えることは、相互利益という目的を共有する者同士として、市場経済の基盤を強固にするものであって、より容易である。

市場経済の場面では、よそ者としての異質者の存在への評価は、共同体の排除の論理とは大きく異なる。共同体の中の異質者の存在つまり多様性こそが、市場経済の維持、発展にとって必要不可欠なのである。市場では、市場以外の領域——国家や地域共同体など——では実現されえないような多様なタイプ同士の出会いが実現されうるのであって、出会った異質者同士が、取引を通して相互作用を繰り返すことになる。このように、伝統的な共同体に表されるような同質な社会との対比では、市場あるいは市場経済は、多様な生き方を実現する制度として捉えることが可能になるのである。

国家に関しても、国家という制度が必然的に国民と国民でない者との間に境界線を引くことによって成り立っていることを考えれば、程度の差こそあれ、共同体と市場との関係で展開した議論が、当てはまるであろう。共同体と市場との関係においては、同質性と異質性との対比を指摘して、両者の対比を展開する手法は、比較的一般的であるが、国家と市場との関係においても、この対比は、同様に該当するということは、市場と共同体との対比と比べれば、意識されていないが、重要な点である。

C・ムフは、国家における民主主義的平等が、デモスに帰属することを通じて平等的な権利が与えられることで保障されるのだ、と述べている。ムフによれば、民主主義が可能になるための条件は、構成員の同質性に求められる。平等が、政治的に興味深い素材であり価値を有するのは、不平等の可能性と危険性が存在する場合に限られるのであり、平等に扱われるためには、市民がある共通の実体を共有していなければならないのであるとされる。いわゆる近代国家に見いだされる市民の中の平等の関係性は、国民的同質性と、国家に帰属する者とその外部に止まる者との境界線においてこそ、強調されるとするのである(18)。この市民に求められる実体は、国民的同質性と言い換えることも可能であろう。国民的同質性という実体とは対照的に、すべての人間は平等であるという考え方は、民主主義とは、むしろ関連性が薄い。すべての人間の平等という理念は、民主主義よりも自由主義と密接な関連がある。言い換えれば、すべての人間が平等であるという理念が志向しているものは、国家形態とは無関係に展開されるのであって、その実体は個人主義的ヒューマニズムの倫理であることになるだろう。

市場の取引の特質は、立場・身分を問わず取引に参加できるという形態が基本的な理念として要請されるところに求められる。市場は国家と国家との境界でも開かれることができた、むしろそのような境界でこそ中心的な展開を遂げてきたという歴史的な事実も、これを実証的に裏づけるであろう。市場に参加する者は、国家等により人為的に設定された境界線の内外を問わず、等しく扱われるべきだという問題は、民主主義における平等の問題には還元されない構造を有する。ここにおいて、経済的なものが政治的なものを支配する契機を有するグローバリゼーションという現象が生じてくるのである。(19)

さて、ここで、市場と国家が機能において大きく異なっているということが確認されたとしても、政府に任せておいたら失敗するから、国家は市場に一切介入すべきではないという結論には直結しないということにも、留意をしなければならない。市場の役割あるいは国家の役割のどちらか一方を中心とし、一方を他方の劣位において、社会を構築すべきであるという立場を唱える者もいる。しかし、むしろ、市場と国家のいずれが中心的な役割をするかという問い自体が、一面的な見方なのではないだろうか。

市場の役割を重視する立場は、市場においては、最も効率的に活動できるのは国家、政府ではなくて、市場のプレーヤーたちであるとする。よって、国家が設計主義的に市場に対し介入していくことは不適切であり、望ましくない不効率な結果を引き起こすので、国家からの介入はなされるべきではないという議論を展開してきた。しかし、市場メカニズムによって効率的な資源の配分が実現されるためには、複数の仮想的な条件が充たされている必要がある。伝統的に主流の立場にあった新古典派経済学は、各商品の需要者や供給者が多数存在して競争的な取引をすることにより、効率的な資源配分が実現されるとするが、新古典派経済学のモデルである完全競争市場に対しては、周知のように、その限界が指摘されている。完全競争市場が成立する前提条件は、商品の同質性——ある市場で取引される財が同質であること――、情報の完全性――財・サービスの質についての情報が完全であること――、所有権の確立――所有権が確立され、それが保護されていること――が、必要である。しかし、そうした条件は多くの市場では充たされず、情報収集費用や所有権の保護を確立する費用をはじめとして、取引費用が発生するのであって、取引費用が発生しない完全市場の前提が崩れてしまうのである。こうした問題とともに外部性や公共財の問題をはじめ、市場が有効に機能するうえで障害となるような諸条件の存在により、「市場の失敗」が指摘され、市場が常に効率的な配分をもたらすという仮説については、大いに疑問であるとされている。

しかし、市場が効率的な結果をもたらすとは限らないということが、政府の介入が望ましいということを直ちに意味するわけではない。「市場の失敗」と同様に「政府の失敗」ということもあることを忘れてはならないのである。

伝統的な新古典派経済学の市場メカニズムに対して新しいパラダイムを提供しようと試み、非対称情報の経済学でノーベル経済学賞を受賞した経済学者であるJ・スティグリッツは、市場の失敗と政府の失敗の双方に対する対処策として、公共部門と民間部門の役割を別々に与えるのではなく、パートナーとして補完的に共同作業をするための環境の提言を試みている。たとえば、民営化は、もっと包括的なプログラムの一部でなくてはならないという。いわば、従来の国家と市場との役割の区別を前提に語る理論を代替理論と呼ぶとしたら、スティグリッツの立場はいわば補完理論と位置づけられるだろう。(20)

伝統的な市場と国家との役割を分担するアプローチは、市場に対する法的規制に関し、私的な分野は市場あるいは市場参加者の自治に任せるが、ある特定の領域については独立に強行法による規制を加えるという手法で両者の分離を強調するが、むしろ市場という自生的秩序と実定法等とが協働作業をおこなえるような補完的関係を志向するアプローチの方が、より望ましいのではないだろうか。(21)市場では異質者同士が出会うがゆえに、多様性の実現の可能性を含んでいると同時に、相互不信にみちた袋小路的な状況に容易に入り込む危うさも備えている。よって、市場経済を望ましい形で機能させるためには、市場という自生的秩序と国家法的なコントロールとを領域ごとに完全に分離した形で把握するのではなく、相互補完的に把握して、同じ領域における協働作業をおこなう可能性を許容する視点を持つべきなのである。ただし、前述したような、市場と国家との機能の相違に鑑みれば、どのレベルでどのような形で協働しうるかについては、なお慎重な検討が必要である。市場秩序が国家を必然的な前提としておらず、しかも市場経済の倫理や市場秩序が、国家や共同体の論理に還元されない独自の存在価値を有する以上、安易な協働は市場経済に対しての脅威となりうる。

2　市場の倫理と統治の倫理

今まで見てきたように、市場と個人との関係は、共同体と個人との関係や国家と個人との関係とは、相当に異なった様相を帯びているのであって、それぞれの場で望ましい行為の指針として働くべき規範には相違があり、市場特有の倫理あるいは共同体・国家特有の倫理こそが考えられるべきなのではないかということが、問題として浮かび上がってくる。この問題について、市場の倫理と統治の倫理とを対比することによって、鮮やかに描いてみせたのが、M・ジェイコブズである[22]。ジェイコブズの著書は、近年、アメリカで出版されたものであるが、ジェイコブズは、経済生活が秩序のある繁栄を遂げるのに必要な基本道徳を理解するという目的に基づき、市場の倫理と統治の倫理との対比を描き出している。彼は、自著の射程を文化の差を超えて該当するものとして捉えており、日本における市場の倫理にも言及がなされている。

市場の倫理と統治の倫理との対比の出発点としてふさわしいのは、ジェイコブズが、市場の倫理と統治の倫理との混同から生じる害悪を示すために引用した、プラトンの『国家』における逸話であろう[23]。

ソクラテスは、正義の意義を検討する対話の中で、ケパロスに対し、富が道徳的生活に結びついているかどうかを問う。まず、本当のことを言う正直な態度や誰かから何かを預かった場合にそれを返すことが正義に適っており、これは富に関わる正義であるという応答がなされる。続いて、第二に、正気の友人から武器を預かった後で、気が狂った友人が返してくれと言ってきた場合にとるべき正義に適った行動は何かという問題が提起される。このような場合には、誰もが、気が狂った危険な人間に武器を返すべきではなく本当のことを何もかも告げるべきではないということを、認めざるをえない。そこで、第二の場面では、預かったものを返し、本当のことを語るということは、正義としては通用しないという応答が引き出される。

この問題を形式的にみると、明らかに、第一の「本当のことを語り預かったものを返すことは正義に適っている。」という原理と、第二の「本当のことを語り預かったものを返すことは正義に適っていない。」という原理とは抵触する。この抵触を回避・解消する方法は複数ありうるわけだが、ジェイコブズが問題の解消として提示する解決法は、ソクラテスの逸話においては、正直であれという商業型の道徳と、領土の安全を保障する警察の取り締りという領土型の道徳とが混在しており、この二つの道徳は、二つの異なったタイプの道徳すなわち市場の倫理と統治の倫理とをそれぞれ表しており、両者は機能する場面が異なり、抵触は存在しないという応答なのである。

第一のタイプの道徳律は、商業と商業のための財・サービスの生産や科学の研究の場面で機能してきた道徳律である。これは、古典的ブルジョワの徳目であるが、より一般的に「市場の道徳」と名づけられる。ジェイコブズが、商業や科学の研究の場面を実証的に分析して抽出した道徳律は、「暴力を閉め出せ」「自発的に合意せよ」「正直たれ」「他人や外国人とも気安く協力せよ」「競争せよ」「契約尊重」「創意工夫の発揮」「新奇・発明を採り入れよ」「効率を高めよ」「快適と便利さの向上」「目的のために異説を唱えよ」「勤勉なれ」「節倹たれ」「生産目的に投資せよ」「楽観せよ」である。

第二のタイプの道徳律は、軍隊、警察、貴族、地主、政府の各省と官僚、独占企業、法廷、立法府、宗教、領土に関する責任に関係する場面で機能してきた道徳律であって、それらの共通点は、領土・縄張りを保護し、獲得し、利用し、管理し、支配する仕事であるとされる。これは、古典的英雄的な徳であり、領土型徳という名前でも呼ばれうるが、より一般的に「統治の倫理」と名づけられる。統治の倫理は、「取引を避けよ」「勇敢であれ」「規律遵守」「伝統堅持」「位階尊重」「忠実たれ」「復讐せよ」「目的のために欺け」「余暇を豊かにつかえ」「見栄を張れ」「気前よく施せ」「排他的であれ」「剛毅たれ」「運命甘受」「名誉を尊べ」という道徳律群が挙げられている。もちろん、市場の領域でも統治の領域でも、双方の領域において該当する倫理はいくつもある。ジェイコブズが共通型道徳として挙げているのは、協力、勇気、節度、慈悲、常識、先見、判断、能力、根気、信念、精力、忍耐、知恵、責任である。

ジェイコブズのおこなった分類は、市場と統治という二つの場面に応じて道徳律と通用している社会規範を観察により拾い出してきた実証的な結果であり、後述するように構造化も規範的な正当化も試みられてはいない。しかも、網羅的であることは保障されていないことも、著者自らが認めているし、実際、個別的にみれば、分類されているいくつかは、重なり合っており、その分類の妥当性自体に疑問を投げかけることも十分ありうる。しかし、そうした弱点があることを前提としたうえでも、本書でジェイコブズによる「市場の倫理」と「統治の倫理」との区別を詳細に紹介する趣旨は、個別の分類の妥当性如何を問うためではない。見知らぬ者と取引をする商人たちが取引の中で従ってきた道徳律を披瀝することによって、市場倫理の大まかなイメージを造りあげる一助とし、市場倫理を分析・検討するうえでの手がかりとするためである。加えて、市場と市場以外の領域では妥当する道徳律がそれぞれ抵触するようにみえることがあっても、これは、どちらかの道徳律が誤っていることによるのではなく、適用領域が異なるということが、その原因の一つである可能性を示すためである。

ジェイコブズが市場の倫理として挙げた倫理群は、いずれも市場では程度の差こそあれ、重要な位置を占めるであろうし、その一部は法制度の中に採り入れられている。たとえば、「自発的に合意せよ」「契約尊重」は、契約制度の基盤となる基本的な道徳律であるし、「暴力を閉め出せ」「正直たれ」は、強迫や詐欺の禁止に該当するものであって、契約制度が機能するために欠くことができない必須の条件である。また、「効率を高めよ」「競争せよ」は、効用を最大化するために行動する契約当事者の目的と呼応している。これらは、伝統的な市場のイメージと合致するであろう。さらに、「勤勉なれ」「節倹たれ」「生産目的に投資せよ」という道徳律は、ウェーバーによりプロテスタンティズム的労働倫理と呼ばれたものに対応することを、ジェイコブズも指摘している。こうした道徳律は、市場経済に複雑な形で関わっている。一見当たり前のような、「正直たれ」というルールも、その成立ちをみれば、見知らぬ者同士の信頼構築を容易にする工夫が商人たちの中でなされた結果であり、不正直が商売可能な水準に抑制されていなければならないということが背景になっているとされる。

市場経済にとって不可欠な信頼とは、仲間同士の間に生じる信頼を超えるものである。仲間同士での信頼の場合には、必ずしもその内容が理に適っていない場合であっても、仲間同士の同質性ゆえに信頼関係は成立するわけであるし、むしろ理に適っていない不合理な場面ほど、絆が固くなるということがしばしばある。しかし、多様な価値観を保有する異質な者同士が出会う市場においては、理に適った形での信頼しか生き残ることはできないだろう。つまり、仲間同士を超えた形でも成立しうるタイプの信頼、いわば合理的な信頼が不可欠なのである。「正直たれ」という規範は、こうした市場経済を支える合理的信頼の要素も含んでいるといえよう。また、ジェイコブズによれば、「競争せよ」も、「自発的合意せよ」と繋がり、選択ができるのは競争が存在するからであるとされているが、契約の自由の原理の有する固有の価値とは独立した意味で競争秩序の維持の重要性を指摘するという含意を有するとみることもできるだろう。

効用の最大化に還元されないような市場倫理を模索する手がかりとしては、「他人や外国人とも気安く協力せよ」「創意工夫の発揮」「新奇・発明を採り入れよ」「快適と便利さの向上」「目的のために異説を唱えよ」「楽観せよ」などの道徳律は、市場に対する負のイメージとしてのステレオタイプ的な弱肉強食型の市場理解では無視されがちの視点であって、興味深いところである。

ただし、ジェイコブズの議論は実証的なものであって十分に構造化されてないことには注意が必要である。本章第一節第四項の「市場原理と組織原理」で検討したように、現実の市場における取引すべてが、市場原理が通用する市場メカニズムの下でおこなわれているわけではない。まず、市場において、（ア）一つの企業体内部の倫理、（イ）異なった取引当事者間の倫理とは区別されなければならない。（ア）の一つの企業主体の内部のような組織原理が機能する領域では、統治の倫理の方を適用するのが適切な場合もある。加えて、（イ）の異なった取引当事者間においても、（a）事業者間の倫理と（b）財・サービスの提供者たる事業者と消費者間の倫理とは区別されうる余地がある。ジェイコブズの分析は、（a）企業主体たる事業者間の倫理には最もよく該当するが、（b）財・サービスの提供者たる事業者と消費者間の倫理においては、（a）におけるほど該当するかどうかが、まさに問題なのである。

三　市場倫理を構成するもの

さて、ジェイコブズの論述を紹介し検討することにより、市場倫理のイメージを膨らましたところで、続けて、効用最大化に還元し尽くされない要素を含むような市場倫理のファクターを、より具体的で個別的な形で検討していきたい。市場経済の魅力を展開するための象徴として選んだのは、「合理的信頼」、「知識」、ならびに「企業家精神」の三つである。

1　合理的信頼

協力という倫理は、市場の領域と統治の領域とを問わず、共通して要請される行為指針であるといえよう。そして、信頼は、当事者が協力する前提条件の一つであるが、市場における信頼は、前述したように、統治の領域とは異なる特徴を有している。当事者間に固定した親密な絆がある共同体や、同質性・排除の原理をその属性とする国家とは対照的に、市場における関係は、その本質において流動的だからであって自由な参入と退出を認めるべきであることは、市場経済の原理の一つである。となると、市場に参加している者たちは――消費者、事業者あるいは個人、企業を問わず――、自分とは同じ振舞い方をしない異質な価値観を抱く者かもしれないとしてお互いを捉えることが出発点となる。もちろん、同じ地域共同体に属する近隣の商店街の商店主と顧客であるとか、長年の取引関係が継続した企業間のように、時間の経過や取引の繰返し等によって関係が固定化してくれば、阿吽《あうん》の呼吸で通じたり、相手方の価値観と重なり合ったりする場合も多くなるかもしれない。ただし、このような場合には、近隣の商店街が典型だが、いわば共同体という内部の同質性に基礎づけられた組織の原理が機能しているのである。

自由な参入と退出という市場の場の特徴からすれば、当事者は多様で異質な価値観を有することが原則であり、同質性は偶然的なものであることを意識し続けておかなければならない。というのは、異質な価値観を有する者同士が、試行錯誤を繰り返しながら競い合うことによってこそ、市場は活性化し発展するからである。異質な価値観がぶつかり合うというファクターを無視し、安易に同質性に還元してしまうモデルをもとに市場経済を捉えるならば、市場自体の有する原動力が失われてしまうだろう。

異質な価値観を抱いた当事者同士たちが協力し合うのは、同質な価値観を抱いた者同士の協力に比べて困難なのは明らかであって、信頼という価値は市場においては比重の軽いものと扱う者が少なくないのは、このためである。彼らは、市場競争が導入されると、利潤を追求し、競争により相手を出し抜くことが至上命題になってしまうという前提に立っているが、このように信頼という価値が、市場において比重が軽いと考えるのは、誤った判断である。たしかに、同じような価値観を抱く者同士であれば、相互の微妙な調子や気持が一致する、いわゆる阿吽の呼吸で通じ合う場面もあるだろうし、同じような価値観を抱く者同士の信頼は排他的であるが強固である。他方、市場の参加者達は、阿吽の呼吸では通じ合えないところで対峙するのであるから、相互不信に陥りやすい。しかし、契約の交渉を進めるうちに、お互いに有している不信感が克服され、相互に尊重と信頼が生じたときには、その信頼は、同じ価値観の者同士の信頼に比べて、他者に対する説明可能性を備えているという意味で、まさに合理的な信頼と呼ぶにふさわしいであろう。この合理的信頼は、市場経済には欠くことができないものであるが、稀少であって、ガラスのようにもろいものであることを無視してはいけない。この意味では、実は、市場経済自体も、人類の歴史の中では稀少なものなのである。

合理的信頼について展開した話は、寛容という徳についても該当する。人は、こうした交換や競争の中で多元的な価値を認めるという意味での寛容の精神を身につけることも可能であるということが指摘されているが[24]、この意味での寛容の精神は、共同体における倫理とは異なった性質のものになりうる。なぜなら、異なる価値観を抱く者たちを前提にしているという意味で、市場における倫理は、共同体的価値を基盤とした共同体における倫理とは、異なったものになるからである[25]。

交換における合意を評価するにあたっては、合理的信頼のプロセス——他者との間に合理的信頼の形成を導く過程——を経ているかどうかが重要であって、一定の結果の実現を、その指標とすべきではない。ただし、市場では、交換に関わった当事者双方が勝者となる取引が健全な形であるが、場面によっては、一方当事者しか勝者とならない、つまり他方当事者が敗者となってしまう取引も少なからずあることも、見過ごされてはならない。たとえば、一方当事者が取引に失敗して、当初の予測がはずれて明らかに不利な結果を享受せざるをえない状況に陥った場合には、どのように考えるべきか。争点を明らかにするために、このとき、詐欺や強迫のような、明らかに公正さに欠けるような手段が弄されてはいないことは最低限の前提としよう。では、詐欺や強迫がない場合であれば、競争の**公正**さは担保されたといえるのか。

基本的には、一方当事者が、予測がはずれるなどの原因で取引に失敗し不利な結果を享受するに至ったというだけでは、直ちに不公正な競争がおこなわれたということはできない。経済活動が成功すれば誰でも利益を得られ失敗すれば自分がリスクを負うという条件は、過度な要求ではないからである。しかし、この原則論が通用するのは、あくまで勝つ機会が合理的な程度に保証されていての話であろう。もし、勝つ機会が一方にしかない場合には、この原則論の妥当性は怪しくなるかもしれない。一方の当事者が常に勝ち、他方当事者が常に負けるという状況を想定してみれば、明白である。負け続ける者は競争に参加する意欲はなくなるし、何よりも勝者が初めから決まっている競争は、〝やり方が汚い〟という感覚が拭えないだろう。この〝やり方が汚い〟という感覚こそが、**公正**・不公正の核心をなすものである。相手方に対して、こうした感覚をもって対峙するならば、相手方に対し、信頼が発生したり維持したりはできない。こうした汚い競争ではないこと、言い換えれば勝つ機会は誰にでもあるという勝機の平等の要請が、市場において合理的信頼のプロセスを確立するためには最低限必要なのである。(26)

2　知識の発見・伝達とコンテクスト依存性

ジェイコブズが、市場道徳として抽出した道徳律のうち「創意工夫の発揮」「新奇・発明を採り入れよ」「目的のために異説を唱えよ」は、統治の倫理と対比する形で、市場倫理の特徴を的確に表している。統治の倫理においては、「伝統堅持」「排他的であれ」という道徳律が挙げられるが、これらの道徳律は、創意工夫、新奇性、異説へのインセンティブを掲げる市場の倫理とは対照的である。まさに、ここに、統治の倫理と市場の倫理との相違点が浮き彫りになっている。これらの「創意工夫の発揮」「新奇・発明を採り入れよ」「目的のために異説を唱えよ」という社会規範は、いずれも知識の発見・伝達に関わるものである。市場ないし市場経済における知識の発見・伝達の役割は、非常に興味深い問題である。

知識は、それ自体が複雑な性格を有しており、極めて論争的な概念である。本書では、知識論を詳細に展開することはしないが、とりあえず、知識につき、これを「当事者の主観によって認知され解釈され保有されている情報」として大雑把に把握したうえで、市場において、当事者達は、どのように知識を利用しているのかについて、市場経済と知識との関係を軸に考えていきたい。

市場における当事者は、どのような知識をもって選択をすると想定されるのであろうか。この解答は、市場をどのような構造として把握するかに依存する。

本章の第一節第一項の「市場の意義」の箇所で展開したように、主流派である新古典派経済学は、完全市場の文脈に基づき静的な市場観を展開する。新古典派経済学の下では、市場において、経済活動のために必要な知識を備えている個人を想定する。たとえば消費者は、すべての財に対して一定の効用を有する人間として想定され、ある条件下で価格をシグナルとして自分の効用を極大化する選択肢を選ぶ。完全競争の下で均衡点に達するような静的な市場観、完全知識のある個人というモデルの下では、あたかも時計仕掛けのメカニズムのように事態は進行するのであって、個人の選択によって思いがけない新奇なことが始まるという視点は、巧く説明しにくいだろう。「創意工夫の発揮」「新奇・発明を採り入れよ」「目的のために異説を唱えよ」という道徳律は、いわば静的な市場観の想定の枠外にある。

これに対して、反主流派に位置づけられるハイエクやミーゼスなどのオーストリア学派は、新古典派経済学に対して対照的な市場観を採用している。彼らは、市場が新たな選好をもたらすことを促す機能を有していることを指摘して、こうした市場のダイナミックな構造に着目した動的な市場観を打ち出すのである。オーストリア学派の市場観の下では、個人の効用関数はあらかじめ決定されておらず、行為者は一定の価格に対してすでに決められた反応を示すのではなく、予測不可能な行為をするとされ、これを指して動態的主観主義と呼ばれる(27)。オーストリア学派は、人の効用尺度は常に変化に晒されており、測定したり外部の観察者が知ったりすることは困難であるという主観的価値説を採用しているのである。

では、市場において当事者があらかじめ完全な知識を有していないとすれば、彼らはどのように知識を発見して、発見した知識を伝達するのであろうか。世界に分散して存在する知識という資源をいかに賢明に利用するかという問題について、先駆的な業績を上げたのは、周知のようにオーストリア学派の巨匠ハイエクである。ハイエクによれば、市場とは、人の行為の結果ではあるが設計の結果ではない自生的秩序の一つであるとされるが、ハイエクが警戒するのは、設計主義的なアプローチを用いて自生的な秩序である市場に介入していくことで、市場の機能の重要な部分を損なう危険性である。設計主義的なアプローチが市場の重要な機能を損なう根拠の一つとして、市場における知識のあり方が挙げられる。すなわち、市場においての知識は、何かの秘伝のように一カ所に集中してあるのではなく、社会に分散して存在しており、権威による知識の集中化と対極にある。よって、権威による知識の集中化とは対照的に、市場は、世界に分散して存在する知識の発見・伝達をしていく機能を担っている点にこそその役割を発揮する[28]。

したがって、市場において行為する者が不完全な知識しか有さずに取引活動に従事する以上、当事者が新たな知識を学習するというプロセスが極めて重要な役割を占めることになる。それだからこそ、オーストリア学派は、知識の学習プロセスに着目をした議論を強力に展開しているわけである。

行為者に対して新たな情報が伝達されれば、行為者にはその新たな情報についての知識が増大することはもちろんであるが、これに限定されるわけではない。新たな知識の獲得は、それ自体が独立した現象として把握されるだけでは不十分であって、行為者自身が置かれている問題状況をよりよく理解するという契機へと繋がっていくことが重要なのである。この理解する契機は、新たな問題を設定することや、ある一定の問題状況から別の新たな問題状況への移行をも含んでいるといえるだろう[29]。学習するとは、新たな情報の獲得に還元し尽くされるものではない。「創意工夫の発揮」「新奇・発明を採り入れよ」のような社会規範は、知識の学習プロセスに着目してこそ、その含意を適切に理解することができるといえよう。

オーストリア学派によれば、知識は、問題状況と切り離されては存在しない。一定の問題状況が発生し、問題に取り組むプロセスの中で獲得される知識こそが真の知識なのであって、知識は、問題状況というコンテクストに依存して存在するのである。

知識を習得したり、問題を解決したりする現実の場面を想起してみても、知識のコンテクスト依存性は明らかである。問題への取り組みを開始した人は、解答を保有していないだけではなく、問題自体がどのようなものかについても把握していないことが多々ある。これは問題への取り組み方が誤っているせいではなく、むしろ知識のコンテクスト依存性に由来するのである。問題を解決しようとする場合に最初におこなうべきなのは、問題の所在を体系だった形で整理することである。この整理により、暗黙のうちに問題状況に埋め込まれていた知識が、明示的な形で浮き上がってくるのである。[30]

市場では、当事者は新たな利潤機会を求めて競争活動をおこなっているが、橋本努によればオーストリア学派の知識論では、競争活動において問題となる知識は、以下で述べるような五つの特徴を備えているのだと分析されている。[31]すなわち、①私的知識、②経験的知識、③暗黙知、④価格とそれ以外の知識、⑤驚きの要素の五つである。

価格情報や商品情報については知識が共有されているとみるのが新古典派経済学モデルである。しかし、理論的観察者によって知識があらかじめ知られているとみるのは、現実の市場競争では妥当しない。実際の競争で用いられる知識の多くの部分は、①の〈私的知識〉であって、データとして明確に伝えるのは困難である。

市場に参加する者が求めている知識は、理論的なものではなく、②の〈経験的な知識〉である。経験的な知識は、行為者の置かれている状況によって変化しうるのであり、一時的なものである。しかし、他の市場参加者が獲得したり利用したりしていない知識だからこそ利益に結びつくのである。こうした経験的知識は、問題がどのようなものか、あるいはそれに対する解答がどのようなものかを演繹的に導出する過程では獲得することはできない。経験的知識の量だけではなく、同時に経験の中で判断力や洞察力を身につけることが、適切な選択をおこなうための必要条件である。

〈私的知識〉と〈経験的知識〉に加えて特記しておかなければならないのは、知識の③の〈暗黙知〉としての性格である。すべての知識は、明示的に言語化できるものではない。言語化できる知識がごく一部であることは、現在よく知られていることであるが、オーストリア学派は、いわゆる暗黙知と呼ばれる知識を重視する。[32]分散して存在している私的な知識は暗黙知としての性格をもつからこそ、行為者が有している知識を活用できるようにインセンティブを与える制度枠組みが必要とされるのである。

取引に際して正確な情報を伝える機能を有しているのは、第一次的には④の価格に関する情報であって、人々は、価格の変化により、経済状況の変化を読み取って、利潤の機会を追求する。加えて、市場経済では、契約に関する知識と私的所有に関する知識も重要である。言い換えれば、価格というシグナルは、契約条件や私的所有権という制度条件をもって、初めて上手く作用するのである。契約条件や私的所有権は、市場経済にとって不可欠な条件であり、個人の知識発見活動に優れたインセンティブを与える点で、重要な基盤を有しているのである。

⑤の〈驚きの要素〉もまた、新古典派経済学では必ずしも重視されていないが、オーストリア学派には着目されている要素である。驚きの要素は不確実性をもたらすわけであるが、同時に新しい調整と均衡化を促すという側面もありうるのであって、動的な市場プロセスを形成するためには必要な要素であるとされる。

3　企業家精神

市場倫理の中の「異説を唱えよ」という行為指針は、右で述べたような知識の性格を前提にすると、よく理解することができる。市場における知識は予測不可能な要素を有する不確実なものであるからこそ、創意工夫や新奇性とともに、異説を唱えよという行為指針が、意味を有してくるのである。もし外部観察者からみて市場の参加者が完全な知識を有しているという前提の下での市場観をとるならば、「異説を唱えよ」という行為指針は、異物的な要素となるだろう。

行為者は、なぜ異説を唱えるのだろうか。それは、まさに利潤機会の増大を求めるからである。しかし、異説を唱えることは必ずしも成功つまり利潤の増大の確実性を保証しないのであって、むしろルーティンワークに従事している者よりも、損失を負う危険性は格段に高くなる。革新的な異説を唱える者は、損失を負ったり、市場そのものから排除される危険性を負担しながら利潤を追求するわけであるが、こうした行動をおこなう者を表す概念として、伝統的に「企業家（entrepreneur）」という概念が用いられてきた。

我が国では、市場経済と市場倫理に関連して、法哲学の領域で、この企業家ないし企業家精神という概念に比較的早くから着目したのが、桂木隆夫である。桂木は、当事者の利潤機会の追求に還元し尽くされない動機を説明する概念として、この企業家という概念を用いている。

桂木は、企業家精神について、以下のようにいう。新しい商品を作ったり供給したりすることに対する好奇心や冒険心なども、取引の重要な動機といえる。こうした何かを成し遂げようとする創造の喜びによっても、当事者の行動は動機づけられる。よって、当事者は、取引においてお互いに競い合いながら、利己心という動機を備えつつも、様々な形での生き甲斐を求めて活動しているといえるのである。このような精神を「企業家精神」と呼ぶことができるという(33)。

桂木が、企業家を、資本家や消費者のような人間類型としてではなく、人間行動の一つの類型として把握する点や、企業家の新奇性や創意工夫に着目する点は、企業家の概念の魅力を的確に捉えている。しかしながら、不確実性への危険の負担、そこから生じる問題定立への能力について言及していない点は、企業家精神の理解にとっては、射程を狭める可能性があるように思える(34)。

では、そもそも、企業家とは、伝統的な経済学の中で、どのような役割を担ってきた概念なのであろうか。

経済学の中には、資本家や経営者や生産者などの様々な人間類型が用いられるが、企業家を事業請負人と捉えるならば、企業家も広い意味ではこの人間類型の一つである。しかし、企業家と、資本家や経営者との違いは、特定の機能を有しているか否かに関わる。企業家は、特定化された機能を有するのではなく、人間の行動の一つの類型であって、企業家精神という言葉の方が、企業家の本質をよく表しているといってよいだろう。

企業家という言葉の発生は古いが、その用語法は時代において変化を遂げている。古くは、事業請負人という意味で用いられたり、不確実性の負担者としての企業家の機能を指摘したりする文献がみられる。たとえば、一七二三年に刊行されたサヴォリ編の『商業百科事典』では、企業家は事業請負人の意味で用いられているとされ、あるいは、一七五五年に刊行されたR・カンティロンの『商業論』では、不確実性の負担者として企業家の機能は定義されるという。[35]

しかし、新古典派経済学による静的な市場観の下では、市場のダイナミックな動きの中で真骨頂を発揮しうる企業家ないし企業家精神に対して適切な評価を与えるための基盤が欠けている。すなわち、主流派の経済学は、対称的情報などを条件とする完全競争状態や、瞬時に達成できる価格均衡化のプロセスに基づく静的な市場観を展開し、企業家の投機的活動を重視してこなかった。このような均衡状態を市場の所与の条件とするならば、企業家は真骨頂を発揮することはできない。市場外在的に企業家を捉える立場にせよ、市場内在的に捉える立場にせよ、いずれにしても、企業家は、均衡状態の継続を前提としているモデルでは活躍する場をもたないからである。主流派の経済学に対抗し、企業家の概念に真価を付与したのは、先に言及した静的な市場観ではなく動的な市場観に立つオーストリア学派の経済学およびネオ・オーストリア学派の経済学である。[36]

企業家概念の提唱者として、今や古典に属するのはJ・A・シュンペーターであろう。[37] 彼によれば、企業家とは、生産技術の革新や資源の開発のようなイノベーション（innovation）としての刷新を生じさせて、潜在的な需要を掘り起こして利ザヤを獲得し、同時に、不確実性の状況の下で予測の失敗という危険も負担している者である。そして、その後、I・カーズナーやD・ハーパーなどのオーストリア学派ないしネオ・オーストリア学派と呼ばれる学者達が、このシュンペーターによる概念を展開させていく。[38]

企業家は、生産技術の革新や資源の開発のようなイノベーションとしての刷新を起こして、潜在的な需要を掘り起こして利ザヤを獲得する者であるが、同時に不確実性の状況の下で予測の失敗という危険を負担する。こうした失敗を負担する者は経済活動では不可欠であるが、刷新が生じたというのも後になって明らかになるわけであって、追従者のいない逸脱行動は、失敗した〈刷新〉となるわけである。企業家は経営者や資本家や生産者のように、特定化された機能を有しているわけではないので、企業家精神という言葉で表した方が、的確にその性質が表現されるのである。(39)

企業家の捉え方は、オーストリア学派の中でも必ずしも一致していないが、それぞれの考え方の相違点において際だつのは、次に掲げるような二つの基軸である。第一が、企業家精神の担い手は誰かという問題、第二が、不確実性の解消の問題である。

第一に、企業家精神の担い手の点であるが、シュンペーターによれば、企業家精神の主たる担い手は財を供給する側であるとされる。これに対して、カーズナーやカーズナーの考えを発展させたハーパーによれば、財の供給サイドに限らず、財の供給を受ける側においても、企業家精神が発揮されると考えている。すなわち、企業家精神は、財を供給する事業者だけに必然的に限定されるわけではない。不確実な世界で目的をもった人間が行動する場合には、常に企業家的な判断が要求されるわけである。「行為はつねに投機である。実在の生きている経済では、あらゆる行為者がつねに企業家兼投機者である。」と述べた、ハイエクと並ぶオーストリア学派の代表者ミーゼスのように、企業家精神は、一定の社会状況の下で事態を動かしていく、つまり社会の中で動因としての役割を果たす者すべての属性と考えるべきであろう。(40) たとえば、消費者もまた、より安価で自分の選好を充たす財とその供給者を発見した場合には、そこに利潤機会を見いだしたと評価しうることができるのであって、この場合には企業家精神を保有しうるのである。

こうしたカーズナーの企業家の捉え方は、企業家の特徴のうち、隠された需要の発見に重点を置くところから基礎づけられるといえよう。カーズナーは、企業家を、他人に先駆けて利益を発見する能力によって定義しており、すでに顕在化している欲求に対してルーティン化した方法で充足を与える行為をもって企業家的とは考えない。いまだ他の誰にも正確には認識されていないような利潤機会を発見するような行為を企業家的行為と考えるのである(41)。企業家の能力とは、利益を発見したうえで、不確実性から生み出される損失を比較して主観的意思決定をおこなうことである(42)。しかし、カーズナーの議論は、需要と供給とが一致しない不均衡状態を均衡させる役割を有している。均衡については、企業家は、均衡の攪乱要因であるとするのがシュンペーターの企業家論であるが、カーズナーの企業家論では均衡状態へと一致される原動力であるとされるから、むしろ均衡状態へと近づける原動力となるのであって、不確実性は解消されることが予定されているのである(43)。

他方、ハーパーは、カーズナーの議論を批判的に継承し、より広い範囲でのインプリケーションを有しうる主張として、企業家精神に関する議論を展開している(44)。ハーパーも、企業家は財を供給する側ではなく財を需要する消費者も含んで捉える立場に立つが、同時に、市場における不確実性の把握については、不確実性への対処こそが企業家の本質的な機能であって、しかも不確実性は均衡点に達せず解消しないと考える。この点が、カーズナーとは異なっている。ハーパーによれば、企業家精神とは、「構造的な不確実性や複雑な問題状況の中で、現在の利潤機会を読み取る想像力や決定的な才能を生かすことなどを含んだ問題解決能力」として定義されるのである(45)。

こうしたハーパーの企業家精神論は、前述したオーストリア学派による知識についての一定の考え方と切り離すことはできない(46)。知識の発生は、常に一定の問題状況を前提とするのであって、未だ知識が獲得されていない場合に、ある問題を合理的に解決しようとする場合に必要な手続には、その問題状況を体系的、明示的に整理することが含まれる。自分で問題を見つけて、よりよい解決策を模索していかなければならない。決して、すでに発見され達成されるべき問題があるわけではないのである。ハーパーは、カーズナーと異なり、市場を孤立した空間として捉えず、市場を変化させる要因が外部から流れ込んでくる世界を想定している。したがって、企業家の意思決定は、知識の発見についても、すでに存在している最適解を発見するというより、絶え間ない創造性が含まれることになる。そして、ハーパーによれば、こうした企業家精神は市場の中で法制度を含む制度により影響を受け、学習つまり陶冶されうるという[47]。

ハーパー的企業家は、自分で問題を見つけて、よりよい解決策を模索していくのであり、法制度も含む様々な制度に影響を受けて、学習つまり陶冶されていくというモデルに基づく。そして、市場の行為者が、供給側、需要側を問わず、こうした企業家精神を有することこそが、市場経済が正常な機能を発揮するために、極めて重要なファクターとなるのではないかと考える。

4　制度戦略と規範企業家

第Ⅰ部の最後に、第一章と第二章双方に関わる、自由な社会や市場経済を牽引する人間像について、触れておきたい。

もし自由な社会を存立させる構想としての自由主義ないしリベラリズムが何らかの意味で社会制度の構築に関わる構想であるならば、その構想を牽引していくグループが必ず必要であろう。このような人間を制度戦略のための人間像と呼ぶことにする。制度戦略のための人間像は、その社会の構成員の大勢がそうである必要はなく、むしろ限られた一部の人たちに要請されている振る舞い方である。しかし、どれほど限られた人たちにしか要請されていないにしろ、ある構想が影響力を有するには、その思想を、言葉であれ行動であれ、積極的に推進していく人たちが欠くことができないというのも事実である。「観念はそれらだけで真空の中に漂っているわけではない。観念は人々によって採用され提唱される限りで影響力を持つのである[48]。」

市場無政府主義者で自然権論的リバタリアンのロスバードは、自由の観念の勝利のためには、献身的なリバタリアンの活動グループが必要であると指摘する。このグループの構成員たちは、自由について知識が豊かで、そのメッセージを他の人に広めようとする人々であるとされ、こうした活動的で自覚的なリバタリアンの運動が欠くことができないというのである。たしかに、第一章で述べたように、想定される個人は、最低限度で自律的でありさえすれば、高度に自律的である必要はない。したがって、政府の行動に対して批判的な視点を有さないような、政府に従順な人間であっても、そうした人間は、リバタリアンの世界で排斥される人間像ではないし、もちろん利他主義的思想を推進する人間も、リバタリアンの世界で、期待されるべき人間像でも期待されない人間像でもない。しかしながら、すべての人間が、政府に従順だったり利他的主義的な思想を広めようとしたりする人間で構成される社会であっては、ロスバードのいうようなリバタリアンの構想を実現することは不可能である。

誰もが認めるように、リバタリアンの思想は相当に革新的なものであり、とりわけロスバードのように無政府主義的なリバタリアンにとっては、活動的なリバタリアングループの活動は、理想の実現にとって不可欠であろう。しかし、彼ほど革新的ではないタイプの古典的自由主義者にとっても、あるいは平等基底的なリベラリズムや、自由社会とは無関係な思想にとってすらも、ロスバードの知見は極めて示唆的である。どのような思想にとってであれ、その構想のメッセージを伝えようとするグループの存在は、極めて重要なのである。そして、そのような活動グループの存在は、構想が影響力を持ち始める契機をもたらす点でも重要であるが、構想の影響力が誤った形で展開しないためにも必要である。つまり、活動グループの活動は、継続的なものである必要がある。たとえば、自由な社会を擁護する考え方を普及させるためには、自由論や市場経済の基盤となる市場倫理、あるいは社会のメンバーの権利と自由とが**公正**な仕方で保障する法体系が整えられていることを制度的な条件とする**法の支配**の原理を、世の中に上手に根づかせる人たちが必要なのである(49)。

こうした活動グループの存在を、別の表現を借りて表現するとすれば、近時、用いられるようになった規範企業家（norm-entrepreneur）という概念が、最もよくその特徴を表している。

企業家自体は、前述したように、経済学、とりわけオーストリア学派の経済学において発展させられた市場における行為者の類型である。ただし、企業家とは、経営者や資本家のような特定の機能を有する人間ではないから、一種の人間行為の一形態であり、その意味で企業家精神と呼んだ方がふさわしいのであって、その範型に従えば、規範企業家という表現より、規範企業家精神という表現の方がよいかもしれない。

さて、規範企業家とは、C・サンスティンの論文で用いられたのが有名であるが、その内容とは、規範市場において、言葉や生き方を通じて、新たな、あるいは必ずしも一般的には受け入れられていない規範を主張して、規範が受け入れられれば精神的な利ザヤを獲得し、失敗すれば非難・排斥のリスクを負う者である(50)。この意味で、規範企業家は、言論や生き方を通じて、新たな規範を主張することで、新たな集合行為の触媒となる者ともいえる。サンスティンは、本章で展開した企業家という概念を、経済の市場ではなく、社会規範の市場の文脈で展開しているため、経済の市場で企業家が求める利潤とは異なる利潤が想定されなければならない。すなわち、経済の市場、つまり本来的な市場では、利潤は貨幣的な価値によって計測されたが、規範市場における利潤は、貨幣的な価値ではないのである。では、規範企業家が、規範市場で得る利ざやとは何なのか。規範企業家は、思想の正統性が多かれ少なかれ危機的な状況で現れて、しばしば伝統とは異なる逸脱的な主張をおこなう。彼ないし彼女は、経済学における企業家と同様に、失敗すれば、非難されたり排斥されたりするリスクを引き受けざるをえない。そして、規範企業家が唱える主張や振る舞いに同調する人々が現れてきた場合には、その人の主張が受け入れられ、彼ないし彼女にとってより生きやすい世界がつくられる、あるいは栄誉が与えられるなどの自己承認が得られるという利ザヤが、あるいはこうした精神的なもののみならず、経済的な利ザヤも得られるかもしれない(51)。

規範市場においては企業家精神を有する者たちの存在は、リバタリアニズムのような稀少性のある思想の構想が影響力を有していくためには、戦略として不可欠なものなのであり、規範企業家の存在意義や位置づけについては、もっと注目が与えられ、探求されるべきであろう。

第二章　注

(1) 本章「一　市場経済の意義」の部分は、拙稿［山田八千子 1999］を基礎にして加筆修正をおこなったものである。
(2) 経済取引の場合であっても、価格の果たす役割は、様々である。本書では、当事者が、自己の効用・利潤を追求するという態度で、価格と価格に対応する財・サービスの内容を、契約する際の決定的な判断材料として取引に臨んでいると評価が可能な場合、たとえば、金融商品の取引や不動産の取引の場面を、典型的な状況として、想定している。
(3) ［貝塚・奥村・首藤 2002］二七頁、を参照。
(4) ［桂木 1998］一四三―一四四頁、を参照。
(5) オーストリア学派の論者の中には、この点こそが、市場の道徳性を基礎づけているという論旨を積極的に展開する者もいる。［Shand 1990］61-83, 120（九九―一三九、一九八頁）．を参照。
(6) ［橋本努 2003a］、も参照。
(7) オーストリア学派の概要については、［尾近・橋本 2003］、［オドリスコル ＆ リッツオ 1999］等、を参照。
(8) ［Hayek 1973］volume 1 35-54（⑴三五―五四頁）．を参照。また、ハイエクの自生的秩序観の紹介・検討については、［嶋津 1985］一〇七―一九六頁が詳しい。なお、［マクラミン 2007］も、参照。
(9) ［嶋津 1985］一〇七頁、を参照。
(10) ［Wilhelmsson 1993］15-22．を参照。
(11) ［今井・伊丹 1993］二〇〇―二一〇頁、を参照。
(12) このためには革新的な企てをおこなう者の失敗の結果が余りに大きすぎないことも必要である。失敗の結果の大きさが新奇工夫への萎縮的効果をもたらすものであることは、ある程度避けられないかもしれないが、その萎縮的効果が大きすぎることは市場経済にとって悲劇である。また、市場へ新規に参入する者の障壁があまりに高い場合、すなわち新規参入が事実上不可能なほどの独占状態は、いくら自由競争の結果とはいえ、自由な競争秩序そのものを衰退ないし破壊するであろう。独占禁止法などの競争を維持する秩序には固有の役割がある［岡田 1985］一九―三六頁、［岡田 1972］五〇―六六頁、を参照。

(13)［桂木 1995］一九一―一九二頁。

(14)［桂木 1995］七五―一〇五頁、を参照。［桂木 2005］一九三―二二五頁、［桂木 2006］九二―一〇七頁、も参照。

(15)［井上 2000］二三六頁。

(16)［内田 1993］（4）三六頁、［吉田克己 1999］二〇六頁、を参照。

(17)「生活世界」という概念の用法は、一義的なものではない。この概念の提唱者は、フッサールであるといわれているが、ハーバーマスのコミュニケーション行為の理論における「生活世界」概念が有名である（［ハーバーマス 1987］九―一二九頁）。ただ、より一般的に、当事者が日常的に生活している場面を包括的に提示するための記述の概念として使用する者もいることに注意が必要である（［吉田克己 1999］）。また、ハーバーマスのコミュニケーション行為理論および彼の「生活世界」概念を、現代の契約法に取り入れようとする試みもある。［山本顯治 1989］、［山本顯治 1993］六九―一二二頁、を参照。

(18)［Mouffe 2000］4（九頁）. を参照。

(19)［Stiglitz 2002］53–88（八七―一三四頁）. を参照。

(20)［Stiglitz 2002］57–58（九三頁）. を参照。なお［スティグリッツ&チャールトン 2007］. も参照。

(21) 近時、競争秩序としての独占禁止法、不正競争防止法等の法律群と民法との連関性をめぐって議論が積み重ねられている。［広中 1989］一―一三一頁、［森田 1998］、［森田 2000］、［大村 1993］、［田村 1998］、［山本敬三 1996］、［山本顯治 2006］、［吉田克己 2005］、［吉田克己 2007］、等の個別の著作・論文に加え、一九八八年の金融法学会のシンポジウム『競争法秩序と民事法』による特集（『経法』19号所収）、二〇〇七年の日本私法学会シンポジウム『競争秩序と民法』に関する特集（『NBL』863号所収）にあるように、学会におけるテーマとなっている。独占禁止法のような競争法秩序が市場経済にとって不可欠であることは、すでに述べているが、競争秩序法と呼ばれる領域と民法との連関性を志向するアプローチも、広い意味では、市場と国家との補完理論の一つとして位置づけることが可能であろう。ただし、本文で強調しているように、市場と国家との緊張関係を勘案すれば、いわゆる公的なものが私的なものに比べて序列的に優位でないことは当然の前提ながら、公的な領域と私的な領域のいわゆる協働関係が、一方が他方の利点を減殺するような形で実現されないように注意しなければならない。なお、この点につき、［曽野 2006］、も参照。

(22)［ジェイコブズ 1998］、を参照。

(23)［プラトン 1979］331C. を参照。

(24)［桂木 1995］六二、七八、一一三―一一七頁、を参照。

(25) ここでいう市場における倫理とは、規範的な意味であって、実証的にみれば、市場においても共同体価値への配慮が色濃く出ていた時代がある。むしろ市場における共同体的な価値への配慮の要請の起源は、近代の契約法より古い。中世のヨーロッパ市場制度では、倫理的な色彩があったとされる（［Gordley 1991］1－9）。たとえば、消費者に対して適正な価格での商品の供給が要請されるなど、市場関係者が公共の共同体的価値観を志向することが求められていた。［ハルダッハ＆ゲルト 1988］二一〇頁、を参照。この意味での市場は、市場〈いちば〉という用語で表した方がよいだろう。

(26) こうした勝機の平等と市場における公正さとの関係は、すでに市場経済を評価する論者により指摘されてきたところである。たとえば、桂木は、勝機の平等が市場における公正さを意味するという。［桂木 1995］七八、一〇五頁、を参照。

(27)［橋本努 2003a］二〇二頁、を参照。

(28)［Hayek 1949］33－56（五二―七六頁）．を参照。

(29)［橋本努 2003a］二〇四頁、を参照。

(30) [橋本努 2003a] 二〇四頁、を参照。
(31) [橋本努 2003a] 二一六—二二二頁、を参照。
(32) [ポラニー 1980]、を参照。
(33) [桂木 1995] 八五頁、を参照。
(34) 桂木は、こうした企業家精神は革新的な企業家だけが発揮するわけではなく、日常生活を超えて何か新しいことに挑戦しようとする者は誰でもこうした資質を発揮しうると述べ、こうした競い合っている人間を「生活者」という概念で位置づけている ([桂木 1995] 六二頁)。しかし、生活者という概念については、企業家ないし企業家精神との結びつきは曖昧である。
(35) 企業家概念の沿革については、[江頭 2003] 二七一頁、[ヘバード&リンク 1984]、[池本 2004] 等、も参照。
(36) [Kirzner 1997] 16 (一八頁). を参照。
(37) [シュンペーター 1998]、を参照。
(38) [Kirzner 1973], [Kirzner 1997], [Harper 1996], [Harper 2003]. 等を参照。
(39) entrepreneurship については、企業家精神と訳した。精神を含めた企業家全体の活動を指しているとして企業家活動と翻訳するという立場もあるが ([Kirzner 1997] の「翻訳者前書」)、本書では、企業家の実用的な側面ではなく、知識習得のプロセスなど、心理的な側面に焦点をあてるため (たとえば問題解決能力と entrepreneurship との関係など)、企業家精神という訳語を用いた。よって企業家精神といっても、entrepreneur spirit とは異なるということだけを確認しておきたい。
(40) [Mises 1949] 253 (二七九頁). を参照。
(41) [Kirzner 1973], [Kirzner 1997]. を参照。
(42) Kirzner のいう不確実性は、F・ナイトが真の意味の不確実性と呼んだものではないという指摘がある。期待値の計算できる不確実性 (ナイトがリスクと呼んだもの) は、企業家的対応でなくても処理できるからであるとされる。[江頭 2003〕二七八頁、を参照。

(43)〔江頭 2003〕二七八頁、を参照。

(44)〔Harper 1996〕,〔Harper 2003〕. を参照。また、〔吉田昌幸 2003〕は、企業家と市場との関係について、経済学の立場から、ハーパーの一九九六年の著作を紹介する。

(45)〔Harper 1996〕3, 20–22. を参照。

(46)〔Hayek 1949〕77–91（五二—七八頁）. を参照。

(47)〔Harper 1996〕57. を参照。

(48)〔Rothbard 1998〕264（三一四頁）.

(49) 法の支配の確立の制度的条件については、〔那須 2007〕六七頁、を参照。また〔那須 2001〕、も参照。

(50)〔Sunstein 1996〕909. 日本において、規範企業家概念に注目する論文としては、〔鳥澤 2005a〕三九頁、〔山田八千子 2005a〕九九頁、〔谷口 2006〕一五九頁、〔山田八千子 2007〕九五—九六頁、がある。

(51)〔Posner 2000〕29–32（五二—五六頁）. および〔鳥澤 2005a〕、を参照。

Ⅱ　市場経済と契約法理論

序

第Ⅰ部では、市場経済と契約をめぐる問題について、人間像、市場の概念あるいは市場倫理という視点から、検討をおこなった。第Ⅱ部では、契約法の基底に措定することが想定される価値をめぐり、市場経済と法システムが交錯する領域の問題群を扱っていきたい。

第Ⅰ部で展開したように、市場経済の中心は、人為的ではあるが設計的ではない自生的な秩序である。しかし、現代社会においては、組織的強制力を備えた国家の法秩序も、市場において重要な役割を果たしているのも事実である。国家法という秩序は、いくつもの点で、市場秩序と対照的である。まず、国家法秩序は設計的な傾向に陥りやすく、加えて、中央集権的な権力によって強制的に実現されるという側面を有している。こうした強制的実現の仕方に着目すれば、法秩序は、いわば暴力装置として機能していると表現することが可能である。法秩序の暴力的側面は、公法や刑事法の領域では一般に意識されているが、市場経済・契約をめぐる私法の領域においては、公法や刑事法と比較すると、十分には意識されていない。しかし、だからこそ、私法の領域における暴力的な側面に対し、より一層目を向けることが必要なのである。

国家は、市場の行為者のおこなった交換に対し、その交換の効力を無効であるとして交換の法的効力を拒絶するというような直接的な形で介入したり、市場秩序に対する事前規制という間接的な形で介入する。法が事前ないし事後に強制的な介入をすることの正当化根拠は何か。市場経済の領域において、法による強制が許される場合の正当化根拠とその限界という問題は、まさに真剣に取り組むべき問題である。

この第Ⅱ部は、四つの章で構成されるが、前半の第三章と第四章は、自由・自律・強制という三つのファクターを取り上げて、この三つの緊密ではあるが緊張感のある関係を分析することで、自由な社会における望ましい契約法制度のあり方を描き出そうとしている。続く、第五章では、近代の契約法理論では捨象されていたが、二〇世紀以降の福祉国家理念の下において契約法にも影響を及ぼし始めた公正な分配という価値が、契約法においてどのように位置づけられるべきかという問題を扱う。そして、最後の第六章では、契約をめぐる法文化の領域を取り上げる。社会関係の文脈から完全に切り離された法制度の基盤は脆弱である。この意味で日本における契約をめぐる法文化は、本書の自由を基軸とした契約法理論と矛盾、抵触するものではなく、むしろ整合性を有しているということを論証したい。

第三章　自由と強制

一　契約の自由と強制

自由な社会の市場経済において、契約自由の原理は重要な法原理の一つであるが、契約自由の原理がどの程度貫かれるべきかをめぐっては、多様な議論がなされてきた(1)。ほとんどの者は、自由への願望を保有すること自体は正当なことだと認める。しかし、欲望の赴くままに自由に殺人や強姦を犯すことについては、誰もが認めない。このように、すべての者に平等な自由への権利を支持しようとする立場は、同時に、自由への抑制の必要性も認めざるをえない。

この二つのアンヴィバレントな要請を解消するための一つとして提示された方法は、自由には、人々が保有することが適切であると認められる自由と、適切ではなく抑制されるべき自由とに分けられるという区分法である。古来、こうした自由と抑制との間の緊張関係は、自由（liberty）と放縦（license）という用語の使い分けによって表されてきた(2)。自由の方は、これを保有することが適切である場合を表し、放縦の方は、好きなことを何の制限なくおこなう意味での自由を表す用語であって、抑制されるべきものとして把握される。しかし、このような形で用語のうえで放縦と自由とを区別したとしても、これは、自由と抑制との緊張を言葉の言い換えで解消されたように見せかけたに過ぎないのではないかという疑問がつきまとう。どこからが放縦の領域ではない、つまり自由の領域として許されるべきなのかについては、この区別は説明しているわけではないからである。

自由という概念自体がこのように論争を含んだものであることに加え、本書で扱っている契約の場面における自由は、自由主義者が擁護する自由の概念の中でも、特異な地位を占めている。というのは、一般的に、契約の自由は、経済的自由の側面を有するとされるが、リベラリズムの論者の中には、経済的自由の権利の尊重をめぐり、冷ややかな態度を示す者も少なくない。契約の自由の基本的な自由としての適格性に疑問を提起する代表者の一人としては、R・ドゥオーキンを挙げることができるだろう。ドゥオーキンは、知的な自由と同様に経済的自由をも尊重しなければならないというのは、愚かな主張であるという。彼は、「好きなことを行える経済的自由と知的な自由が同一の立場になければならないのは、自由が好きなことを行える自由を意味するときにかぎられる。」と主張する。[3]

ドゥオーキンは、契約の自由の領域で有名な判決である、一九〇五年のいわゆるロックナー判決を批判的に引用する。この判決は、労働者の長時間労働を制限した州の法律が、合衆国憲法第一四条修正の due process 条項で保護される契約の自由を不当に侵害し、州による規制権限の過度の行使にあたり違憲とされたものである。[4] ドゥオーキンは、この悪名高い（と一般的にいわれている）ロックナー判決を引き合いにして、知的自由の尊重と経済的自由との尊重とが区別されないことの不適切さを強調している。この議論の中で、ドゥオーキンは、知的自由と経済的自由との区別と、自由（liberty）と放縦（license）との区別とを同視しているかのような表現をしている。すなわち、経済的自由は常に放縦であると想定し、過度に経済的自由の価値を貶めているのである。しかし、経済的自由あるいは契約の自由の領域においても、知的自由の領域と同様に、自由と抑制との緊張は存在するのであって、放縦と自由との区別が問題になりうるはずである。

契約の自由の原理は、契約当事者の合意に基づく交換を認め、そして合意に基づく交換のみを許すものである。このような契約の自由の原理をより深く分析してみれば、この原理は、異なる二つの種類の自由から構成されていることがわかるだろう。第一は、契約をする自由の権利つまりいわゆる契約への自由（freedom to contract）である。契約への自由は、人が契約に向き合った際に問題になる自由であって、人は自らの合意によって法的な関係を創設し変更する力を認めている。第二は、契約をしない自由の権利つまり契約からの自由（freedom from contract）である。当事者自らの合意なくして、人は契約上の義務を課されるべきではないということを表している[(5)]。

契約の自由の原理についても、自由と抑制との緊張関係は生じるとするならば、適切な自由の領域の確定こそが、契約の自由をめぐる中心的問題である。契約への自由、つまり契約に向かい合った当事者の立場からみれば、法的関係を創設し変更する力は、——徹底した無政府主義を採用しない限り——国家という組織的な強制力の行使と密接に結びついている。したがって、どのような条件を備えた契約ならば、組織的強制力の発動を促すのに適当であるかについてが、明らかにされなければならない。この意味で、契約の領域は、まさに自由論における自由と強制との狭間の問題が、より鮮明に浮き彫りにされる領域なのである。

1　国家による介入根拠

では、当事者がおこなった契約に対して、国家が抑制、介入すべき境界線はどこに引かれるべきなのであろうか。国家が介入する正当化根拠として挙げられる理由は、極めて多種多様のものが想定できる。第一に、契約自由の基礎となるべき当事者の**自律性**が奪われたという理由から、国家の介入を認めるという仕方がある。契約当事者の交渉においては、様々な原因により、当事者自身が自ら方向を決定できたとは評価できない状況、つまり他者から方向を決定されたと評価しうる状況が出現しうる。具体的には、経済的交渉力の格差や、情報量の格差によって、自ら方向を決定したものとは到底いえないような事態が生じたとき、自律的な判断に基礎づけられない契約全体ないし契約内容の一部に対しては、国家が抑制を加えるという考え方が導き出されるのである。第二に、契約締結の結果として発生した財の分配が、給付の著しい不均衡を生じさせることは正義に反するという考え方、いわゆる**交換的な正義**に反する不当なものであるという理由から、国家が契約に対して介入するという仕方も想定できる。たとえば、一〇〇〇万円の「価値」しかない不動産を一億円で売却した場合に、売主は、一〇〇〇万円の価値と一億円の価値とを交換するのであって、市場でこのような不適切な分配（distribution）がおこなわれるのを放置すべきではない。だから、契約の給付目的である財自体について、市場でおこなわれた分配を再度やり直して再分配するという目的のために介入するのだという主張が導かれる。

しかし、この第一と第二の方法をめぐっては、強力に推し進める論者もいるが、慎重に扱うべきとしたり、正当ではないと考えたりする論者もあり、第二の交換結果の是正を法が直接的にコントロールするやり方については、強力な反論も可能である。すなわち、契約法は、再分配の結果をもたらすことはあっても、直接的な再分配の手段には適していない法領域であって、直接的な再分配的な方法としては、契約法による実現よりも税制度による実現が適しているという反論である。

第一や第二の方法と比較すると、より穏健な第三の介入方法もある。もし、当事者がおこなった契約が、相手方からの強迫や詐術によってなされたものであるならば、この契約は国家によって執行されるべきではない。したがって、このような場合には、国家が、契約の執行を求める当事者の力（power）を否定するという方法によって介入することになる。たとえば、日本法では、強迫、詐欺による法律行為は、取り消すことができると規定されている（民法九六条一項）。

第三の穏健な介入方法については、ほとんどの立場がこれを許容する。国家が契約に対して介入することについて謙抑的な姿勢を採用してきた代表的立場の一つが、意志（思）理論（will theory）を中核とするいわゆる近代契約法理論である。[6] 近代契約法理論は、当事者が自らの意志（思）でおこなった契約であるかぎり、当事者の契約自由の領域をできるだけ確保しようとしているが、第三のタイプの介入方法は認めている。また意志（思）理論と比肩するほど、あるいはより国家による介入に対して慎重な立場を採用するのは、自由尊重主義としてのリバタリアニズムである。実際、リバタリアンは、経済的自由も、知的自由つまり精神的自由と同様に尊重するから、契約自由の抑制に対しても、知的自由の抑制に対するのと同様に、これが認められるかどうかは厳格に判断することになるだろう。リバタリアンたちは、自発的な交換（voluntary exchange）である限り、原則的に国家による介入を認めない。[7] 逆にいえば、国家からの介入を嫌悪するリバタリアニズムの論者でさえ、自発的な交換がなされていない場合には契約の効力を認めるのが不当であると考えているともいえよう。なお、国家法による規制を否定する市場無政府主義的なリバタリアニズムの立場でも、詐欺と強迫を市場から閉め出すことは市場経済が存立する条件であると考えるが、国家法のような集権的な法秩序ではない分散的な法秩序が、こうした規制をおこなうべきだとするのである。

したがって、国家が当事者のおこなった契約に介入することを正当化する根拠として、最も異論がないものは、自発的な交換が成立していないことを理由にしての介入である。自発的交換がなされていない場合には、国家が強制力を行使することが一般に認められる。そこで、〈自発的な交換〉というものの意味を探求することにより、自由と放縦の境界線、自由と抑制の緊張関係を検討していきたい。

2　リバタリアニズムの意義

自発的交換の意義について、最も洗練された議論を展開しているのは、リバタリアニズムの契約法理論であろう。

リバタリアニズムの立場においては、契約への国家からの介入の分水嶺となるのが、自発的交換か否かだからである。

リバタリアニズムは、一般に、個人の経済的自由や財産権も、精神的自由・政治的自由も、同様に最大限尊重する思想であると紹介される(8)。リバタリアニズムは、思想が常にそうであるように、一枚岩ではない。リバタリアニズムにつき、第一に「いかなる国家までを正当とみなすか」、第二に「個人の自由の尊重の正当化根拠は何か」という二つの点による分類が一般的であると説明されることが多い(9)。たとえば、日本の代表的なリバタリアニズム論者であると自認する森村は、自らを、ロックと同様な自然権論的古典的自由主義者と位置づけるが、国家形態として一定の福祉をおこなう国家を認め、自由尊重の正当化根拠を自己所有権という自然権に求める。他方、第Ⅰ部で頻出したハイエクなどの経済学におけるオーストリア学派は、国家を否定する市場無政府主義であれ、国防・裁判・治安・その他の公共財の供給の全部または一部に国家の役割を限定する最小国家論であれ、あるいは古典的自由主義であれ、容認する国家形態は分かれるにしろ、総じて、自由に任せることで望ましい結果が得られるという帰結主義的アプローチを採用することが多い。

以上のように、容認される国家形態と自由尊重の根拠という二つの軸でリバタリアンの分類をするという方法は、明快な方法であって、本書も基本的にはこの分類方法に従いたい。しかし、この分類方法については、自由を尊重する根拠に関連して、注意しておくべきことがある。それは、リバタリアンたちが、しばしば複合的な理由によって、個人の自由の尊重の正当化を試みているということである。たとえば、自己所有権を基底とする自然権論的リバタリアニズムを主張する森村は、大多数の人々の道徳的直観に訴えかけて、自己所有権を基礎づけているが、森村は、同時に帰結主義的な議論にも訴えかけて自らの議論を正当化しようとする(10)。また、契約法などを中心に活躍する法学者のR・バーネットは、先ほどの分類法に従うと、帰結主義的最小国家論者に分類されているが、帰結主義的アプローチには還元できない主張を展開している。すなわち、バーネットは、帰結主義的なアプローチを採用しながらも、人々が社会の中で他の人々と暮らしながら生存し、幸福と平和と繁栄を追及することを可能ならしめるために必要な不可欠な権利として、自然権という概念を自らの議論の中核に据えるのである。バーネットは、基本的な自然権（fundamental natural rights）として、分散的な所有権（the rights of several property）と契約自由（freedom of contract）とを、提示する。(11)

以上の点から明らかなのは、リバタリアンたちによる自由尊重の基礎づけについては、自然権論や帰結主義のどちらか一方に無理に帰せしめるべきではなく、むしろ複合的なアプローチであると評価すべきことである。したがって、自然権論的リバタリアンないしは帰結主義的リバタリアンという分類は、いずれも彼らがどの正当化根拠に比重を置いているかという視点で把握した方が正確である。

3　自発的交換の意義

市場において詐欺や強迫が横行していないことは、市場が機能するために必要な条件である。仮に、国家がなかったとしても、市場の非法的コンヴェンションによって、取引における詐欺や強迫の排除をおこなうことは、ある程度までは可能である。しかし、国家法は、より一層強力な排除システムであって、現在の契約法システムは、市場の機能と分かちがたく結びついている。自由を最も尊重するグループに属するリバタリアンの中でも、古典的自由主義者や最小国家論者は、国家が詐欺や強迫を排除する役割を担うことを容認している。そして、彼らは、契約当事者による交換により法的関係の創設や変更が認められるかどうかの基準を、自発的交換（voluntary exchange）がおこなわれたかに求めている。すなわち、リバタリアニズムの契約法理論においては、国家からの介入と非介入の境界線は、自発的交換か否かに置かれているといってよい。そして、自発的という概念は、自分の決定の方向性を自分で決定するという意味での自律の概念とも、一見親和性があるようにみえる。直観的にも、当事者が自発的におこなった契約により財産が移転したのであれば、その移転は正当であるということは、当然のように思える。しかし、もう少し詳細に検討してみれば、自発的であることの意味は、それほど明断ではないことがわかるだろう(12)。

まず、自発的な交換でないことが比較的明らかな場面を確定していこう。相手方を脅して恐れさせた結果として締結された契約は、自発的なものとはいえないだろう。また、虚偽の事実を告げて相手方を欺罔に陥しいれた結果として締結された契約も、自発的なものとはいえないだろう。このように強迫や詐欺がおこなわれた場合には自発的な取引ではない点については、ほとんど異論はない。

では、もう少し微妙な場合を考えてみよう。まず、相手方の窮乏に乗じて、一方が莫大な利益を得るような搾取的な契約は、どうだろうか。たとえば、砂漠で渇水により窮乏している人に対して、偶々通りかかった者が自分の持っているコップ一杯の水を莫大な値で売る契約はどうか。このような搾取的な契約は、自発的なのだろうか。もし、騙してもいなければ、脅してもいない以上、このような契約も自発的であると考えれば、その結論は、私たちの道徳的直観に著しく反する。しかし、窮乏している人たちの現状は、取引の相手方によって引き起こされたものではない。このような場合に、通りかかった者は水を売る義務はあるのか、義務がないとしたら、莫大な値で売ることを申し出たとしても、相手方の自発的な取引を阻害したといえるだろうか。

さらに、相手方の有している情報が提供されていれば契約をおこなわなかった蓋然性が高い場合、一方当事者が情報を入手せず締結された契約は、はたして自発的交換と評価できるのだろうか。もし、相手方が苦労して手に入れた情報を、すべて取引相手に開示せよというルールがあれば、そのような情報を苦労して手に入れる者はいなくなるだろう。早く動いた方が損をするからである。第Ⅰ部第二章の知識の発見・伝達をめぐる議論を前提にすれば市場に分散して存在している知識は発見もされなければ伝達もされなくなり、結果的に望ましくない帰結となる。しかし、仮にその情報が契約をおこなうかどうかを決定するについて欠くことができない情報と評価されるとすれば、そのような情報を手にいれずに決断を下した場合において、その人は自分の方向性を自ら決定したといえるのだろうか。

こうした自発性をめぐる一連の疑問につき、自然権論的最小国家主義リバタリアンの代表者であるノージックは、極めて明快な基準を提示する。ノージックは、彼のリバタリアン的立場にとって主著である『アナーキー・国家・ユートピア』第七章「配分的正義（distributive justice）」において、財の獲得や移転のような、各人が保有している物（holdings）の正義の理論を展開する。彼が保有物の正義の理論として提示するのは、権原理論という理論である。

1　獲得の正義の原理に従って保有物を獲得する者は、その保有物に対する資格をもつ。

2　ある保有物に対する資格をもつ者から移転の正義の原理に従ってその保有物を得る者は、その保有物に対する資格をもつ。

3　1と2の適用の場合を除いて、保有物に対する資格をもつ者はいない。(13)

そして、各人が保有している物（holdings）の移転に関する正義を検討する箇所で、財の分配が正しいことの条件を明示している。

ある配分が、別の正しい配分から正当な方法によって生ずるなら、その配分は正しい。ある配分から別の配分へと推移するについての正当な方法は、移転の正義の原理によって特定される。正当な最初の「推移」は、獲得の正義の原理によって特定される。正しい状態から正しいステップを通して生起するものは、何であろうとそれ自体正しい。(14)

ノージックは、財の分配に関する正義――ノージック流の表現を用いれば財の保有物の正義――をめぐって検討する中で、「正しい状態から正しいステップを通して生起するものは、何であろうとそれ自体正しい。」という権原理論を擁護して、パタンつきの分配原理を批判する。ノージックによれば、パタンつき原理とは、「ある配分原理が、配分は何らかの自然的次元、複数の自然的次元の加重総計、または複数の自然的次元の辞書的編纂的順序づけに従って変化すべきだとするならば、我々は、その原理をパタン付き（patterned）と呼ぶことにしよう。そして、ある配分が何らかのパタン付き原理に合致するなら、その配分はパタン付きだということにしよう。」とされている。(15)このような意味においては、大部分の分配的正義に基づく分配原理は、パタンつきの原理であることになる。たとえば、各人の道徳的功績、必要、限界生産に応じて分配する場合などは、すべてが、パタンつきな分配的正義に基づく分配ということになる。

ノージックがいうように、ある望ましいパタンを実現するために国家が介入すべき場合がはたして存在しないのかという点について、数多くのノージックへの反論が提起されるだろう。しかし、ここでは、そのような外在的な批判は扱わず、正しいステップを通して生起するものはそれ自体正しいとし、自発的交換であることを正義の十分条件であるとするノージックの立場が、実践的な問題状況に照らして検討した場合に、一見するほど明確なものであるかという点について、内在的な検討をおこなってみたい。

ノージックは、「保有物の正義の二原理、つまり獲得の正義の原理と移転の正義の原理に整合する形で、すべての現実の状態が成立するわけではない。」と述べて、「ある人々は、他人から盗んだり、詐取したり、また他人の生産物を奪って他人の思うままに生きるのを妨げることによって、他人を奴隷化したり、他人が交換において競争することを強権的に排除したりする。これらはどれも、一つの状態から別の状態へと移行するにあたって許容できる態様ではない。」と正しいステップを経ていない内容を具体的に示している。(16) ノージックが、詐欺や強迫を排除するのは明らかである。(17) しかし、右で挙げた搾取的な取引については、ノージックは排除しているのだろうか。

ノージックは、『アナーキー・国家・ユートピア』第八章「平等、嫉妬、搾取、等」では、自発的交換について、より具体的で詳細な説明をしている。

まず、自発的とは、「人の行為が随意的かどうかは、彼の選択肢を制限しているものが何か、に依存する。」とする。もし、行為を制限するのが自然的諸事実である場合や、そのように行為する権利のある他人の行為によって選択肢の幅が狭められる場合には、自発的である。他方、行為を制限するのが、そのようにする権利のない他人の行為であるときには、自発的ではないとする。

ノージックが、そのように行為する権利のある他人の行為によって選択肢の幅が狭められても自発的ではないとはいえない例として挙げるのは次のような事例である。結婚したいと思っている、それぞれ二六人の女性と男性がいるとする。男性も女性も、他の性の結婚相手としての望ましさについては、全員が同じ序列づけに同意する。望まれる順にAからZまで（男性）と、A'からZ'（女性）までとすると、AとA'は、自分達の結婚を自発的に選択する。相手が他の誰より良いと思うので。では、BとB'はどうか。Bが一番結婚したいのは、A'であるが、これは選択肢から取り除かれている。B'についても同様のことがあてはまる。そこで、BとB'が結婚した場合には、他にもっとできることがあったからといって、BとB'の選択が自発的でないわけではない。さらに、結婚が順に続き、ZとZ'が、お互いこの相手と結婚するか未婚でいるかに直面して、未婚でいるよりも、結婚を選んだ場合の選択も自発的であるという。たしかに、ZとZ'の選択は、他の人々が選好にしたがって権利行使をした結果であるが、Z

とZ'の外的選択環境が形成されたからといって、ZとZ'の結婚が自発的でなくなるわけではない。ノージックは、さらに、労働者と資本の所有者との間の市場交換についても、ZとZ'の場合と同様に考えられるという。労働者Zは働くか、それとも飢えるかに直面して、働くことを選択したとする。しかし、だからといって、程度の異なる気に入らない選択肢群の中から選択しなければならないZの選択が、自発的でなくなるわけではないのである(18)。

ノージックの議論は、一見非常に明晰で反論が困難であるかのようにみえるが、はたして本当にそうであろうか。このような自発的な交換であるかどうかに関するノージックの基準が、十分に明確ではなく、道徳的にも正当ではないという反論を受ける場面もあるとして、精力的な批判を展開しているのが、J・ウルフである(19)。

まず、ウルフは、ノージックの立場を徹底すれば、搾取的な取引でも正当なものだと認めざるを得ない点を指摘する。さらに、詐欺によらない錯誤については、搾取的取引ほど明確ではないが、ノージックの自発的交換の定義を徹底すれば、自発的になされたといわざるを得ないだろうという。そして、搾取と錯誤による契約は許されるという帰結をもたらすような、ノージック流の、自発的移転は正義の十分条件だとする考え方に警鐘を鳴らす。「自発的であれば移転はもちろん正当だという安易な直観は、自発的移転は明白な不公正な状態に至りうるという、同じくらい明らかな考慮と衝突する。移転はノージックが許すよりも大きな国家による監督を必要とする――おそらくはあるパタンが望ましいと考えられるところまで。」と締めくくる(20)。

たしかに、ノージックの自発的交換の条件を展開した結果、詐欺的ではない錯誤であっても自発的な交換に該当するのに支障がないという帰結が導き出されるならば、直観的には、ノージックの理論は受け入れ難い。また、ノージックの立場は、近代私法のいう私的自治の原則やいわゆる意志（思）理論の立場とも、抵触する場合が少なくない。たとえば、意志（思）理論では、錯誤につき、どのような条件の下で効果を否定するかは合致していないにせよ、いわゆる意思の欠缺として効力を否定する立場が採用されており、ノージックのいう自発的交換という概念は、近代私法の原理とも、隔たりがあるものとなる。(21)

しかし、自発的交換をめぐるノージックの議論の難点は、ウルフが指摘する点だけではない。ノージックのいう自発的交換の意義は、ある側面では広すぎ、ある側面では狭すぎるのである。

第一に広すぎる点であるが、ノージックの議論は、ノージック自身の意図を裏切った形で拡がり過ぎる危険性がある。ノージックは、「ある人々は、他人から盗んだり、詐取したり、また他人の生産物を奪って、他人の思うままに生きるのを妨げることによって、他人を奴隷化したり、他人が交換において競争することを強権的に排除したりする。これらはどれも、一つの状態から別の状態へと移行するにあたって許容できる態様ではない。」として、直観に訴えている。しかし、同様に、搾取的取引を、これらの例示と同視すべきだと主張する人が圧倒的多数であろう。

第二に、狭すぎるのは、以下の点である。ノージックは、そのように行為する権利のある他人の行為が、自分の選択肢の幅を狭めた場合には、自発的な行為がなされたと評価できるが、自分の行為を制限するのが、そのようにする権利のない他人の行為であるときには、その行為は自発的ではないとしていた。すなわち、そのようにする権利の存在によって、自発的かどうかを判定するわけである。

たしかに、詐欺や強迫行為についてみれば、欺罔者や強迫者には、欺罔や強迫をおこなう権利がないことは明白かもしれない。しかし、ある一定の状況下で説明ないし情報提供をしない人の行為については、情報提供をしないという権利があるといえるのかどうかは、契約当事者が、その契約においてどのような権利を創設しているのかに依拠するだろう。この意味で、ノージックの議論は、狭すぎるのである。

また、ノージックは、他人にそのような行為をする権利があったかどうかによって自発的交換かどうかを判断し、他者から干渉されないという自由としての消極的自由にのみ焦点をあてている。すなわち、自発的かどうかを判断するに際して、取引をした契約当事者の内面を顧慮していないわけである。この点でも、ノージックの判断は狭すぎるだろう。ノージックが詐欺的要素を省いた錯誤が自発的であると考えるのは、当事者の内面を顧慮しない基準を彼が採用する以上、極めて自然である。しかし、他者から干渉されない自由という概念だけに依拠して、自発的交換、あるいは、ひいては契約当事者の自律性についての判断基準を提示できるという帰結を導くノージックの立場は、契約法理論としては弱点がある。

二　契約自由の二面性

近代契約法理論は、国家から介入されず契約をしたり競争をしたりする自由の領域を広範に認めようとする傾向にあり、この傾向が顕著に表れているドクトリンが、有名な、いわゆる契約自由の原理（the principle of freedom of contract）である。前述のように、この契約の自由の原理は、二面性を有している。第一は、人が自らの合意によって法的な関係を創設したり変更したりする**力**（power）を有しているという側面であり、これは契約に向かい合った当事者の自由であり、契約をする自由あるいは契約への自由（freedom to contract）と表現されうる。第二は、当事者自身の合意がなければ、人は契約上の義務を課されるべきではないという側面であり、契約しない自由あるいは契約からの自由（freedom from contract）と表現されうる。[22] この契約自由の二つの側面への視座は、現在では、日本法においても、おおむね容認されているといってよいだろう。契約自由の原理は、当事者の自発的意思を国家が承認するという要請（契約自由の積極的側面）と当事者の意思あるいは合意によって形成された法律関係に干渉しないという要請（契約自由の消極的側面）を含んでいるといわれる。[23]

注目すべきは、契約自由の原理から導出されるのは、契約当事者が国家などからの支配を退けてどの程度自由に進むことができるかという消極的側面だけではなく、契約当事者が国家により自己の意思を実現する力ないし権能（power）を付与されたという積極的側面である点である。すなわち、契約自由の原理の焦点は、一般的には個人が国家から干渉されない領域を確保したという側面の方にあてられることが多いが、国家という組織的権力を用いる力を個人に与えたという側面の方も、劣らず重要だということなのである。

1　消極的自由と積極的自由

周知の通り、自由という概念の意味は多義的であるが、そもそも日本語の自由自体は、英語の freedom（フリーダム）と liberty（リバティ）との両方の訳語である。フリーダムの方の自由は、文化や経済の領域で語られ、リバティの方の自由は政治や法の領域で語られることが多いが、両者は密接に結びついているとされる。[24] たしかに、契約の自由の原理を例にとってみると、法の領域で語られる自由であるものの、英語の表現では freedom of contract として、フリーダムが用いられている。本書の主題との関連では、フリーダムとリバティの差異にそれほど拘泥する必要はないだろう。

自由の概念の分類の中で最も有名で一般的な分類は、I・バーリンによる区別であろう。バーリンは、一九五八年に、自らの講演をまとめた論文「二つの自由概念」の中で、この二つの区別を提示した。[25] バーリンによれば、自由には、「消極的自由」と「積極的自由」とがあるという。その後、この論文を含めた四つの論文を一冊の著作『自由論』（Four Essays on Liberty）としてまとめ、一九六九年に刊行するに際し、「二つの自由概念」に対する数多くのコメントへの応答を含めた序論を加え、いわば追補版的な内容を展開している。[26]

一九五八年の論文と一九六九年の序論を手がかりに、バーリンの自由概念をみていきたい。

バーリンによる二つの自由の区別は、以下のようにまとめることができるだろう。「積極的自由」とは、〜への自由として表され、自己支配としての自由を意味するとされる。この「積極的自由」は、個人のレベルと集団のレベルの双方で問題となる。個人のレベルでは、自己を律する自律という意味で理解されるが、集団のレベルでは、集団によって集団を律する自治の意味で理解される。他方、「消極的自由」は、〜からの自由として表され、強制からの自由を意味するとされる。この強制の主体としては、まず国家を含めた他者が考えられる。加えて、自分自身も強制の主体となりうる。自らの内から生じる抑えがたい衝動などから自由であることも、消極的自由の内容となるとされる(27)。

しかし、この「積極的自由」と「消極的自由」の区別は、有名ではあるが、誤解や批判を招きやすい分類であることも確かである。

第一に、この区別は、消極的自由が積極的自由よりも優越的な地位にあるという誤解を招いてきた。バーリンの「消極的自由」と「積極的自由」との区別を紹介する記述によって誤解を引き起こしやすい典型例を、以下の橋本努の記述が端的に示している(28)。

> バーリンはこの二つの自由概念のうち、消極的自由のほうを支持した。なぜなら、「消極的自由」の概念は悪用されにくいのに対して、「積極的自由」の概念は、歴史的にみて、全体主義や社会主義の政体における「集団支配の自由」へと転化する危険を伴ってきたからである。

たしかに、バーリンは、論文「二つの自由概念」で、人間の歴史の経験上、消極的自由がもたらす害悪よりも、積極的自由がもたらしてきた害悪を強調した。しかし、バーリン自身が消極的自由の方を価値的に好ましいという意味で支持しているとはいえない。というのは、積極的自由の害悪を強調したのは、消極的自由のもたらす害悪について、「経済的個人主義やとまることのない資本主義競争についての血なまぐさい物語は、今日ことさら強調する必要もない」と思ったことに起因すると一九六九年の「序論」で述べているからである。それは、バーリンが、同じく「序論」の中で、消極的自由の観念は、無制限のレッセフェールの害悪を現実に発生させ、また不干渉を弁護する議論は、弱き者に対して強き者を、能力のない者や不運な者に対して、有能で情け容赦のない者を武装強化するような、政治的社会的破壊的な政策を支持してきたことはいうまでもない、と述べていることから明らかである。バーリンは、「二つの自由概念」の後に著述された「序論」の中で、既出の論文「二つの自由概念」が、積極的自由に対して、消極的自由を無条件に弁護したものとして広く受け入れられた状況を憂い、「私はそういう意見を持っていない。」と明言している。そして、「序論」においてテクストを修正し、「双子の兄弟である《積極的な》概念に対して、《消極的》な概念を無条件に裏書きするものではないことを明瞭にした」のである。[29]

多元主義者を自認するバーリンは、究極的な目標の主張がお互いに両立しないことを認めたという意味での多元主義者であると自分を位置づけており、消極的な自由概念を無条件に裏書きすること自体が、まさに不寛容な一元論に陥ってしまうことを恐れたわけである。[30] 彼は、「序論」の中では、消極的自由の危険性についても幾度も指摘している。たとえば、「消極的自由の行使により、雇用者が労働者を搾取し解雇する自由」は、多くの場合好ましくなく、健全で文明化された社会なら、必ず削減、廃止すべきであると警告している。[31]

バーリンが消極的自由を無条件にあるいは強力に支持したと受け取られてきた背景は、以下のような彼の歴史認識にあるといえば十分だろう。バーリンは、「積極的自由」と「消極的自由」との消長について、ある時点において、社会を脅かす危険と相関関係にあるとしている。統制と干渉が度をすごすときは、消極的自由が優勢となり、野放図な市場経済がのさばれば、積極的自由の概念が優勢となるといっており、現在では、積極的自由のレトリックがもたらす、専制政治の隠れ蓑のような害悪の方が、消極的自由がもたらすウルトラ個人主義よりも、遙かに優勢であると、彼はみているのである。積極的自由の専制への転換に対する現実的懸念が、消極的自由から生じうる害悪を強調しなかった最も大きな理由なのである。

バーリンへの誤解が解けたとしても、第二の問題点として、バーリンの「積極的自由」と「消極的自由」との区別自体への批判が存在し、これが真の問題である。

正義基底的な、リベラリズムの主張を積極的に展開する井上達夫は、「自由の権力性」についての展開する論述の冒頭で、バーリンの自己支配という用語は、自らを支配するだけではなく、自己の設定した目的に世界を適合させるように行使される力を要請する主体を表すには不十分であるとして、バーリンの区別の危険性を次のように指摘する。

二　自由の権力性

自由を求める主体の関心は何よりも「我なしあたふ」にある。自由はその主体が個人であれ、中間共同体であれ、民族・国民であれ、その主体の「自己力能化（self-empowerment）」の欲求に根差す。自己と自己の環境世界を自己の意志に従って形成し統御する力への欲求である。干渉の欠如としての消極的自由と自己支配としての積極的自由とのバーリンの区別は、自由一般に通底するこの原義を見失わせる危険がある。これについて二点指摘しておこう。第一に、消極的自由は自由保障手段（としての外部権力制御）の問題に関わっており、保障さるべき自由そのものの意味・根拠について独自の範疇を打ち立てうるものではない。……消極的自由という手段によって保障さるべき目的としての自由は、やはり何らかの意味での積極的自由、何ごとか「への」自由、何ごとかを遂行する主体の力である。

第二に、この自由の積極的意義を自己支配に求めるのは誤りではないが、舌足らずであろう。自由に潜む支配への意志は、自己に対してのみならず、自己を取り巻く世界にも及ばざるをえない。自己の目的を自ら設定するだけで満足する主体を自由と呼ぶのは、自由の戯画だろう。自由な主体は自ら設定した目的を自ら実現することを求める。自己目的の実現は世界を自己の目的に適合するように形成・変更する力を何ほどかであれ要求する。自由な主体にとって世界は自己の戦略を適応させるべき環境的与件であると同時に、制御と操作の客体である。自由な主体が自己支配を必要とするのは、自己を制御することなしに世界を制御できないからである。(32)

井上の主張の核心とは、消極的自由は自由の保障手段としての自由であるに過ぎず、それ自体が目的としての自由は、何らかの意味での積極的自由、何ごとか遂行する自由であるということであろう。個人の自由が何らかの意味での個人を源泉とする力能（empowerment）であることは確かであり、古くから指摘されている。この井上の主張は、単に力能であることを指摘するに留まるものではなく個人が有する自己力能化欲求、いわゆる自己支配としての自由が、他者を支配する権力への意志に容易に転化することを鋭く見抜いたことに起因している。たしかに、井上が主張するように、個人の自己を支配しようとする意志は、他者を支配しようとする意志と連続性を有するものであって、他者を支配する権力への意志に容易に転化することは見過ごされるべきではない。しかし、はたして、バーリンの提起した二つの自由の区別は、この意味での積極的自由の有する危険性を見失わせるものであろうか。この問いに答えるためには、バーリンが自由概念の類型についておこなった区別がどのような意図に基づいたものかを再確認する必要がある。バーリンが積極的自由と消極的とを区別した一番の目的は、「誰によって私は支配されているか。」という問いと「どれぐらい私が支配されているか。」という問いとを区別しようとしたところにある。(33)では、この二つの問いは、区別されて発されるべき有益な問いであろうか。

バーリンによれば、歴史的にみて、積極的自由、自己支配の自由に関する議論は、経験的、時間空間内で存在する有限な個人よりも大きな制度、伝統、生活様式といったものに、真の自我が具現するという議論へと転化してきたことがしばしばである。この種の議論も、ある特定の個人やグループの自己力能化（self-empowerment）の欲求が奇形化したものとみることができる。こうした真の自我の具現を主張するタイプの議論において、手段としての消極的自由は、せいぜい自由のための手段と扱われたに過ぎず、それ自体が尊重する価値のある目的たる自由とは遇されていなかった。もし、このような歴史的な傾向が真実であるとするならば、自由を単に手段としてみる考え方が内包する危険性の核心とは、消極的自由を手段とする主張が、たとえば「真の自由は社会全員が自分の能力を最大限に発揮することであり、強制を取り除くということは真の自由に何ら寄与しない。」という主張との組み合わせで用いられることに求められる。言い換えれば、自由を語る議論が、いろいろな意味で有限な個人よりも、大きな制度、伝統、生活様式――これらの多くは卓越的性格を備えているであろう――を支持するために用いられるという危険性は、ある個人やグループの力能化を基底とする議論にも等しくつきまとうのである。

井上が指摘したように、個人の自己を支配しようとする意志は、他者を支配する権力への意志に容易に転化することは見過ごされるべきではない。しかし、消極的自由を手段であると考えることから生じる危険性もまた見過ごされるべきではないだろう。消極的自由も積極的自由も、それ自体がそれぞれ目的である―ときには決定的に衝突する―とすべきではないか。すなわち、「誰によって私は支配されているか。」という問い（積極的自由）も、「どれぐらい私が支配されているか。」という問い（消極的自由）も、状況に応じて、それぞれ意義のある問いなのであって、どちらかが一方の手段に還元されるものではない。やはり、片方の問いのみでは不十分である。

2 契約法における「消極的自由」と「積極的自由」

自由概念の類型における「消極的自由」と「積極的自由」との問の区別は、契約ないし契約法の領域では、「契約への自由」と「契約からの自由」との区別として、把握することができるだろう。「契約からの自由」は、合意なくしては人が契約上の義務を課されることはないことを保障する。他者から干渉されない自由としての消極的自由という概念は、契約自由の原則にとって、一つの目的となる。しかし、ノージックのようなリバタリアンたちのように、消極的自由概念のみを用いて、契約当事者が自由におこなう領域を検討しようとする試みは不十分である。人が契約に向かい合ったときに発生する「契約への自由」は、この積極的な自由概念に関連するのであって、契約する自由つまり「契約への自由」は、個人やグループに対し法的関係を合意によって変更する力を与えている。

とりわけ、契約の領域においては、自己を律する意味での自律という積極的自由の側面を検討する必要性は極めて重要である。というのは、契約は、その定義上、契約当事者の決定がそれ自体他者への影響、つまり力の行使の実現可能性を意味しているからである。いわば、井上のいう「他者を支配する権力への意志」は、契約法の領域ではすでに、交換という構造の中に前提条件として含まれていることになろう。そして、他者を支配する権力への意志は、直接的には、当該契約の相手方たる他者自身が自らを支配する意志の内部に侵入していくのである。この侵入は、詐欺や強迫のような明らかに市場から排除すべき場面に限られるものではない。まず、市場に参加する者は、最低限度自らをコントロールできるような判断力、つまり一定の自律性を備えて、取引活動をおこなったことが必要である。加えて、第Ⅰ部で言及したように、自律した個人は、効用極大化にだけ関心を有し、秩序に対して外在的であるような合理的経済人と比較すれば、想定される人間像としても、期待される人間像としても、より望ましい存在である。こうした点を勘案すれば、人は自らの選択で生活関係をつくりあげるべきだという自律性の理念が、市場経済あるいは契約法システムを考える際に、核となる概念としてクローズアップされるべきことは、明らかである。

第三章　注

（1）契約自由の原則の歴史的な変遷については、［Atiyah 1979］. を参照。
（2）［Locke 1690］9（一二頁）［Ch.2 § 6（二章六項）］. を参照。
（3）［Dworkin 1977］264–265（七三―七四頁）. を参照。
（4）Lochner v. New York 198 U.S. 45（1905）. を参照。
（5）［Barnett 1998］65（八五頁）. を参照。なお、バーネットは、正義に適った契約理論であるかについては、契約自由の原理にどれほど適っているかによるという（［Barnett 2000］42（六二頁）. を参照）。
（6）ヨーロッパ大陸法ならびに英米法における近代契約法理論の思想的基盤については、［Gordley 1991］112–229. を参照。
（7）〝voluntary〟の訳語については、交換を修飾する文脈では、「自発的」と「随意的」と双方が使われているが、内容的には同じである。本書では原則的に「自発的」という用語に統一し、翻訳書の表示で「随意的」と用いられている場合にはこれに従うこととする。
（8）［森村 2001］一四頁、を参照。
（9）［森村 2001］二一―三〇頁、を参照。第一の国家形態ないし国家の役割は、（ア）市場無政府主義、（イ）最小国家論、（ウ）古典的自由主義の三つに分けられる。国家の役割を、国防・裁判・治安・その他の公共財の供給の全部または一部に限定しようとするのが、（イ）最小国家論（ミノーキズム）である。この最小国家論を軸として、より一層国家の役割を認める立場である（ウ）古典的自由主義と、（ア）国家の廃止を主張する市場無政府主義の立場とに分かれる。

古典的自由主義は、ある程度の福祉・サービス活動をも国家がおこなうことを容認する。古典的自由主義は、リバタリアニズムの中でも、国家の役割を最も認める立場であるが、その古典的自由主義でさえ、現代の社会福祉国家に比べると、認める国家の役割ははるかに小さい。たとえば、資源の最適配分と所得分配の適正化については、大部分のリバタリアンは、政府の役割とは考えないだろうと、森村はいう。第二に、個人の自由の尊重の正当化をどこに求めるかという点については、三つの立場に分類される。（a）自己所有権や契約の自由などの自然権を根拠とする「自然権論」的リバタリアニズム、（b）自由を尊重する社会の方が、人類にとってよりよい帰結（幸福、平和、繁栄など）をもたらすとする「帰結主義」的リバタリアニズム、（c）理性的な人々が合意したならばリバタリアニズムに基づいた社会が導出されるだろうとする「契約論」的リバタリアニズムである。なお、十九世紀の自由主義の伝統と、これを受け継ぐ思想を描いた［Barry 1986］では、リバタリアニズムと古典的自由主義とは、別の概念として用いられており、無政府主義および最小国家論のみをリバタリアニズムとし、一定の福祉政策を認める古典的自由主義ないしクラシカルリベラル（classical liberal）をリバタリアニズムに含めない。本書では、特段の注記がない限り、リバタリアニズムを、広義の意味、つまり、クラシカルリベラルを含んだ意味で用いることにする。リバタリアニズムの政治哲学上の位置づけにつき［Boaz 1997］．を参照。

(10) 森村の自己所有権をめぐる議論の詳細については、［森村 1995］、を参照。

(11) ［Barnett 1998］23, 63（四〇、八四頁）．を参照。

(12) この「自発的交換の意義」の項は、拙稿［山田八千子 2005a］に基づいている。

(13) ［Nozick 1974］151（(下) 二五六頁）．

(14) ［Nozick 1974］151（(下) 二五六頁）．

(15) ［Nozick 1974］156（(下) 二六四頁）．を参照。なお、本書では、経済学の用法に従い、distribution の訳語につき「分配」という用語を用いるが、邦訳書の引用等の部分については、邦訳書の訳にしたがうため、distribution を配分として表示することもある。そして、資源配分（resourse allocation）の文脈で配分という用語を用いる。

(16) [Nozick 1974] 152 ((下) 二五七—二五八頁). を参照。
(17) ウルフは、ノージックが、詐欺の点についてほとんど語っていないとし、詐欺の排除を正当化するためにノージックがとりうる戦略として、第一の戦略——詐欺による契約は自発的であるが詐欺という特殊な状況のため拘束力を有さない——か、第二の戦略——詐欺という条件の下では、自発的な交渉はありえない——という二つの戦略を挙げ、ノージックは第二の戦略を採用すると、推測する。[Wolff 1991] 85 (一四〇頁). を参照。しかし、[Nozick 1974] 156 ((下) 二六四頁) によれば、ノージックが詐欺による契約を正当化していないのは明らかであろう。
(18) [Nozick 1974] 262 ((下) 四二九—四三〇頁). を参照。
(19) [Wolff 1991] 83–88 (一三七—一四五頁). を参照。
(20) [Wolff 1991] 88 (一四五頁).
(21) 近代契約法の背景については、前掲注 (6) を参照。
(22) [Barnett 1998] 65 (八五頁). を参照。
(23) たとえば、[棚瀬 1991] 二頁、[山本敬三 1993] (二) 五—六頁、等を参照。
(24) [橋本努 2005] 三八—四一頁、を参照。なお、[Shand 1990] 87–115 (一四三—一九〇頁). も参照。
(25) [Berlin 1958] 118 (二九七頁). を参照。
(26) [Berlin 1969] Ⅸ (七頁). を参照。
(27) [橋本努 2005] 三八—四一頁、を参照。
(28) [橋本努 2005] 三八頁。ただし、念のため、橋本自身が誤解しているという趣旨ではなく、読者が誤解しやすい表現であるという趣旨で挙げた一例であることを付言しておきたい。
(29) [Berlin 1969] ⅩⅣ (六八頁). を参照。
(30) 多元主義者であるバーリンの自由論の包括的な分析・検討については [濱 2008]、を参照。
(31) [Berlin 1969] lvi–lvii (八六頁). を参照。

（32）［井上 1999a］二〇〇―二〇一頁、を参照。なお消極的自由と積極的自由については、［井上 1998］二〇一頁、も参照。

（33）［Berlin 1958］xlviii（七三頁）．を参照。

第四章　自由と自律

一　契約当事者の自律性

自律という概念は、自由と結びついて用いられることが多いが、その関係は複雑である。そもそも、自律という概念を契約法や市場経済の領域で用いる場合には、完全に徹底した形で、これを用いるのは無理である。他人の制御を受けている状態の他律の対置概念である自律は、他人の制御が排除されている状態であるが、このような厳格な意味での自律は、契約法の領域では求めることはできないからである。「誰によって自分が支配されているか」という問いに対する応答として、契約法のような法律関係を創設し変更する領域では、合意をする契約当事者が主人であるという応答だけでは、必ずしも十全な解答ではないことも明らかである。したがって、市場の中で、契約当事者が自律的に契約に関わっていくということが、どのような意味を持っているかが、独立して検討されなければならない。契約法システムは、自律的に契約へ関わることについて、何らかの貢献をなすことが可能であるのか。可能であるとしたら、それはどのような形でなされ、またそれ自体望ましいことなのだろうか。

1　自律の価値

まず、なぜ、市場における契約当事者の自律を価値のあるものとして正当化できるのかを確認してみたい。(1)

個人の自律性の尊重という理念は、現代における政治哲学の文脈では、古典的な自由主義においても、また社会的経済的弱者に対する国家による福祉の提供を認め平等という価値の尊重も認める平等基底的なリベラリズムにおいても尊重されてきた。ただし、慎重に自律という概念の使用を避ける一部のリバタリアンは別である。(2) ただし、自律という価値を尊重する論者であっても、自律の概念の意味をどのように把握しているかは様々である。自律の概念を厳格に把握すれば、他律と対置される、完全な自らによる方向決定という意味で用いることになるが、このような厳格な意味で、自律概念を用いている論者は多くない。

近代契約法理論の思想的基盤という文脈では、自律性概念は、いわゆる古典的な自由主義の核となる概念として、近代契約法理論の思想的な基盤となっていると説明されることが多い。(3) 近代契約法理論は、国家の干渉が及ばない契約や競争自由の領域を広範に認めようとする傾向があり、個人の自由な選択に親和性の高い契約自由の原理は、個人の主体性ないしは自律性を尊重する古典的自由主義の要請に適っていると考えられてきた。

さて、市場における競争の原理を基本とする社会では、自由な選択に基づき市場に参加することで実現される価値として、二つの異なる価値を考えることができるであろう。(4)

第一に、選択の自由が認められることで市場参加者が自由な選択の機会を平等に与えられるという価値が考えられる。この価値は、市場参加者の満足度を最大化することができるという一種の手段的な価値である。しかし、選択の自由はこうした手段的価値にとどまるものではない。

そこで、第二に、選択の自由自体を目的とする価値が問題となる。選択の機会を有し、実際にその機会を自律的に生かして選択の自由を行使することで、自らの運命を決定する過程に自らの意志で関わることができるが、このことから得られる固有の満足感もあるはずである。すなわち、第二番目の価値として、選択の自由を行使すること自体に内在する価値も存在するのである。仮に、人は自らの選択に従い最良の人生を生きたとしても、もう一度生まれ変わって同じ人生――過去の自分が選んだ最良の人生――を強制されることには甚だしい苦痛を感じるのではないか。もし、苦痛を感じることを肯定するならば、肯定した人にとっては、選択の自由は、満足最大化という手段的価値にとどまらず、行使自体に内在する目的としての価値を有していることと認めざるをえないだろう。

しかし、契約当事者の自律性を検討するにあたっては、自律性の価値の意義や重要性に訴えかけるという規範的な正当化だけでは、十分ではない。すなわち、このように契約当事者の自律性の規範的な基礎づけの正当化自体の問題とは別に、自律的であるということは、どのような記述的条件を備えていれば充足されるのかということが論じられなければ、結局、自律性の価値を実現するための要請を充たすことは適わない。

2　自律性の要素

第Ⅰ部第一章で検討したように、抽象的個人としての人間観は、個人像の把握として不十分であって、取引活動の主体である契約当事者は、様々な歴史的、文化的な背景を背負った多様な価値観を有している具体的人間として把握されるべきである。また、抽象的個人や経済的個人主義の背景にあった大陸主義的な合理主義のような観念論と切り離して、より文脈に関係づけられた当事者像を設定していくことも可能なのである。では、当事者を歴史的、文化的な背景を背負った人格として把握したとすれば、契約の当事者は、どのような場合により一層の自律性を備えるのだと評価されるのであろうか。

まず、自律性を備えているかどうかは、備えているかいないかの二者択一ではない点を確認しておきたい。完全に他者から影響を受けないという意味で自律的である場合は、むしろ稀である。その意味で、自律的であるというのは、多かれ少なかれ程度の問題なのである。一般的にいって、契約当事者が、契約の交渉過程において自分に影響を与えうるような現実の規制や圧力等を意識したうえで、これらに批判的な評価をして、熟慮の結果として判断を下すことができる程度が高ければ高いほど、自律的であるといえよう。自律性の程度は様々な段階が考えられるものの、熟慮のうえで判断を下すには、人の内心の領域ならびに人を取り巻く外在的な環境双方の要因が影響を与える。よって、個人の自律性の程度は、自意識の程度と与えられている選択範囲との関数で決定される。自分の行動を決定する要因を意識していないほど、また与えられている選択肢が制限されているほど、自意識の程度は低くなるという想定に一応立つことができるだろう(5)。

以上から、契約当事者の自律性については、二つの要素を識別して検討することができる。二つの要素は、もちろん、それぞれが影響し合うことも多く、完全に切り離すことはできないが、区別して扱うことが議論を進捗させるうえで有用である。

第一の要素は、外在的な要因であって、契約当事者を取り巻く環境である。利用できる選択肢が極端に少ない状況では、人はよく選んだとはいえなくなる。この第一の要素を〈環境支援〉と呼ぶことができよう。

第二の要素は、内在的な要因であって、契約当事者自身の自意識が該当する。自意識の程度を低める要因は様々なものが考えられるが、たとえば過度に同調的な傾向は、自意識の程度を低め、自律的でない判断を下す要因となるだろう。この第二の要素は、〈自意識〉と呼ぶことができよう。

二　自律性と環境支援

契約当事者が市場経済において適切な選択をするためには、ある程度十分な選択肢が提供されている一定の環境が整っていけなければならないとすると、法システムは、この環境整備を何らかの形で支援することが可能であり、かつそれが望ましいといえるだろうか。

1　法による環境支援

第Ⅰ部でおこなった分析から、市場経済は、自分とは情緒的な絆を有さず異質な価値観を有するかもしれない他者との間でも、交渉を通して合理的な信頼をつくりあげる可能性を有することを示した。しかし、情報の非対称性が著しく顕著であったり、取引において利用されるシステムの安全性が著しく欠けている場合には、合理的な信頼を構築する環境が整備されているかどうかに疑いが差し挟まれることになるだろう。合理的信頼を築き上げるためには、他者に対する不信を増幅させない環境や勝つ機会がある程度平等に与えられているような**公正**な環境を必要とするのである。もちろん、競争の活性化にとっては、一定のパタンに従った分配が実現されるような、ある特定の結果の実現が要請されるわけではない。しかし、勝つ機会がほとんどないような環境では、敗者になる蓋然性が高いという合理的な予測をした側は、市場へ積極的に参加する意欲自体を失ったり、市場に参加したことを後悔したりし、極端な場合には市場経済を憎悪したりするかもしれない。このように参加者同士が相互不信を生むような環境では、異質な他者同士であるという性質上、共同体内部のような同質性のある者同士との関係に比べて、不信が増幅しやすく、それを修復することもより困難になるのである。

契約当事者の自律性を実現するためには一定の環境が提供されていることが必要であるにもかかわらず、市場秩序の中でそうした環境が提供されない幾多の場面が容易に想像できる。市場は様々な状況への対処可能性に富んだ自生的秩序であるかもしれないが、常に自動的な調整ができるとは限らない。もちろん、ある時点では環境が整えられていない状況が存在するからといって、直ちに環境調整ができないと即断して、干渉するべきではない。長期的にみれば市場秩序が自動的な調整をなしうる可能性が残っているかどうかが慎重に検討されるべきである。しかし、市場内部では環境を整備することが困難である状況が存在し、そして、放置することが不公正と考えられるような相当長期間にわたって市場領域内での自動調整がおこないえないような事態が起こることは否定できない。とすれば、このような場合の環境整備は、誰が、どのように図るのだろうか。国家の法システムの一つとしての契約法制度は、こうした環境の実現に対して支援することができないかという点が問題となる(6)。J・ラズは、リベラリズムの立場からでも、自律性を発揮するための環境の提供を国家の役割として認められるという。

ラズによれば、「選択肢に富んだ環境」を提供することは、国家の役割であると認められる。自律が真に価値あるものとなるためには、人が自分の善の構想に従って様々な異なった方向に進む自由のある状況で選択をしていることが必要である。このときに重要なのは、自律的に生きようとする人々にとって利用できる選択肢の範囲が広範に存在しているということである。これらの選択肢は、人にとって受容することが現実に可能なものでなければならない。したがって、多くの選択肢の存在が自律にとっての必要条件であり、それと同時に可能性に富んだ環境を提供する社会的状況の存在が必要とされる。そして、国家は市場における環境の創造を促進することによって、必要な諸条件の整備をおこなうことができるとされるのである(7)。

仮に、国家による環境の整備が許容されるとしても、市場秩序自体の性格からすれば、こうした環境の整備が可能かどうかという問題があろう。前述したように、市場は自生的秩序であって、国家による計画的な制度設計のような直接的な形で、競争に適した活力のある環境が整備された場合には弊害も少なくない。しかし、間接的な形で国家が市場に対して干渉をおこなう形態であれば、弊害を回避する可能性はあると考える。たとえば、競争の繰返しの結果として、自由競争秩序そのものが独占により脅かされるような望ましくない状態が生じた場合には、その状態の解消を図ることができるように、である。(8) また、市場秩序自体に与える影響を考慮に入れつつ、事業者から供給される商品・サービスあるいはシステムなどの質を高めるインセンティブを有するような形態で、国家の法システムが市場に対して干渉することも考えられる。(9)

2　システム構築責任

国家による環境整備の可能性について、契約をめぐるシステムの安全性に関する一つの例に即してその構図をみてみたい。

事業者である金融機関により提供される決済システムの質の高さは、もっぱら金融機関がコントロールする事項であり、しかも決済システムを利用する者たちにとっては、システムが便利で使いやすいことも重要であるが、便宜性に劣らず、システムの安全性も重大な意味を有している。銀行などの金融機関が安全性に欠ける決済システムを提供している場合において、偽造カードを用いて、あるいは盗難されたカード・通帳を用いて、預金が預金者以外の第三者Xによって払い戻されたとする。違法行為をおこなったXを特定するのは事実上困難である。そうなると、預金払戻しのリスクにつき、金融機関が負担すべきか、それとも預金者が負担すべきか。

この問題は、伝統的には、弁済者である銀行が、弁済受領権限を有さないが債権者らしき外観を有する者（債権の準占有者）に弁済したとき、どのような場合に免責されるかという、民法四七八条の適用の問題であると扱われてきた。現行民法四七八条は、弁済者が善意かつ過失なく債権の準占有者に対して弁済した場合には、その弁済が有効であると規定している。(10) この四七八条の典型的な適用場面は、銀行などの金融機関による対面払いの形での預金者への払戻しの場面であったが、現代の銀行取引では、四七八条が制定された当時とは様変わりし、キャッシュ・ディスペンサー（CD機）や現金自動預払機（ATM機）による機械払方式が普及している。こうしたカードないし通帳と暗証番号との組合せで払戻しをおこなう機械払方式は、伝統的な通帳・印鑑による払戻方式のアナロジーではあるが、実体は銀行側のイニシアティブの下に構築された複雑な仕組み、システムである。無権限者に対する機械払方式による払戻しに民法四七八条が適用されるとしても、適用される場合における金融機関の過失は、対面払の方法と同じように扱ってよいのかについて、議論がなされてきた。

当初、下級審の裁判所は、銀行側がシステムを構築しているという側面に着目せず、契約自由の原理を形式的に適用していた。

第三者によるキャッシュ・ディスペンサー（CD）からの預金払戻しに関する事案において、高等裁判所の裁判例で、契約自由の原理を極めて形式的に適用している事例に注目すべきである。この事案は、本人以外の第三者がCDで本人名義の銀行預金口座から預金を引き出したことについて、銀行の免責条項等の適用の可否が争われた事案であるが、東京高裁は、銀行の免責特約の有効性を基礎づける理由の一つとして、「預金者には契約締結の自由があるから」、被告銀行と取引するかどうか、ならびにカード支払いの約定をするかどうかにつき自ら判断すべきであること、そして「カード支払システムにおいて安全性が十分ではないと考えるのであれば、それを採用することなく、印鑑支払システムのみを採用すればよい。」と判示した。(11)

しかし、もし、こうした理由づけで語られているものが契約当事者の自由あるいは自律的な判断の中身であるとすれば、そこで語られる自律的な判断は、本章で展開してきた自律性の価値や要素を勘案すれば、あまりに空虚なものといえるであろう。預金者に対し、危険なカード払いと、安全な印鑑払いの方式という複数の選択肢が形式的に提供されているから、十分な選択肢が提供されていると評価してよいとはいえないであろう。

上告審である平成五年の最高裁判所の判決は、「銀行の設置した現金自動支払機を利用して預金者以外の者が預金の払戻しを受けたとしても、銀行が預金者に交付していた真正なキャッシュカードが使用され、正しい暗証番号が入力されていた場合には、銀行による暗証番号の管理が不十分であったなど特段の事情がない限り、銀行は、現金自動支払機によりキャッシュカードと暗証番号を確認して預金の払戻しをした場合には責任を負わない旨の免責約款により免責されるものと解するのが相当である。」として、上告が棄却された(12)。

CDによる預金払戻システムは、従来の印鑑支払システムに比べて、当然のことながら、仕組みは専門的で複雑である。このような複雑な仕組みを提供した者がシステムの安全性等について受け手側に対し責任を負うべきだとする考え方は、システム提供者に責任を問うものであり、現代における複雑な仕組みの増加に伴って議論が積み重ねられている。機械払方式による無権限者への払戻しをめぐるトラブルは、いわば便宜さなどの効用の実現に伴い増加したリスクを誰が負担するかという点について、システム提供者が責任を負うという問題なのだとして把握することも可能である。この平成五年の最高裁判決は公式判例集には登載されなかった、いわゆる事例判決であるが、この判決をきっかけとして、いわゆるシステム提供者の責任という構想が提唱されるようになった(13)。銀行などの金融機関側のイニシアティブにより構築・運営されている仕組みの専門性や複雑さは、公平なリスク分担を模索するにあたって、十分考慮に入れなければならないという視点に基づく責任である。

平成元年の高裁の判決は、システムの提供者側と、もっぱらシステムを享受するに過ぎない顧客側との対比の視点をまったく有していなかった(14)。しかし、上告審の最高裁判所は、免責約款による免責を認めつつも、「特段の事情」があれば銀行が免責されないこともあるという判示をおこなっている(15)。この「特段の事情がない限り」の内容は、判決文では具体的に言及されていない。しかし、もし、この「特段の事情」という文言を、暗証番号自体の管理の不行き届きに止まらず、システム全体の安全性の管理責任を銀行に認めたものと解しうるならば、この最高裁判所の判決を、システム提供者の責任について言及したものという理解も可能であるとされたのである[16]。

その後、平成一五年に、機械払方式の払戻しに四七八条の適用を正面から初めて認めた判決が出た[17]。この事案は、車両の盗難により、車両のダッシュボードに入っていた被告銀行の預金通帳も併せて盗まれたが、通帳機械払方式で預金を引き出された原告が、民法四七八条により預金払戻しを有効とする被告銀行と間で争いになった事案である。なお、通帳から暗証番号が読み取られたという形跡はなく、むしろ原告が車両のナンバーを暗証番号として登録していたという事情が前提となった。この事案においては、被告銀行は、ＡＴＭに通帳またはキャッシュカードを挿入し、暗証番号を入力すれば預金払戻しを受けられるシステム（通帳機械払）を採用していたが、約款中に通帳機械払による預金引出しについての記載がなく、原告も通帳機械払が可能であることを知らなかった。

最高裁は、以上のような事案において、無権限者のした機械払の方法による預金の払戻しにつき民法四七八条の適用があると解した上で、「システムが全体として、可能な限度で無権限者による払戻しを排除し得るよう組み立てられ、運営されるものであることを要する。」として、銀行側がこの点について無過失であるとはいえず、民法四七八条の適用がないと判断した。裁判所の判断によれば、無過失といえるためには、「払戻しの際に機械が正しく作動したということだけでなく、銀行において、預金者による暗証番号等の管理に遺漏がないようにさせるために当該機械払の方法により預金の払戻しが受けられる旨を預金者に明示すること等を含め、機械払システムの設置管理の全体について、可能な限度で無権限者による払戻しを排除し得るよう注意義務を尽くしていたことを要する。」としたのである。この判決で注目すべき第一点目は、銀行の無過失は、機械払システムの設置管理全体に照らして判断すべきであるとしたことである。注目すべき第二点目は、機械の性能などの「物的側面」だけではなく、たとえば暗証番号管理や夜間の整備などの「人的側面」についても過失判断のファクターになることを明示したことである。これらはいずれも、民法四七八条が従来想定していた場面とは大きく隔たっている。

これらの平成五年判決や平成一五年判決を素材にして、民法四七八条の準占有者への弁済という枠組みを超えた形での解釈論が民法学者の中で積極的に展開され、現在では、システム提供者の責任ないしシステム構築責任という考え方という位置づけはある程度定着している。(18) そして、偽造カードや盗難カード・通帳による払戻事案については、民法の特別法としていわゆる預金者保護法が施行され、預金者の保護が実現することになった。(19)

この一連の判例、立法の流れの中で、留意すべき点は、決済システムのような市場における取引の仕組みの専門性・複雑さが、仕組みを構築した事業者側（銀行）とその仕組みを受け入れざるを得ない顧客側との構造的な格差を含んでいる点である。この構造的な格差やシステムの専門性・複雑性が、実質的な選択肢の範囲と密接に関わってくる。このような状況下で、システムの安全性等が欠けているリスクを、システムを受け入れざるを得ない側の預金者が負担せざるえない状況が継続しつづけるとすれば、これは、市場の自動調整が適切に機能しない一例といえるだろう。このような場合には、まさに顧客側から他者つまり事業者に対する不信が増幅される危険性がある。したがって、このような場合こそ、国家による、つまり法による環境整備が要請される場面であり、システム提供者に一定の責任を課すことは、その具体化として評価ができよう。

では、国家の法システムは、環境整備への配慮を適切におこなえるであろうか。

ＣＤ利用による預金者のリスク負担の問題は、最終的には立法的解決によって解消されたわけであるが、この事例を素材にして、裁判所によるルール設定が市場に与える影響について、素描しておきたい。

裁判所が、とりわけ最高裁判所が、システムを提供した者は一定の場合に責任を負うべきであるというルールを示したとする。このような場合には、システム提供している側に対しては、より利用しやすく安全なシステムを生み出すような、そうした強いインセンティブが与えられることになる。というのは、同種の問題で訴訟が提起されれば、システム提供者側が敗訴する危険性が高いからである。市場においては、試行錯誤の繰り返しにより、よりよい行動が模索されているから、同質で固定的な関係を基本とする組織や共同体に比べて、理に適っている(reasonable)提案は受け入れやすいし、新しい試みの受容もより円滑に進むであろう。仮に、裁判の分析の結果、システム提供者の責任という概念が学説により提唱され、理に適ったものとして社会の中で扱われるようになるならば、システム提供者側がシステム自体に対する安全性管理の重要性やシステムのリスクについて、単に場当たり的な対策ではなく、より一層、真剣に対処しようとする強い契機となりうる。また、もし企業者側がそれまでリスク等の存在を積極的に認識していないならば、将来的にルール化しておく方が賢明であるという判断を導きやすいであろう(20)。このように、国家による介入は、間接的な形ですなわち事業者側に認識を促すことを媒介として環境を整えさせるという結果を招来することができるのである。

三　自意識の意義

契約当事者の自律性を分析するにあたり、「選択肢に富んだ環境」とともに、当事者の内的側面である「当事者の自意識」という要素も検討されなければならない。自意識というのは非常に微妙な概念である。仮に、国家の法システムによって環境支援が最大限適切におこなわれるとしても、その結果、自律性にとって必要なもう一つの要素である自意識の程度が逆に減少するということもありうることは、見過ごされがちであるが、極めて重要な点である。

たとえば、事業者よりも交渉力において劣位にある消費者の保護を目的として、裁判所が、情報提供義務違反のような、信義則に基づく何らかの義務を設定し義務違反によるサンクションを実行するという態様で当事者の合意に関わるべきだとされる場合がある。裁判所による、こうした合意への介入を正当化する理由として、一方の交渉力が実質的に著しく劣る状況下では、自律的な自己決定を実質化するために合意への介入が必要なのだと説明されたとしよう(21)。

この説明は一見もっともらしく映る。しかし、こうした説明によって導き出される当事者像は、以下のような当事者像となる危険性を有している。すなわち、自ら選択した行動に責任をもって自律的に生活を送ることができる当事者像ではなく、現実には、国家の法システムからの介入がなければ自己の選択の結果についてリスクという責任を負うことができないような、そして継続的な保護の対象となるような存在、いわば将来にわたって能力の欠けている状態にある当事者像である(22)。この仮定は少々極端な状況を想定しているが、先に述べたように、市場経済が適切に機能するためには、経済活動が成功すればその利益は自己に帰属するが失敗すればその損害を自ら被るという自己責任の観念が共有されてなければならないのである。したがって、自己責任の観念が共有される可能性を閉ざすような形で国家の法システムは機能するべきではない。そのため、自律性の内的側面である「自意識」の構造がどのようなものであるかということを検討する必要があるのである。

すでに述べたように、契約当事者は、歴史的、文化的な背景を背負った具体的な人格として捉えられるべきであるから、当事者における自意識の構造は、抽象的個人主義による解釈に比べ、より複雑になるであろう。したがって、少なくとも、自律のタイプは単一ではなくて複数のタイプが存在しうると考えるべきである。本書では、自らの行動の方向づけを何に求めているかという視点から、他者に対する同調性との関連で、自意識の内容についての検討を試みてみたい。後述するように、自意識は、当事者の所属している社会において典型的と考えられる社会的性格の類型がどのような形態の同調性を有しているかという心理的メカニズムに深く関わっていると考えるからである。

1　社会的性格と自意識の構造

D・リースマンは、アメリカ社会の分析により、アメリカという同一社会においても、時代的な背景に沿って「伝統指向型社会における性格」「内部指向型社会における性格」「他人指向型社会における性格」という三つの社会的性格の類型が存在していたことを明らかにした(23)。このうち「内部指向型社会における性格」と「他人指向型社会における性格」という二つの類型は、契約当事者における自意識の構造を分析するための有益な視点を提供してくれる。

第一に、「内部指向型社会における性格」とは、社会が内部指向の段階にある場合において典型的な性格である。内部指向の段階とは、国家による経済規制が禁止あるいは抑制される方向へと向かい始めて伝統からの拘束力が緩み、個性の発揮できる空間が開かれた時代である。このような時代背景では、従来の抑制から解放された個性は伝統的な権威に頼るよりもむしろ自己の内に有している内的な指針について忠実となり、そういう意味で頑固な性格となる(24)。

このような内部指向型社会においては、自律的でありうることに対しての抑圧も抑圧への抵抗の試みも目に見える形でおこなわれやすい。それは、いまだ残存している伝統的な権威からの抑圧とその権威に対する抵抗という形でおこなわれるのである。こうした内部指向型の性格にとって自律的であるということは、伝統的な権威からの抑圧に対して自己に内在する指針を規律として意識しつつ、その規律に基づいて自己の判断を下すことができるということを意味している(25)。

第二に、「他人指向型社会における性格」とは、社会が他人指向の段階にある場合において典型的な性格である。他人指向の段階とは、内部指向の段階を経た後、経済の発展に伴って大規模な産業社会化が進み、豊かな消費生活のために安定性が求められ、自分の周りの環境への関心が高まってきた時代である。このような時代背景では、他者への同調性が増加する傾向がみられる。すなわち、「内部指向型社会における性格」とは対照的に、他者からの信号を受け取ることに敏感であり、自己の内的な指針よりもむしろ他者にどのように映るか、何が協調的行動であるかということに自己の行動の指針を求めるようになる。性格は頑なでなく、より柔軟性に富んでいる。ただし、他人指向的な性格は、他者の存在に対して敏感ではあるが、このことは、他者に対して、利他主義的な意味で配慮をおこなうという行動指針や、他者との連帯（solidarity）を重視する性格を必ずしも意味していない。少なくとも、歴史をみれば、むしろ逆の場合の方が多いだろう。(26)

さて、このような他人指向型社会においては、自律的であることへの抑圧が目に見える形でおこなわれることは比較的少ない。自律的であることに対してもっとも脅威となるのは、一種の雰囲気である。つまり、目に見える形での影響ではなく、知らず知らずのうちに同調性の雰囲気に巻き込まれてしまうということである。その雰囲気は、当事者が他者の行動に対してどの程度敏感であるかに応じて、同調圧力と表現されるにふさわしい場面もあるだろう。こうした他人指向型の性格にとって自律的であるということは、他者からの信号を排除して自己に内在する指針を規律として確立して、判断をすることには限らない。むしろ、他人の反応への関心の存在を前提として、その影響力を意識したうえで自己の判断を下すことができるというタイプの自律が、こうした性格に適合的であろう。(27)ただし、他者に対して敏感であるために、内部指向型の社会に比べると、自己の指針に対する絶対的な自信が生じにくいと考えられ他人指向型の社会では、内部指向型の社会に比べて自律的であるということはより困難である。

2　他人指向型社会と日本法

右で述べた二つの対照的な社会的性格の類型は、リースマンがアメリカ社会の歴史的な分析を敷衍したものである。よって、まさにアメリカの特定の時代の文脈に基づく分析であって、この分析を日本社会にそのままあてはめることは、当然のことながらできない。しかし、日本が欧米の近代契約法理論を継受したという事実から、契約法のテクストがモデルとしていた当事者像をめぐる理解のために、含意しているものもあると考える。

すなわち、一九世紀の経済的個人主義が、モデルとして念頭に置いていた当事者像は、内部指向型社会における性格の類型に近いものであったと考えられる。彼らは、先に言及したような共同体的な価値に支配された伝統的な権威からの解放を目指していた。そして、経済的な自由の価値についての確信、信念を抱いてはいたものの、その反面で自分たちの育成した自由が現実には多数の者たちに与えられてはいない自由であることについて、滅多にその意識にのぼらなかった(28)。そして、こうした当事者像は、アメリカにおいても、ヨーロッパと通底するものである。よって、近代契約法理論をヨーロッパから受容した日本民法のテクストの中に、こうした当事者像がモデルとして内在していると考えることができるであろう。

他方、他人指向型社会における性格の類型に特徴的な諸要素、たとえば他者への関心、他者に対するある程度の信頼、あるいは自己の内部の指針にこだわらないという意味における柔軟性などの要素は、現代社会においては程度の差はあるにしても、国家単位を超えて、広範な領域で共有されているといえよう。日本の市場における取引では、局面により相違があるにせよ、全般的にいえばこれらの諸要素を含む程度はむしろ高いといえるであろう。

一例を挙げてみる。日本における標準書式の契約書の末尾には、誠実交渉義務を定めたいわゆる誠実協議条項が存在するのが一般的である。ところが、この条項は、戦略的には大きな意味があると把握されてはいない。たとえば、不動産取引において、この条項を契約書に入れることで具体的に紛争が解決される場面を念頭に置き、当事者が契約を締結しているわけではないようである（数日間履行が遅れる程度の軽微なトラブルならば契約書の条項を盾にとらなくても解決できるし、逆に深刻なトラブルならば誠実協議条項だけでは解決の交渉には不十分である。）。また、契約を締結する時点で、紛争が発生するという悪い結果を意識していたり、少なくともその懸念を露にする当事者は、割合からすれば少ない。逆に、むしろこの誠実協議条項について積極的な意義を感じていなかったり、あるいは意義があると感じている場合でも、その意義について具体的な形で説明できない場合も多いようである。(29) とはいえ、意義がないと考えている当事者でも契約書の雛形からこの条項をわざわざはずすということには抵抗感を覚えているし、担保責任のような重要な規定が欠けていても誠実協議条項が掲げられていない契約書はない。

こうした当事者の態度から推測すれば、誠実協議条項がおよそどの契約書にもみられる背景は、この条項が他者の事情を汲み取り協調していく姿勢を有していることを示していると同時に、他者に対して信頼を抱いていることの一種の表現方法であるからだと推測できよう。こうした表現方法を好む態度は、内部指向型社会における性格類型よりも、他人指向型社会における性格類型によくあてはまる。

他人指向型の性格においては、自意識の程度の強弱は、出し抜くべき戦略的な敵として相手方を捉え、独力で調査することなどによって、より戦略的に行動しようとする態度、あるいは対等な立場で交渉に臨もうとする態度を有しているかどうかだけに求められるわけではない。契約当事者の有する交渉能力は、経済的にも情報へのアクセスについても様々である。また、利潤の発生する確率が不確実な状況であっても、好奇心や新奇性を発揮して、市場に参加する企業家精神を有する事業者や消費者もいる。したがって、事業として契約に関わっているわけではない消費者については無論のこと、事業として契約に関わっている事業者にとっても、様々な形での自意識の実現態様がありうる。

3　法による自意識の涵養

では、自意識がそうした複合的な構造を有しているとしても、契約法システムが自意識を高めるようなインセンティブをもちうるかという点こそが問題である。言い換えると、契約法システムは、契約当事者の自意識に関して一種の教育的な効果を上げることができるかという点である。この問題に対する解答の仕方としては、契約類型に照らして、当事者の自意識の内容をより具体的に実証的な分析をする方法もありうるが、本書では、一つの具体的な例を挙げて、問題そのものの図式を明らかにしたい。

たとえば、内容を把握するために専門的な知識を必要とするような複雑な金融商品について、金融商品の供給者等に情報の提供を要請するルールが設定されるとする。このことにより、はたして契約当事者の自意識は高まることになるであろうか。

仮に、金融商品や不動産のようなある商品を扱う者の情報提供義務を認める判決が出されたことによって、あるいは逆に情報提供義務を認めない判決が出されたことによって、一定のルールが設定されたとしよう。もし、ルールの設定以降、同一の商品あるいは同様のリスクを有する商品の購入に際して情報の提供を積極的に求め、その情報に基づいて熟慮する態度が、当事者その他取引活動に入ろうとする者に身につくならば、教育的な効果があったといえるわけだが、これは疑わしい。

第Ⅰ部第二章において、市場倫理としての知識や企業家精神を分析する際に、度々言及したように、知識の修得と失敗とは、実は密接な関連性がある。簡単にいえば、人は他人の失敗より自分の失敗からより多くを学ぶといえよう。失敗する原因が契約当事者の前からすべて取り除かれることが保障されているような法システムは、消費者のような失敗しやすい者にとって、一見望ましくみえる。しかし、失敗しても痛い目にあわなければ、人は知識を修得することは難しいとするなら、こうした法システムで護られている当事者は、商品に関する知識を得ようとするインセンティブを維持することは、逆に困難になるのである。

市場経済は、試行錯誤のプロセスの中で生成されていく性質を有している。したがって、深刻な結果にならない程度の損害の負担——やり直しがきくような——は、むしろ自律性を高めることにとって有益であろう。とはいえ、他人の失敗から学ぶことのできる人もいれば、自分の失敗からさえも学ぶことのできない人がいるのも事実である。よって、失敗が自意識に与える影響を計る際には慎重でなければならないであろう。しかしながら、知識を修得すること自体が望ましいことであるならば、失敗しやすい者の保護、たとえば消費者保護のあり方は、保護しすぎないようにするという視点も必要であると考える。もし、消費者が愚かであり続けることが望ましいことであるという立場を採用するならば、別である、が。

契約法のような私法システムがこうしたいわば教育的な効果を持ちうるという可能性については、通常はあまり意識されてはいない。しかし、契約当事者の自意識が自律性にとって不可欠な要素であると考えるならば、契約当事者の自意識に教育的効果を与えるような契約法システムのあり方も検討されるべき課題であろう。

四　交渉力・市場倫理・法制度

市場経済における市場倫理の確立につき法制度がどのような役割を占めるかについては、契約当事者の自律性の問題とは密接に関連するものの、独立して検討しなければならない問題である。市場経済の望ましさが議論される際、望ましさに疑いが提起される場面は、契約当事者に情報や経済的な交渉力の面で格差がある状況である。

第Ⅰ部で展開したように、市場経済が望ましい形で機能するためには、市場倫理が確立されていることが必要である。歴史的にみても、市場経済は、必然的な制度とはいえない。この意味で、市場経済は、むしろ偶然の産物で稀少性のある制度であって、その存在が許容され続けるためには、いくつかの条件が備えられていなければならず、不公正な競争が横行していないということも――事実のうえでも意識のうえでも――、その一つといってよいだろう。もちろん、市場において、必ずしも公正な競争がおこなわれているとは限らない。不公正な競争がおこなわれ、それが摘発されることも度々ある。しかし、その状況が一般化し、市場で公正な競争がおこなわれるという状況の方が例外となり、市場経済と公正な競争とが観念的にも切り離されてしまうことになれば、市場経済に代わる、あるいは市場経済を従属させる思想が跋扈にするにちがいない。市場において、利潤の追求に還元されることがなく、あるいは既得権益にも還元されないような、倫理的な要素は、市場経済が生き残るためにも、極めて重要なのである。

公正な競争が存在しているかを疑わせる典型的事情として挙げられるのは、当事者間の交渉力に格差がある場面である。交渉力の格差につき、それが生じる原因については、まず当事者の財産の規模等による経済的な交渉力格差があげられるであろう。また、経済力とは別個の力として、情報の量や質に差がある場合など当事者の知識に差がある場合にも、その交渉力には差が生じるであろう。そこで、本書では、交渉力の格差の原因が、両当事者の財産の差、雇用者と被用者間、または系列企業内の企業間のように、経済的な側面で生じる場合に限って用いる場合には、経済的交渉力の格差という表現を用い、原因が情報の質あるいは量によって生じる場合には、情報による交渉力格差という表現を用いたい。そして、交渉力の意義については、情報の量や質に差がある場合も含めた広い意味で用いることにしたい(30)。交渉力の格差は、経済的な原因や情報の量・質など複合的な原因で生じる場合もしばしばだからである。

1　リバタリアニズムと交渉力格差

経済的自由を、政治的な自由・精神的自由と同様に尊重するリバタリアニズムの立場では、交渉力の格差を根拠として、法的な規制を認めることには、極めて慎重な立場がとられている。

交渉力格差による法的な規制に対する警戒感を端的に表しているのは、労働契約をめぐるR・エプステインの以下の記述であろう。

> 契約の権利を否定するために、交渉能力の不平等を用いるとき、際限なく立法府の介入をみとめることになろう。というのは、放任あるいは個人の持っている財産の間に相対的な格差がある。ということは、ほぼすべての事例について言えるからである。財産が不平等なために、契約における選択の自由がなくなるのだといわれるが、この主張は、労働契約を例外のケースであるように見せかけて、契約自由の原則を廃するものである。交渉能力の平等性を基準として、契約を正統なものとそうでないものとに分類することはできない。また、この基準は、白黒しか判定できない基準が無数の分類に分かれる財産の相対的格差を如何にして、評価するかを明らかにしていない。そもそも私有財産制度であれば、交渉に先立って、当事者間に存在している財産あるいは能力の格差を唯一の理由として、その交渉を無効とすることなどできない。さらに、当事者の元々の財産がどのようなものであろうと、双方の財産価値は取引交渉の権利によって増大するのであるから、取引を無効にする理由はまったくない。もし契約が両当事者の便益を目的としていないならば、なぜ人々は飽くことなく、様々な無数の取引に携わってきたのであろうか。(31)

エプステインの記述は、非常に明快であって、たしかに、財産や能力などの相対的な格差は様々であり、事前に明確な線引きを提示することはできないという趣旨は、十分に尊重するに値する。しかし、具体的な問題が発生した際に、当事者間に見過ごすことができない著しい格差が生じており、それを放置することが不正であると社会の構成員大多数が直観するような事態を正当化し放置する理由としては、エプスティンの門前払い的応答は、説得的とはいえない場合もある。たとえば、契約当事者の間に著しく、しかも不利益を受ける者と利益を受ける者とが固定しているような関係が存在している場合には、エプスティンの主張のみでは、交渉力格差解消を排除するために、十分な説得力はない。よって交渉力格差是正の問題については、あり得るべき反論を慎重に吟味しながら、市場経済にとって交渉力格差を維持することが、原則であることを示していくという戦略がとられるべきである。では、交渉力の格差を解消すべきではないという考え方に対して、どのような反論が想定できるか。

第一に、国家以外の権力から課される強制に対して、鈍感すぎるという反論が想定できるだろう。エプスティンのような自由主義者は、国家権力からの介入については非常に敏感であるが、国家からの介入が排除されれば、十分であるとする傾向がある。契約当事者間に著しい、しかも構造的な格差が存在する場合に、当事者の間において、一方が他方に対して力（power）を行使しうるという形での問題設定はおこなわない。他方、国家以外の主体と個人との間で発生する力関係を、「私的な権力」あるいは社会的な権力と呼び、一定の場合には、国家に対するのと準じる制御を要請する立場もある。この問題は、共同体の内部における個人に対して、いわゆる「私的権力」が行使された場合に最も顕在化するが、共同体対個人という関係でも生じるであろう(32)。

しかし、エプスティンは、国家以外の主体による力の行使への制約を主張する立場に対して、以下のように再反論するに違いない。そもそも、私的権力という言葉遣いが誤っている。国家という組織的権力を独占している機関と、その他の機関との間には厳然たる線引きができるのに対して、いわゆる私的権力の実態は様々であり、相対的であって、極端にいえば、日常生活に常駐している力関係全般を指すことになる。にもかかわらず、国家との類似性を強調し規制を導入する趣旨で、私的権力という表現を用いることは、かえって問題の本質を見誤らせる可能性がある、と。たしかに、この「私的権力」という用語は誤解を与えかねない表現であるし、こうした用語の濫用は、かえって望ましくない結果をもたらす可能性はある。しかし、国家以外の主体が個人に及ぼす影響について、まったく顧みない態度もまた、市場経済に対する不信感を増大させるであろう。

第二に、市場における市場倫理との関連で、一定のタイプの交渉力格差が存在する場合には、法による規制が正当化される場面は想定できないだろうか。

まず、合理的信頼の確保という点からのアプローチが想定できる。すでに述べたように、市場では多様な参加者が戦略的に行動するわけであるから、契約当事者間に合理的な信頼があることが不可欠であるが、異質なもの同士の信頼は、容易に壊れやすい。情報や経済力などの交渉力の著しい差があって、結果として当事者が取引によって受ける利得の非対称性が甚だしいような場合、しかも、それが将来にわたって固定していると予測されるような場合には、不利益を被る当事者は公正な競争がされていないと感じ――相手方は汚い奴である――当事者の間に合理的な信頼が築かれる可能性は著しく低くなるだろう。

次に、市場の活力を維持するためには、第Ⅰ部で展開したように、企業家精神に富んだ者たちの存在が不可欠であるが、固定的で継続した著しい交渉力格差は、企業家精神の芽生えを早期の状態で摘んでしまう危険性を有している。企業家精神の核心が、不確実性の状況の下での危険を引き受けるということにあって、企業家は、財やサービスを供給する事業者だけではなく、財を消費する消費者においても備えうる資質である。このような企業家精神は、常に負け続けることが明らかに予測されるような状況では、よほど強靱な精神の持ち主でも、保有し続けることを期待することはできないだろう。また、すでに指摘したように、本章一節の「契約当事者の自律性」で検討した自律性の価値を尊重するという視点から、交渉力格差の解消が要請される場合があるだろう。すなわち、当事者の自律性が確保されているためには、自意識と並んで、市場における環境の整備が必要であるから、このアプローチに基づき交渉力格差の解消が認められる場合も想定できる。

以上のような複合的なファクターを勘案すれば、エプステインの一見明快な主張にもかかわらず、一定の条件が備われば、交渉力格差に対して法的な規制が加えられる可能性は、完全に否定することはできないのである。

2　交渉力格差維持の原則

まず、誤解がないように確認しておきたいが、本書は、市場の契約当事者に交渉力格差がある場合に、原則的に格差を解消するべきだという主張を展開しているわけではない。むしろ、市場においては、交渉力格差に対して、法は原則として放置すべき、つまり交渉力格差は、原則として維持すべきであるという立場を展開しているのである。しかし、この立場は、多くの強力な反論が予想される。

情報格差維持の原則に対しての反論は、どのような立場から最も強力に提起されるのだろうか。たしかに、市場経済に対して独自の価値を認めず消極的な評価をし、所得の分配について極めて平等主義的な立場をとるならば、契約しようと向かい合った当事者の交渉力に格差がある場合には、格差を解消するのは道徳的に正しいという立場になるかもしれない。

しかし、どれほど交渉力格差の是正を強く主張する立場であっても、一切の格差は市場では許されないという主張をする者は稀であろう。とすれば、交渉力格差を是正することが原則であると主張する立場は、結局優位に立つ側に、格差が例外的に許容されることが理に適っていることを主張し立証することを要請する立場へと還元される。しかしながら、こうした要請は、市場経済の性質からすれば、まさに格差問題の性質を取り違えている。この意味では、エプステインの指摘がまさに正当であって、市場においては、当事者の財産などの格差があるのは常態であり、当事者は、元々の財産がどうであろうと、双方の財産的な価値は取引交渉の結果増大するからこそ、取引に入るはずである。したがって、見過ごすことができない交渉力格差が存在していることを主張する側こそが、格差を是正すべきことについての主張立証の責任を負うべきなのである。

実際の取引の現状を視ても、法的な規制により交渉力の格差を解消することは、実は想像以上に、交渉力に欠けている側にとって、不利な結果をもたらす場合も多い。

たとえば、より分かりやすい例として、まず、交渉力に格差がある事業者間の契約を考えてみよう。

Xが、ある甲という商品を開発してYに売却する内容の商品開発・供給契約を締結した場合を例にしよう。資産という点では、Yの方がXよりも資産が大きい場合も往々にしてある。このような場合に、両者の交渉力は、資産の差によって決定するだろうか。いや、決して、そうではない。Xが、他の同業者と比べて、商品開発能力に優れていれば、Xは、Yとの契約交渉において、決して劣ることはない。しかし、XがYと初めて取引をする場合、しかもXがその商品開発能力に関する評判を確立していない場合には、たとえXの提供する商品が客観的には優れていたとしても、XY間では、著しい交渉力の格差がある場合が一般的だろう。このため、Yは、Xに対して、商品開発の納期や、返品や変更の可能性、商品の試行テストの回数やコスト負担、あるいは代金支払い方法などの点について、Xにとって著しく不利な契約内容を申し込むかもしれない。Xは、当該契約を締結することが一時的には、不利だと考えても、Yと取引を開始したいと考えれば、不利な取引を甘受するだろう。もし、Xの顧問弁護士が、著しい交渉力格差が不公正であるという見解を信奉していて、たまたま、この契約書を見て、このような著しく不利な契約は、不公正であるから、たとえば民法九〇条に基づき暴利行為で無効である、あるいは民法七〇九条の不法行為に基づく損害賠償を求めて、訴訟を提起すればよいと助言したら、どうだろうか。仮に、Xが訴訟を提起して、その訴訟でたまたまXが勝ったとしても、Xは、その後のYとの契約の機会を失ってしまうことは明らかである。通常、賢明なXは、弁護士の助言を受けても訴えない場合が多い。というのは、甲という商品を開発する業界では、次のような社会規範が確立している蓋然性が高いからである。すなわち、初めての取引や評判が確立していない相手方との取引においては、供給者側に著しく不利な条件で契約を締結されることが多い。ただし、その後、その商品が利益を生むことが実証的に明らかになれば、よい評判が確立し、同業者からもオファーがある可能性が生じるなどして、供給者側は、相手方との間で、交渉力が増大し、最終的には、同等ないし、逆により有利な条件の契約を締結することができるという社会規範である。Xが訴えるという行為は、こうした社会規範に反する行動である。もし、Xと同じような立場にいる者による訴訟が頻発すれば、社会規範は変容し、Yらは、儲けは少ないかもしれないが、より危険性がない馴染みの業者としか取引をしなくなり、結果として新規参入の機会は著しく低下するだろう。このように企業のような事業者間の取引において、交渉力格差を理由にして法的規制を加えることの不都合は明らかである。

事業者と消費者の間においても、事業者間ほど明確ではないにしろ、法による交渉力格差の是正は、格差是正を求めた当事者に不利な結果として跳ね返ってくる場合も十分想定できる。たとえば、一定の利息以上の貸付を禁じる法規制により、制限利息の率の設定の仕方によっては、リスク計算の結果として信用力に欠けるという理由から、広範な者が銀行などの良質の業者からは貸付けを受けられないという帰結がもたらされることは、ありがちである。このように、交渉力格差の是正は、複雑な考慮を要する問題であり、市場経済自体の機能を十分に配慮しておこなう必要があり、当事者が事業者、消費者を問わず、交渉力格差の是正は例外であるとして位置づける必要がある。

さて、このように、法による交渉力格差の是正は、格差が著しくて固定的な場合や構造的な格差であって、法による介入が当事者の自律性確保のために求められるような一定の条件がある場合に限定されるという、例外だと位置づけたとしても、例外にあたるか否かを判断するについて、十分な注意が払われるべきファクターがあることを続いて指摘したい。格差解消の例外を確立される場合に陥りやすい落とし穴として検討すべきなのは、一つは、弱者の不可視化という問題であり、もう一つは、動機の限界という問題である。

3　格差解消の陥穽

固定的で著しい格差を解消する法規制は数多く存在するが、その法規制が及ぼす影響は、複雑で微妙である。たしかに、そうした交渉力格差を解消することを目的とする法律は、少なくともある特定の時点では、その法律の名宛人となっている弱者は保護するかもしれないが、実は、同時に別の弱者が不利益を被ることを実質的に無視し、あるグループの保護の名の下に、他のグループのより弱い地位を議論の枠外に押しやることがある。これが弱者の不可視化問題である。たとえば、労働契約における被用者の正規雇用と派遣・パート社員などの関係は、まさにそうである。正規雇用者は法規制によって保護されたとしても、正規雇用者以外の雇用者は、正規雇用社員が保護されないとき以上により一層不利な地位に置かれるだろう。正規雇用者に対して負担した損失が、法規制が及ばない正規雇用者以外の者に転嫁される戦略が採用されるのが、利潤の追求の点では理に適っているからである。

こうしたディレンマを典型的に表すのが、借地借家をめぐる問題である。現行の借地借家法が、旧借地法、旧借家法、旧建物保護法から改正されるにあたり、定期借地権、定期借家権の創設をめぐって、経済学者と法学者との間で議論が繰り広げられたことは、記憶に残っている者も多いだろう。こうした不動産の賃貸借契約における賃借人の保護目的の規制をもちいて、弱者の不可視化問題を検証してみたい。

周知のように、現行の借地借家法の前法である旧借地法、旧借家法は、賃借人側が不動産賃貸借契約の更新を望むならば、賃貸人側は自ら賃貸物件を使用することを必要とする場合その他正当事由がなければ、契約更新されるのが原則であった（旧借地法四、五、六条、旧借家法一条ノ二、二条）。しかも、現行の借地借家法のような定期借地、定期借家の形態は規定されていなかった（借地借家法二二条、三八条）(33)。すなわち、賃貸人側の立場にたってみると、借地法ないし借家法の適用を受ける賃貸借契約を一旦締結してしまえば、賃貸借契約を終了することは非常に難しく、しばしば高額の立退き料を引換に明渡しに応じてもらうという状況をつくりだした。その結果、市場では、旧借地法、旧借家法の成立前との比較では、良質の借地、借家の市場への供給が減り、借地市場とりわけ居住用の借地の市場は機能を事実上停止していたといってもよいかもしれない(34)。

こうした旧借地法・旧借家法の規制により生じた結果は、以下のように描写することが可能ではないだろうか。すなわち、すでに賃貸借契約を締結して〈賃借人〉という名前を得ている者は、現在居住している不動産を利用し続けることができると同時に、不動産賃借権に立退き料という名前での財産的価値が付加されるという利益を得ることができる。しかし、不動産を所有している側には、自らが不利益を被らない形で不動産の利用をしようとするインセンティブが強く働く。具体的には、土地の利用については、建物所有を目的とする土地賃貸借ではなく、駐車場として利用したり遊休地としたりするであるとか、建物の利用については、家族向きの広めの物件より、利用の回転が早いワンルーム物件などを中心に物件を展開するとか、あるいは賃借人の選別も積極的におこなわれるようになった。すなわち、賃貸人側のこうしたインセンティブは、将来において賃貸借契約を締結しようとする側に対して不利益を生じさせることになったのである。たとえば、高齢者が新たに賃貸借契約を締結する際には厳しい状況がつくりだされたといえよう(35)。こうした人たちは、弱者たる賃借人保護という目的のために、本来は、現在の賃借人よりも弱者であるにもかかわらず、弱者性を不可視化されてしまったといっても過言ではないだろう。

続いて、交渉力の格差と動機の限界の関連について、検討したい。すなわち、事業者消費者間の情報の量・質による交渉力格差の是正に着目して、格差是正措置につき正当化する場合に、消費者は、事業者により不利な方向に誘導されたのだから、情報収集能力において劣っている消費者が保護されるのは当然であるという主張の正当性についても、検討する。情報収集能力が劣っていると表現される場面をもう少し詳細に検討してみるべきであろう。

たしかに、消費者は、情報収集能力を含め計算・思考能力の限界があるために、能力を備えていればおこなわなかった選択をおこなう場合もある。しかし、こうした計算・思考能力の限界とは異なるタイプの限界、つまり動機の限界を理由とする場面も想定できる。

第Ⅰ部第二章で言及したように、動機の限界とは、合理的選択理論における限定合理性等との関連で提示されている概念である。[36] 合理的選択理論の想定する合理的個人とは、利得の極大化という目的のために行動する人間であるが、原則として合理的な個人を前提とする合理的選択理論においてさえ、個人が膨大な情報を入手して正しく計算し最適な戦略を考え出すという前提に対しては、限界が指摘されることがある。すなわち、コスト計算もせず「面倒」だからという理由で認知をおこなわないという場面がありえるのであって、これが動機の限界とも呼ばれる場面であった。この動機の限界の場面のように、能力のある者でさえ、能力を発揮せず自分の過去の単純な経験に頼った選択をすることも想定されるわけである。こうした動機の限界の場面で、情報を収集しない者が国家により助力を与えられることには疑問の余地がある。

この限定合理性と動機の限界の枠組みを、消費者の取引の場面にあてはめてみるとどうなるだろうか。消費者が当事者の場合には、異なる配慮をすべきなのだろうか。たしかに、消費者は、消費者本人の情報収集能力において、能力的に限界がある場面も多いが、意思決定のコストを面倒だからという理由で避けた結果として、つまり動機の限界から、結果的に自己に不利な判断に至った場合もありうる。仮に、動機の限界から情報収集を避け、自己に不利な結果が発生した事態に陥った場合に、契約の解消や損害填補を求めるという手段を用いることで、国家からの介入を要請すべきだろうか。むしろ、このような場合には仮に当事者にその意図がなくとも自らが危険を引き受けたと扱うべきではないか。歯止めのない保護を与えることは、前節で論じたような、長い目で見れば消費者が自律的な主体となりうる契機を奪っているともいえよう。

4　情報格差の解消と知識問題

第Ⅰ部の第二章では、知識に関するF・A・ハイエクの議論に言及した。ハイエクによれば、知識は集中して存在するのではなく世の中に分散して存在し、人間の能力に限界があって、設計的に分散した知識を集める機構が構築できない以上、市場の知識を発見して伝達する機能こそが重要な役割を担わされているということであった。このハイエクの立場を前提にすれば、市場に対して法的な規制をおこなう場合には、市場の知識発見・伝達機能と抵触する可能性が予想され、この調整をどのようにおこなうかということが問題となる。とりわけ、情報の量・質の格差解消を目的として、市場に介入する場合には、まさに知識問題と正面からぶつかる場面である。

法理論の領域で、ハイエクの知識問題への知見を真剣に受け止めて、議論を展開しているのは、R・バーネットである。現代アメリカにおける代表的なリバタリアン法学者であるバーネットは、最小国家を正当化する帰結主義的リバタリアンと位置づけられることもあるが、彼自身は、分散所有の権利と契約自由の権利を自然権として位置づけたうえで、この自然権の実現を帰結主義的に理由づけており、帰結主義的なリバタリアンという枠だけでは捉えきれない。(37)

事業者・消費者間等における情報収集力格差の存在を背景として認められてきた情報提供義務ないし説明義務の根拠につき、バーネットによる市場プロセスにおける知識分散の視点から、検討を加えてみたい。(38)

日本法では、従来、判例で情報提供義務に関する判例群を積み重ねられてきた。(39)現在でも、判例による信義則に基づく情報提供義務のルールの提示は継続しているが、情報提供に関する立法も制定されている。まず、平成一二年に施行された、いわゆる金融商品販売法（金融商品の販売等に関する法律）は、三条において、明示的に、金融商品販売業者等の説明義務を規定している。(40)他方、情報提供の法的義務は課さないが、努力目標として規定する立法もあり、平成一三年に施行された消費者契約法が、該当する。消費者契約法は、その三条で、「事業者は、消費者契約の条項を定めるに当たっては、消費者の権利義務その他の消費者契約の内容が消費者にとって明確かつ平易なものになるように配慮すると共に、消費者契約の締結について勧誘するに際しては、消費者の理解を深めるために、消費者権利義務その他の消費者契約の内容についての必要な情報を提供するよう努めなければならない。消費者は、消費者契約を締結するに際しては、事業者から提供された情報を活用し、消費者の権利義務その他の消費者契約の内容について理解するように努めるものとする。」と規定されている。(41) 消費者契約法では、事業者の情報提供については、法的な義務ではなく努力目標とされており、同時に消費者にも事業者から提供された情報を活用する努力目標も同時に規定されている。(42)

金融商品販売法、消費者契約法の双方の立法経緯を参照しても、当然のことかもしれないが、知識の分散および発見・伝達への考慮は、明示的にはなされてはいない。(43) バーネットの見解を手がかりに情報の提供義務と知識問題の関連性を検討してみたい。

バーネットは知識問題をどのように考えているのだろうか。彼の議論の特徴は、知識問題を独立して取り上げるところである。バーネットは、法システムを考察するにあたり、社会における資源を使う知識に関わる問題がその一つの重要な鍵となるとし、知識の問題を第一階の知識問題、第二階の知識問題、第三階の知識問題という三段階に分けて考える。(44)

資源に関する知識は社会に分散し絶えず変化する以上、相互行動をどのように調整するかという問題が生じる（第一階の知識問題）。この知識利用の問題は、ハイエクによって提起された問題と共通である。知識が市場に分散して存在していること、人間の能力が限られていることなどを考慮すれば、分散されている知識に容易にアクセスしやすい者が知識を利用しやすいシステムが望ましい。とすれば、分散された知識に最もアクセス可能性を持つのはその個人（個人的知識）や一定範囲のグループ（局所的知識）である。この人々に知識を利用させるために、私的

財産権（分散的所有権）や契約自由の権利を自然権として導く。(45)

第二階の知識問題に関する記述は、バーネットのオリジナルな部分である。発見された知識は人々に伝達されなければ意味がないから、知識をどのように伝達させるかという問題が生じる。これが第二階の知識問題である。市場の複雑ではあるが活力をもった情報の伝達機能を損なわない形で、伝達問題を処理しなければならないとされる。(46)では、市場における法的な規制は、こうした知識問題との関係でどのように正当化されるのか。

市場経済が機能するためには詐欺と強迫が規制される必要があるが、詐欺や強迫により締結された契約は、バーネットの立場でも、規制を加えることが認められる。まず暴力については、第一階の知識問題で処理されうる。すなわち、暴力による合意が合法とされれば、知識の有している主体の知識が反映されないにもかかわらず移転が正当化されてしまうから、許されないことになる。次に詐欺についてだが、詐欺においては主体の有している知識が反映されるので、第一階の知識問題には抵触しない。しかし、欺罔行為による取引で騙された当事者が実際手にする資源は、欺罔行為をおこなった送り手が伝えた情報とは、ずれている。したがって、詐欺による権利侵害は第二階の知識問題に抵触して、不当で認められないことになる。

続いて問題になるのは、情報提供義務の基礎づけである。契約当事者が認識していたら、契約を締結するかどうかの決定に影響を与えたような情報を提供しなかった場合は、どのように考えるべきかが、情報提供義務の問題である。バーネットは、第Ｉ部の第二章で紹介したオーストリア学派の立場に基本的に依拠しており、知識の不均衡こそが情報を増大させるという考え方に立っている。この立場からすれば、資源に内在する質に関する情報は、詐欺に準じて、伝達機能を害するので、情報を提供しないことにつき権利の侵害があることになる。たとえば、白蟻の巣くっているような瑕疵のある不動産の売却については、権利侵害があり、情報開示義務を負わせるべきであるという。他方、外在的状況に関する情報（たとえば商品の市場価格に左右される市場動向等）は、伝達機能を害する

ことはない。よって、情報を伝えなかったとしても、権利の侵害はないという。(47)

以上のようなバーネットの立場からは、日本法の金融商品に関する情報提供義務の問題をめぐっては、金融業者の情報提供に関する法的義務については、これを認めるべきではないという帰結が導かれるように思える。しかし、金融商品販売法三条では、重要事項について説明をしなければならないとしており、重要事項とは、「当該金融商品の販売についての金利、通貨の価格、金融商品市場における相場その他の指標に係る変動を直接の原因として元本欠損が生じるおそれがあるときは、元本欠損が生じる旨、当該指標、指標に係る変動を直接の原因として元本欠損が生じるおそれを生じされる当該金融商品の販売に係る取引と仕組みのうちの重要な部分」である。この金融商品販売法の情報提供義務を基礎づけることは、バーネットの基準によれば、一見困難そうである。しかしながら、バーネットの基準は金融商品販売法の規定と正面から抵触しないという立場も成立する余地がないわけではない。その方法は、金融商品は、金融商品の市場における相場の高低自体が、商品の価値を表す性質を有する商品であり、そうした性質上、投資のリスク自体がその商品の内容とも評価できることに基づく。すなわち、金融商品については、バーネットが示したような形で、資源に内在する質と外在的状況に関する情報との境界を設定されることは、必ずしも明確ではなく、資源に内在する質に関する情報に準じて取り扱う余地もある。

このように、知識問題と情報提供との関係は、各論的に適用するには、様々な問題を含んではいるが、少なくとも、市場プロセスと知識分散との視点からみれば、契約当事者間においては、原則的には情報を提供する義務を負わないと考えるべきであろう。したがって、情報提供する義務を相手方に負わせようと望む側が、市場における知識の発見と利用に関連して、情報提供義務を認める自己の立場を正当化する主張・立証責任があるとすべきなのである。

本節で提示したように、市場における交渉力の格差は原則的に維持すべきであり、例外を主張する側がその正当化根拠を主張立証すべきである。しかし、この結論に対しては、交渉力格差につき法的規制を用いて積極的に解消しようという有力な見解が増加している現在の日本法の流れの中では、多くの異論が想定される。本書も、交渉力格差が正当に是正されるべき事態が決して少なくないことは認める。しかし、そうした状況下でこそ、あえて、交渉力格差是正が生み出す様々な弊害について、それが市場経済の正常な機能を害したり、当事者の自律性に深刻な害悪を与えたりする場合があることを、正面から認識して取り組む必要性については、強調してしすぎることはないと考えるのである。

第四章　注

(1) 本章の第一節「契約当事者の自律性」は、拙稿［山田八千子 1999］を基礎にして、加筆修正したものである。

(2) 自律という価値に訴えかけることを否定するリバタリアンはそう多くはないが、自律の尊重という理念から容易に国家からの干渉が招来する可能性を考えれば、リバタリアンは、むしろ自律という概念の用い方に慎重であるのが自然である。最小国家論的リバタリアンであるバーネット――契約の自由の権利を自然権であるとする――は、その主著『自由の構造』の第三章の注（31）で、「自律」という概念をあえて用いない理由について、「本書において、自律の価値に訴えかけているところがどこにもないことにお気づきだろう。他律から区別される自律という用語は、完全な自らによる方向決定を含意するから、私は自律の代わりに自由もしくは、時折裁量権という用語を使って、自己の行為が他者によって方向決定されることへの合意をも含みうる、合意の行使を表した。」と、述べる。

(3) ただし、自由主義と近代契約法理論の関係の沿革を厳密にみると、一八、一九世紀において、近代契約法理論の中心的な原理であるいわゆる意志（思）理論（will theory）を唱えた論者たちが、自覚的に、自由主義という社会哲学に依拠して、議論を展開していたとまではいえないという指摘がある（［Gordley 1991］214）。

（4）［鈴村 1993］一三七—一三九頁、を参照。

（5）［Lukes 1973］52–56（七九—八八頁）．を参照。

（6）自律の必要条件としての選択肢を国家が提供するという発想は、卓越主義的な立場と結びつくかのように想定されるかもしれない。実際、卓越主義的リベラリズムを唱えたと評価されているラズは、自律の条件、環境について、最も詳細に議論を展開している。もし卓越主義という主張と、自律の必要条件としての選択肢の提供という課題が切り離せないとすれば、本書の基本的な立場とは抵触することになる。しかし、本書の文脈で批判すべき卓越主義とは、国家等が善き生き方のリストを公定できるという考え方を指しており、この意味では、卓越主義の一番の問題点は、なぜ、善き生き方のリストを国家が提供できるのかという疑問であり、善き生き方のリストの同定基準の曖昧さ、恣意性、すなわちある種の胡散臭さにある。そうすると、卓越主義的な側面とは切り離して、市場における自律の環境を考えることは、可能ではないか。現実的にも深刻な価値対立ではなく利益対立に第一次的な焦点があてられる市場経済の領域で問題になるのは、善き生き方の公定リストの主張が含意しているよりも、もう少し緩やかな形での環境整備である。

（7）［Raz 1984］182, 190–193（一、一六—二一頁），［Raz 1989］761–786（一八九—二四四頁）．を参照。

（8）自由な競争秩序そのものが独占等により脅かされたならば、形式的な自由競争秩序の維持の正当性は、喪失するであろう（［岡田 1985］一二—二二頁）。よって独占禁止法等の競争秩序は、自由な競争秩序の維持のために、市場経済の理念と整合的である。

（9）そもそも、一九世紀における自由主義の主唱者であって、有名な危害原理を唱えたJ・S・ミルでさえ、主著「自由論」で、個人の自由への規制と、企業の営業に対する規制とを区別し、社会一般の利害に関わる商品・サービスの提供は、たとえば安全な商品を供給するという要請などから、社会の管轄下に置かれるべきであるとしている（［Mill 1859］117（三二四頁）．を参照。

（10）現行民法四七八条は主観的要件として善意無過失を要求しているが、民法改正前は条文の文言上は善意のみであったものの解釈上善意無過失が必要であるとするのが判例・学説であった。

(11) 東京高判平成元年七月一九日（判時一三二一号一二九頁）。

(12) 最判平成五年七月一九日（金法一三六九号六頁）。

(13) ［磯村 1987］一六頁、［北川 1995］五七—五九頁、［河上 1993］三四九—三五二頁、を参照。平成五年の最高裁判決では、解釈上の根拠を民法四七八条ではなく免責約款に求めている。しかし、本文で示した判決文は、免責約款の効力をこの限度で制限するという基準を判例が示したものと解釈する学説も有力である。

(14) 河上・前掲注（13）二四九—三五二頁、を参照。

(15) 前掲注（12）、を参照。

(16) ［河上 1998］一六五—二一〇頁、を参照。

(17) 最判平成一五年四月八日（民集五七巻四号三三七頁）、を参照。

(18) 本書の該当箇所の元になった論文執筆当時は、システム構築責任という用語は注目されていたものの実務的に通用されているわけではなかったが、現在ではいわゆる基本書と呼ばれ、法学部や法科大学院の学生向けの書籍の中にもシステム構築責任について記述がある。［潮見 2007］三二一—三二三頁、を参照。

(19) 偽造カード等及び盗難カード等を用いて行われる不正な機械式預貯金払戻し等からの預貯金者の保護等に関する法律三条以下参照。

(20) 平成五年判決後、全国銀行協会連合会は、一九九四年カード規定試案を手直しして、免責約款の一部改正した。その結果、偽造カードによって払戻しがなされ、カード及び暗証番号の管理について預金者の責めに帰すべき事由がなかったことを銀行が確認できた場合には銀行が損失を負担することとされた。［川田 1995］三五頁以下、を参照。

(21) 自律的な自己決定の前提条件が欠けるゆえに、国家が介入することがより容易に正当化されるという考え方へと繋がる危険性も孕んでいる。

(22) ［来生 1997］二九一—二九九頁、を参照。

(23) ［Riesman 1961］3–31, 239–260（三—二九、二二三—二四二頁）、を参照。

(24) 〔Riesman 1961〕 11–31 (二一二—二九頁). を参照。
(25) 〔Riesman 1961〕 249 (二三二頁). を参照。
(26) 〔Riesman 1961〕 19 (一五頁). を参照。
(27) 〔Riesman 1961〕 255 (二三八頁). を参照。
(28) 〔Laski 1936〕 263 (二七〇頁). を参照。
(29) 不動産売買契約の標準書式に関する記述は、筆者が従事した不動産売買契約の実態調査に基づく所見である。〔稲本 1994〕、を参照。
(30) なお、平成一三年に施行された消費者契約法の一条は、本法の目的についての記述中に、「消費者と事業者との間の情報の質及び量並びに交渉力の格差にかんがみ」という表現を用い、情報の質・量に基づく格差と交渉力とを別個に扱っている。しかし、本書では、交渉力格差を、本文中に挙げた理由により、情報の量・質の格差に基づく広い意味で用いている。
(31) 〔Epstein 1985〕 252–253 (二九四—二九五頁). を参照。
(32) 日本において、私法の領域でいわゆる私的権力に関わる問題を積極的に取り上げるものとして、たとえば〔浅野 2002〕が挙げられる。
(33) リバタリニズムの立場からは、バラエティのある仕組みが用意されている現行法の方が旧法との比較では望ましいことになろう。なお、ある期日が来たら必ず終了するタイプのこうした不動産賃貸借の導入、とりわけ定期借家については、経済学者がその導入に積極的であったのに対し、法学者の側からは必ずしも導入には積極的ではなかったといえよう。
(34) この点は、不動産売買契約の現状の実証的調査に従事する中で、実感したことでもある(〔稲本 1994〕)。
(35) たとえば、高齢者かどうかが契約締結にあたって不利な方向に働く重要な要素とされた下級審判決がある。東京地判平成二年四月二四日(判時一三六八号七九頁)、〔山田卓生 1992〕、を参照。

(36)　第Ⅰ部第一章注(11)、を参照。加えて、［鳥澤 2002］六頁、［飯田 2004］三一―三七頁、も参照。
(37)　［Barnett 1998］23, 63（四〇、八四頁）．を参照。
(38)　情報提供義務（duty to disclose）に関しては、原則的に情報提供義務はないとしながらも、たとえば金融商品に関する金融機関の顧客への情報提供義務などの多くの例外が認める介入主義的な立場が、英米法においても有力であるといえよう［Brownsword, Howells & Wilhelmsson 1994］1－20,［Brownsword 1994］21－62,［Collins 1994］97－126．を参照。
(39)　情報提供義務については、数多くの文献があるが、［小粥 1996］、［横山 1996］、［後藤 2002］、［潮見 2004］、［中田・山本・塩谷 2005］、［馬場 2005］等、を挙げる。また、判例および下級審判決を総合的に分析した解説としては、［潮見 2005］、を参照。なお、情報格差が著しい場合に、一方当事者が市場で取引をおこなう耐性（適合性）を欠くとして、市場から排除する理論が、実定法学で提唱されている。こうした理論を担うものが適合性の原則と呼ばれるものである。民法学における適合性の原則の議論は、［潮見 2004］、を参照。
(40)　金融商品販売法の立法経緯については、［岡田・高橋 2001］、を参照。
(41)　消費者契約法の立法経緯については、立法作業に参加した者が解説を執筆した［内閣府編 2003］、［内閣府編 2007］、を参照。
(42)　事業者に対して努力目標にとどまり、事業者と同じく消費者に努力目標を課す形で立法がなされたことについては批判的な立場もある。［沖野 2000］、［山本敬三 2000］、［山本敬三 2001］、等を参照。
(43)　［岡田・高橋 2001］、［内閣府編 2003］、を参照。
(44)　バーネットは、知識問題、利益問題、権力問題という三つの問題群を『自由の構造』（［Barnett 1998］）で論じている。この『自由の構造』の概要は、森村進編『リバタリアニズム読本』中の［鳥澤 2005b］一六四―一六七頁に紹介がある。
(45)　バーネットは、契約の拘束力については、フリードの約束理論を進化させた同意理論という考え方をとっており、法的拘束力が生じさせようとする同意に拘束力の根拠を求め、同意理論が契約自由にとって最も整合的であると考えている。［Barnett 1986］269–321. を参照。

(46) なお、第三階の知識問題は、『自由の構造』六章の中で扱われているが、「正義と法の支配にとって必要な条件と矛盾しないような、行為指針となる個別的な規定を決定する必要性」に関わる問題であるとされる。

(47) ［Barnett 1998］102–106（一二六—一三一頁）. を参照。

第五章　公正な分配と自由

一　契約法・分配的正義・交換的正義

市場における交換は、当事者双方がより一層良い地位になることを求めてなされるものである。言い換えれば、自律的な当事者は、自分が現在より良い地位になると判断をしたのでなければ、交換をおこなわないはずである。しかし、市場における交換の連鎖は、財をめぐる分配結果の格差の発生を防止することを保障するものではない。実際上、市場システムが展開し充実していくことで、全体としてみれば、財の所有に関する差が拡大していく結果が発生することは否定することはできない。財の分配問題は、市場取引の結果として生じる財の分配結果について、何らかの対処をすべきか、もし対処をするとしたら、どのような目的の下に、どのような基準で対処すべきかを扱う問題である。市場における契約自由への権利が規範的に正当化されるとするリベラリズムの立場の中でも、この分配問題に対する態度は一様ではない。

1　契約法と分配的正義

財の分配に関する社会全体の状況は、たとえば市場において何か司令塔のような分配機関があって生じたものではなく、その決断をおこなう資格のある人の個々の決断――交換や相続のような――の結果として生じたものである。もし、このように個々の決断の結果として生じた財の分配に関連し、何らかの意味における価値に相応した分配状態が実現されることが正義に適っている、あるいは価値に相応した分配状態が実現されていない場合には正義に適っていないとするならば、この文脈で語られている正義の種類は、分配的正義（distributive justice）と呼ばれるものである(1)。

最小国家よりも、より拡張的な国家を肯定し、何らかの価値に相応した望ましい分配状態が想定可能であり、しかもその分配状態を国家によって実現するべきであるという立場つまり福祉国家を肯定する立場は、その見解の根底に分配的正義概念を何らかの形態で導入しているといえよう。他方、最小国家以上の拡張的な国家を認めないタイプのリバタリアニズムは、経済活動を含むすべての自由を尊重するため、一定のパタンに基づく財の分配を正当化し、これの実現を望ましいとするという考え方に対して消極的である(2)。最小国家論に立つリバタリアンも、財の分配状態に関する正義を語るが、「分配」という用語は、何らかのものやメカニズムが、何らかの原則や基準を用いて供給をおこなっているというイメージを喚起させるがゆえに中立的ではないとして、その用語を用いない(3)。ただし、社会福祉との関係で注意すべきは、無政府主義的なリバタリアンを別にすれば、リバタリアニズムの立場においても、日本国憲法二五条でいう「健康で文化的な最低限の生活」の公的保障を正当化することは不可能ではないことである。しかし、リバタリアンは、平等理念の実現として、貧困防止のための再分配を正当化するわけではない。たとえば、リバタリアニズムの論者である森村は、人道主義的な見地から一定の社会福祉を認めているが、リバタリアンにとって、社会福祉政策とは、平等の問題ではなく貧困の問題として把握するべきだという(4)。

他方、福祉国家理念を重視する平等基底的なリベラリズムは、自由を重視する側面だけではなく、平等を重視する側面の双方を備えているから、何らかの平等主義的な考え方に基づき一定の分配状態を正当化するという論法を採用することができる。すなわち、平等基底的なリベラリズムの立場では、各個人を平等な存在として取り扱うという目的の実現のために、国家が、市場において生じる資源や福利（welfare）の分配状態に介入し、社会的経済的不公正を解消する制度を導入することが正当化される。

では、仮に、市場における個々の契約の集積によって生じた分配状態が是正されるべき不公正なものであるということを認めたとすれば、こうした不公正は、どのような方法によって是正されるべきであろうか。リベラリズムにおいては、社会的経済的不公正の解消については、一定の分配的正義原理に基づいた税制度や保険制度等で実現されるべきであるとされてきた。しかし、分配的正義の実現のために、契約法を手段として用いるという発想は必ずしも一般的なものではない。すなわち、契約法は、分配的正義の原理を目的としたルールや原理によって構成されているとは、伝統的には考えられてはこなかったのである。これは、税制度による介入の方が、契約法による分配よりも、より中立的であって、個人の自由への介入の度合いが少ないということや、効率性や行政のコストの点で優れている、と考えられてきたことを理由にする。

第Ⅱ部の第三章および第四章では、契約法は、一定のパタンに応じた分配状態の変更自体を目的とするような分配的正義の原理とは、直接には関係ないということを前提として、検討してきた。契約法の目的は、何らかの価値に応じた比例的な分配状態の実現ではない。仮に契約法によって分配的正義の原理に適った財の分配状態がもたらされたとしても、あくまで偶然の結果なのである。このように、契約法と分配的正義の原理との関係を切り離す応答も可能である。

しかし、契約法と分配的正義の問題は無関係であると断定するためには、もう少し慎重な検討が必要かもしれない。というのは、市場における契約に対する様々な法的規制は、契約による分配結果に対しても影響を及ぼすからである。とりわけ、昨今の増加する特別法による規制により、分配結果に対する影響は飛躍的に増大し、しかも多様化している。たとえば、銀行などの金融機関に対し顧客に関する情報提供義務違反に基づく損害賠償義務を課した場合には、金融機関に対し情報提供義務が課されなかった場合と比べると、銀行から顧客に対して損害の補填がおこなわれて、その限度で所得の分配状況に変化が生じる。もちろん、法制度が保障しているのは、情報が提供されなかったことによって発生した損害に対する補填であるから、情報という資源の何らかの価値に応じた分配を直接的に強調していない。しかしながら、情報提供義務を設定すること自体が、情報という資源を一方当事者から他方当事者へと分配するという結果を志向しているとも評価できるし、情報提供義務が法的ルールとして認められる場合には、情報提供へのインセンティブを伴うことも予想される。情報提供義務を規定した法律の施行に伴い、金融業界が一斉に情報を提供したり説明したりする仕組みを確立している現状をみれば、情報という資源の分配に影響があることは疑いない。

2　契約法と交換的正義

近時は、交換される財の市場価値が不均衡である場合に給付の不均衡を理由として契約内容を是正するべきであるという立場も有力に唱えられている。(5) このような給付不均衡の是正という考え方は、契約による分配自体を当該取引のレベルで個別的に是正をすることを目的とする。したがって、分配的正義の概念を何らかの価値に応じて分配をおこなうことを目的とするという意味で用いるとすれば、個別的な交換において、比例的な対応給付がおこなわれなければならないとするのは、分配的正義の原理に基づくものではない。むしろ、アリストテレスが分配的正義と並ぶ正義原理として挙げた矯正的正義の原理（corrective justice）と関わる。アリストテレスのいう矯正的正義とは、人間の交渉において矯正の役目を有する正義である。(6) この交渉とは、交換のような自発的なものも、犯罪のような非自発的なものも両方を含む。正しい状態を回復するための基準は、算術的な比例に従う。そして、どちらが害悪を加え、どちらが害悪を受けたかが重要なのであって、善人が悪人から詐取したとしても、まったく回復の仕方には関係がない(7)。また、Aが富豪でBが貧困である場合のように、AがBと比べて社会的経済的に優位に立つ場合でも、BがAに対して売却した不動産が、BがAの需要を敏捷によみとり、市場価より不均衡なほど高額で売却し、結果としてAB間の取引において給付の不均衡を生じせしめたと評価されるならば、その不均衡は是正されるべきである。その結果、富豪がより豊かに、貧乏な人がより貧乏になる場合であっても、矯正的正義とは無関係とされる。アリストテレスは、交易関係のような自発的交渉にあたり交渉の結果生じた給付不均衡に関しても、矯正的正義が機能するとしている(8)。

いずれにしても、契約法は、第三章や第四章で展開したような、自由や自律性に基づいた、特定の結果を志向しないという意味で中立的な、純粋な手続的正義の原理を前提にして正当化されるだけでは不十分で、管理権限を有する者による財の分配を基礎づける分配的正義や、相互的な給付の均衡の維持のような矯正ないし交換的正義の原理に基づいて正当化されるべきだという立場と唱える者は、決して少なくない(9)。彼らは、分配的正義や交換的正義などを導入した実体的正義原理が、自発的な交換を扱う契約法においても妥当すると主張するわけである。こうした主張は、中立的な手続的正義の原理ではなく、契約の実体的正義の原理に基づいて契約法を構成すべきであるという主張と理解できる。では、契約法は、リベラリズムが一般的に主張してきたように中立的なものではなく、分配的な目的を有するのだという、契約実体的正義論者の主張は、はたして正当なものであろうか。

現代の福祉国家においては、消費者保護に関する種々の立法が制定されており、こうした立法が、社会経済的な不公正を是正するような分配に関わる一定の効果を有している場面も増加しつつある。もちろん、契約に関わる法が分配的な効果をもたらすからといって、このことが直ちに契約法が分配的な目的を有しているということにはならない。しかし、先に述べた情報提供義務を課すルールのように、分配的な結果の変更をもたらすことが合理的に予測できるようなルールが増加しつつある法システムの下においては、従来のように、契約法と分配的正義とを分断する考え方を維持できるのかは、慎重に分析したうえで反論すべきであろう。実際、契約法と分配的正義との関係を分断する考え方に対し異論を提起し、平等基底的リベラリズムやリバタリアニズムの立場であっても、契約法と分配的正義との関係を認めざるを得ないのだということを強力に主張する論者もいる。以下では、このような立場の代表的論者の見解、すなわちリバタリアニズムの立場であっても契約法と分配的正義との関係を認めざるをえないというA・クロンマンの見解と、契約法は手続的正義に基づく中立的な制度であると位置づけられず契約法においても分配的正義に基づく政治的な決定が避けられないとするH・コリンズの見解を紹介して批判的に検討してみたい。

二　A・クロンマンの「契約法と分配的正義論」

伝統的には、リバタリアニズムは、契約における自発性の有無を検討することにより、契約の強制可能性を論じてきた(10)。しかしながら、クロンマンは、「契約法と分配的正義論」という題名の論文で、契約において当事者にアドバンテージの活用（advantage taking）が許されるかという基準で契約の強制可能性を論じるべきであり、アドバンテージの活用という基準で自発的交換という基準を読み替えれば、リバタリアニズム（libertarian theory）の立場に立っても、平等基底的なリベラリズム（liberal theory）の立場に立っても、契約法が分配的正義の原理を前提としていることを認めざるを得ないのだ、という論証を試みている(11)。

1　自発的交換とアドバンテージの活用

クロンマンによれば、アドバンテージとは、契約に際して用いられる当事者の有利な立場すべて（地位、状況、才能等）を指す。たとえば、BがAを脅かすことによって契約が締結された場合には、Aはこの契約に拘束されるべきではない。その理由は、優れた肉体的力という、Aに比べるとより有利な地位、つまりアドバンテージを有しているBは、そのアドバンテージを活用して契約を結んだわけであるが、こうしたアドバンテージの活用は認めることができないというのである。また、詐欺の場合には、欺罔者の有するアドバンテージは、人を欺く技術や情報ということになる。

クロンマンは、契約によって生じる分配結果ではなく契約の形成という歴史的過程によってのみ、合意の強制可能性を論じるというリバタリアニズムの立場は、極めて曖昧である、という。すなわち、リバタリアニズムのいう歴史的過程によってのみ強制可能性の有無を検討するという立場は、これは純粋な手続主義とは異なっているもので、混同されてはならない[12]。たしかに、純粋な手続主義者もリバタリアニズムも、契約による分配的結果の達成については無関心の姿勢をとる点では共通している。しかし、純粋な手続主義者は、合意自体の自発性に対しても無関心であるが、他方、リバタリアニズムは、契約が所定の手続きに適っていたとしても、それだけでは不十分であって、自発的であることを重視する。ところが、第三章でみたようにリバタリアンのいう自発性の基準は、必ずしも明確に示されていない。

クロンマンによれば、契約における自発性の問題は、「交換関係における様々なアドバンテージの活用のうちどの形態が、個人の自由というリバタリアニズムの概念と一致するかという問題に置き換えられる。[13]」とされる。つまり、契約の当事者が他人の犠牲の下に自分の有利な地位を利用することが許されるかどうかであり、リバタリアニズムの立場から、この基準を表現すれば、当事者の自発性のために必要な自由が他方の当事者のアドバンテージの活用によって奪われているかどうかの問題となる。このようにアドバンテージの活用を捉えることにより、なぜ契約において不法に利益を獲得する方法が認められないのかについて、鮮明な形で焦点をあてることができるのだ、という。

アドバンテージの活用というのは馴染み薄い概念であり、しかも、クロンマンの用い方がやや特殊なもので誤解を招きやすいと思われることから、多少詳細にクロンマンのアドバンテージの活用という見解を紹介した。

この論文上のクロンマンの論述は、直接的にはリバタリアニズムの論者たちに向けられているが、彼の主張は、同様に平等基底的なリベラリズムの論者たちにも向けられているといってもよいであろう。なぜなら、リベラリズムの契約理論においても、リバタリアニズムと同様に、自発的交換という概念が一定の役割をはたしていると考えられる以上、クロンマンが標準的なリバタリアニズムの見解に対しておこなった批判と提言は、平等基底的リベラリズムの契約理論に関してもその限度で適用することが可能であるからである。(14)

通常、自発性を備えているかどうかは、たとえば詐欺であれば、騙された側の契約当事者の同意が自発的なものであったか否かで考えられる。(15)ところが、クロンマンは、騙した側の当事者のおこなったアドバンテージの活用が許容されるかという形で、視点を逆転して自発的な交換という問題を把握した点がユニークである。他方、リバタリアニズムの立場では、第三章で検討したように、自発的交換か否かは、契約当事者が相手方に対してそのような行為をする権原を有していたか、すなわち違法な行為であったかどうかに従って、判断された。リバタリアニズムも、クロンマンと同様に、騙したり脅かしたりした側がそのような行為をしたことは違法であることを理由として、自発的交換であったかどうかを判断するのであって、この点では、リバタリアニズムの見解とクロンマンの見解には共通性がある。しかし、リバタリアニズムは、アドバンテージの活用が許される場合かという視点での検討をしない点で、クロンマンとは大きく異なっている。

このクロンマンのいうアドバンテージの活用は、非常に広範な概念であって、当事者が意識するかしないかに関わらず、合意の過程およびその結果から客観的に評価されることに注意すべきである。たとえば、契約相手より知性や勇気が優れていれば、それがアドバンテージである。また、金銭や不動産の貸主は財産を有しているという点でアドバンテージがある。さらに、人を強迫するという肉体的な力もアドバンテージとなるであろう。つまり、個別の取引の各当事者間で、一方が他方より何らか有利な地位をもっていることが、クロンマンのいうアドバンテージであり、その有利な地位が契約に何らかの寄与をしたならば、アドバンテージの活用があったと評価されるのである。クロンマンによれば、「こうした広い意味においては、アドバンテージの活用はすべての契約において存在するのである。(16)」結局、クロンマンのいうアドバンテージの活用という概念を用いれば、人が交渉の結果として契約を締結するに至った場合には、当事者はそれぞれ何らかのアドバンテージを活用していることになろう。そして、この意味で、クロンマンのいうアドバンテージ活用とは、契約交渉に至った経過を後から振り返ってみた場合に、第三者、たとえば裁判官が、この経過を評価する際に用いる概念であって、交渉をおこなっている当事者が主観的に意識しているかとは無関係なものといえるのである。

こうしたクロンマンの「アドバンテージの活用」は興味深い概念であるが、いくつかの見過ごすことのできない問題点がある。

まず、クロンマンのアドバンテージの活用という基準自体についての問題点としては、契約当事者が用いる有利な地位を、画一的に扱っている点が挙げられる。すなわち、アドバンテージが活用される場面には、交渉力(bargaining power)に違いがあるという意味での取引上のいわゆる強者と弱者間と、当事者双方が同程度の交渉力を有している場合とが想定できるが、クロンマンの記述は、この二つの場面の質的な区別があまり意識されていない。前者は、情報の質・量、経済的力の差があるために交渉力格差が生じる場合である。もちろん、両者の相違は、質的なものというより、量的なものかもしれない。しかし、交渉力の差が著しいものであれば、その場合には、契約当事者間に相互にあるアドバンテージの活用であることに加えて、まさに advantage taking の文字どおり、相手方の弱みにつけ込んだと評価できる場合も多い。交渉力に著しい差がある場合については、アドバンテージを活用する側に焦点をあてると同時に、交換全体における、いわば実質的公正さの実現の点に顧慮していることを明確にする方がよいという批判も可能である[17]。

次に、自発性があったかどうかは、アドバンテージの活用が許されることと同一視できるのであろうかという疑問ないし批判が主張されている。

この点をいちばん明確な形で述べているのは、契約法と分配的正義の関係を否定するルーシーの「分配的正義のメカニズムとしての契約法」の論文である[18]。

ルーシーは、アドバンテージを活用した側ではなく、自らの選択が制約された側の当事者に焦点をあてる立場へ戻る。そして、契約当事者が、「自由に（freely）」契約関係に入ったかどうかを問題とすることで、クロンマンが指摘した自発的交換の不明確性は回避できると主張する。ルーシーによれば、自発性の有無は、契約に入った当事者がその状況を理解し、理性をもって当該行為に入ったかどうかをいう。これはかなり広い範囲で自発的な交渉を認める考え方である。もちろん、こうした広範な自発性の概念をとる以上、契約の強制可能性について、自発性の他に、「自由な選択」という要件を加える。そして、クロンマンがいう「自発性」とは、自由な選択があったということと等しいと考える。そして、契約当事者は、物理的にも精神的にも正常な能力を有し、かつこうした能力を行使するために公正な機会があったときに限って、当事者が自分の選択に責任を持つことができるとされるのである。ルーシーは、これを責任原理（ＲＰ）と呼ぶ[19]。

しかし、ルーシーによって主張されたＲＰは、十分な説得力を有しているとはいえない。ルーシーがＲＰの基礎的ファクターとして主張する公正な機会という概念があるが、曖昧である。ルーシーによれば、公正な機会であるためには、当事者にとって別のいくつかの選択肢があり、そのうちに当事者にとって不利益でない選択肢が含まれていることが必要であるとしている。よって、ピストルを突きつけられて契約を迫られている場合には、契約をする選択肢とピストルに撃たれるという選択肢しかないので、この要件を充足していないことになる。この場合には、要件の適用は明快だが、選択権が不利益かどうかは具体的状況によって多義的である。さらに、公正な機会の要件として、当事者がその取引の重要な部分について知っているか、知らないにしても自己の過失により知らないことが必要であることが挙げられている。(20)しかし、どのような過失があった場合に責任が生じるのかは、ルーシーによれば具体的状況によるとされるので、過失の内容についても曖昧な点がある。(21)

2　分配的正義原理の実現とパレート主義

クロンマンのアドバンテージの活用という基準は、リバタリアニズムと同様に、契約の一方当事者が他方当事者に対して、そのような行為をする権原を有しているかどうかによって、自発性の有無を考える基準である。リバタリアニズムは、詐欺による交換は、一方当事者が詐欺という違法な行為によって他方当事者に契約に同意させたのだから、自発的な交換にならないという。クロンマンは、一方当事者は騙す能力というアドバンテージの活用が許されないので、自発的交換ではないという。このように表現すれば、アドバンテージの活用は、単なる説明の仕方の相違に過ぎないようにもみえる。しかし、クロンマンの主張は、より野心的であって、アドバンテージ活用の基準を、自由の原理以外から導入するところに特色がある。すなわち、クロンマンは、この問題につき自由の原理が直接的に答えを出せないとすれば、現在のところリバタリアンは採用していないが採用する可能性がある代替的選択基準を考えなければならないという。

代替基準としては、いくつかの基準が考えられるが、そのうちでも重要なものは三つであるとしている。第一は、ある人が他人より優れた才能等を有している場合、その才能を有するがゆえにそれを利用する権利が個人に与えられるという自然的優越性の理論（the doctrine of natural superiority）である。しかし、リバタリアニズムが強力な平等主義的な理論であり、すべての個人は他人に基本的な権利を侵害されないということを主張する立場である以上、自然的優越性の議論はとり得ないという。[22] 第二は、アドバンテージの活用が社会の構成員の総効用、望ましい善の総計を増加させるかどうかを基礎とする功利主義である。しかし、リバタリアニズムが、個人の利益を尊重する立場であることから、功利主義もまたとることはできないとする。第三は、パレート主義である。リバタリアニズムはこのパレート主義の立場に立つと、クロンマンはいう。

パレート主義によれば、利用された側の当事者の利益がその取引によって改善されるかを判断することによって、許されるアドバンテージの活用であるかどうかが識別される。契約の当事者に自己のアドバンテージの活用が許されるのは、長期的な視点でみた場合に、利用された側が、アドバンテージの活用の規制がなされた場合と比較して、より向上すると予想される場合（better off）に限られることになる。クロンマンのいうパレート主義とは、パレート最適（pareto optimal）すなわち誰か一人の状態を悪くしなければ他の人の状態を向上させるとはできないような資源配分の状態を目指して、パレート優位あるいは改善（pareto superiority or pareto improvement）させることを目指すものである。パレート優位とは、次のような状況が実現するときになりたつ。もし、Yという資源配分からXという資源配分に移った場合に、少なくとも一人以上の状態が向上し誰一人悪くならないときには、Xという資源配分はYより優れているという。このときには、YからXへパレート改善がなされたことになる。よって、クロンマン自身は明言していないが、クロンマンのいうパレート主義の用い方は、パレート優位基準の適用を中心としていると考えるのが自然であると考えられる。[23]

しかし、契約当事者の改善の有無を取引ごとに個別に考えていくと、裁判所においては、個別の契約当事者について、その長期的な利益を評価することは困難である。また、立法府は、特定の個人ではなく一定の集団の人々に適用されるルールを規定するから、個人ごとのパレート改善を考えることは不可能である。したがって、個人の利益を基礎としたパレート主義（以下、「個人の状態比較によるパレート主義」という。）ではなく、利用される大多数の人々（most people）の福利を増大させるかという観点を持ち込んだパレート主義（以下、「集団の状態比較によるパレート主義」という。）を適用すべきである、とクロンマンはいう。そして、契約当事者のアドバンテージの活用が許されるのは、その活用の結果、長期的にみて不利益を受ける相手方の属するクラスの集団が福利を受けると評価されるときとなる。

クロンマンは、こうしたパレート主義がいかにして自発的な交換の内容を意味のあるものとしているかについて、いくつかの具体例を挙げて説明する。たとえば、Aは豊富な鉱物資源を産する土地を保有しているが、その事実を知らない。Bは、調査の結果その事実を知り、Aからその土地を事実が公表されたときに予測される価格よりも安価で購入した。その後Aは、Bが事実を告げなかったことが詐欺にあたるという理由から、契約を解除しようとした。ここでは、情報を保有しているBがAに知らせずにその情報を利用することがアドバンテージの活用として許されるかが問題となる。Bが慎重な調査の上で、この情報を得たとき、この情報を取引の相手方に告げなければならないとしたら、Bはその調査から利益を受けることができなくなるから、その後同様の調査をしようとする人々の意欲を減じさせることになるし、そうなると土地の地質学情報も減り、結局は土地の効率的な利用も害されることになる。鉱物資源の開発がなされないと、たとえば石油、アルミニウムなどの値段が上がり、長期的にみるとAも不利益を被る。価値を高めるような情報については、その情報が獲得されやすい状況、つまり自分の得た情報を他人に開示する義務はないとすることによって、長期的にみれば、情報を受け取らなかった者も利益を受け取ることができるのである。

対照的に、明らかに許容することができないアドバンテージの活用もある。たとえば、強迫や詐欺である。生産的情報の利用は前述のようにさらなる価値の増加を生み出したが、社会のなかで強迫や詐欺をおこなうことが許容されたとしても、価値の増加は生み出されることはないのである。

家屋の売主が重要な情報、たとえば家屋に白蟻が発見された情報を秘匿した場合は、右の諸例と比較すると、解決はそう明快ではない。家屋の売主Aは、白蟻の情報を得たが、それを隠してBに売却した。Aの有する情報は、希少資源の配分の効率性を考慮に入れれば、生産的な情報であって、鉱物資源の例と同じである。しかし、鉱物資源の例と異なり、家屋の所有者Aは、特別な調査のうえで白蟻の情報を得たのではなく偶然に知ったのかもしれない。したがって、Aに情報の開示義務を認めたとしても、生産的情報に与える影響、そうした情報が獲得されなくなる危険性は非常に少ない。さらに、売主Aに開示義務を認めないと、買主Bは費用を払って家屋を調べることになる。したがって、売主に隠れている瑕疵について情報の開示義務を認めないことは、長期的に見て買主一般の利益を高めることにはならないのである。

さらにクロンマンは、比較する際の基礎となるベースラインについては、アドバンテージに関してすべての人が平等な状態であるとし、平等な状態をベースラインとする。その結果として、個人の所持する種々のアドバンテージは、社会の構成員共同のファンドとして扱われることになりうるという結論を導く。こうしたいくつかの段階を踏むことで、クロンマンの評価では、最終的には、リバタリアニズムは、平等基底的なリベラリズムに対する独自性を失う段階にまで至るのである。

では、リバタリアニズムの立場とクロンマンの集団状態比較によるパレート主義とは、整合的であろうか。そもそも、個人ではなく集団の状態比較によるパレート主義に移行した段階で、個人主義的なリバタリアニズムとの整合性が保てないという批判もあるだろう。しかし、仮に「個人の状態比較によるパレート主義」の実行可能性に鑑み、集団状態比較によるパレート主義へ移行する立場を肯定したとしても、より問題なのは、個人の所持する才能が共同のファンドに属するという平等主義的扱いが、個人の別個性や自律を重視するといわれているリバタリアニズムや平等基底的リベラリズムの立場と整合しないのではないかという点である。(24)

集団の長期的利益を比較することから、個人のアドバンテージが共同のファンドに属するという結論は、必然的に導かれるものではない。個人の所持するアドバンテージは個人に属するが、一定の制限を受けるという説明も可能なのである。クロンマンの見解には、個人は自己の所持するアドバンテージの活用を単に所持している事実だけでは許されず、すべてのアドバンテージは、共同のファンドに属するべきだというきわめて平等主義的な見解が強く影響していると思われる。さらに、「集団の状態比較によるパレート主義」は交換の過程で機能しているが、この原理は、財の一般的分配の基準に関するクロンマンの平等主義的なパレート主義へ移行する前提の段階として理解することが可能であるともいえるのである。

さて、このようないくつかの問題点があるにもかかわらず、あえてクロンマンがこうした「平等主義的なパレート主義」を主張する背景は、クロンマンは明示的には述べていないものの、J・ロールズの格差原理を基礎として展開される平等主義的な見解をクロンマンが有しているためであると考えられる。(25) クロンマンが、論文の数箇所で、ロールズのテストと自己の基準との類似性を強調していることからも、この点が裏づけられるであろう。(26) したがって、クロンマンの「平等主義的なパレート主義」は、直接的には、交換過程および交換の結果に対する規制の許容基準に関して述べられているものの、契約の前提としての一般的富の分配について適用される基準として用いられることが予定されているといってよいように思われる。ここに至っては、クロンマンの立場は、当初の彼の意図とは裏腹にリバタリアニズムとの整合性を完全に失っているといわざるを得ない。

本来、クロンマンのパレート主義の出発点は、「個人の状態比較によるパレート主義」、すなわち、当該個人の利益が長期的にみて向上するものであれば、アドバンテージの活用も許されるタイプのパレート主義である。そして、こうした「個人の状態比較によるパレート主義」は、自己の長期的利益を向上させるような取引であれば自発的な取引であると判断するという形式で適用できるならば、リバタリアニズムの立場と必ずしも抵触するものではない。しかし、前述したようにクロンマンは、現実の裁判手続きおよび立法を考えたときに実現可能性の観点から「個人の状態比較によるパレート主義」は採用できず、「集団の状態比較によるパレート主義」へ移行すべきだと考えるが、この移行に踏み出した瞬間に、クロンマンの立場はリバタリアニズムの立場とは遠ざかってしまうのである。

第三章で確認したように、リバタリアニズムによる自発的交換の基準のみでは、契約に法的規制が認められるべき様々な状況の判断としては不十分であることは間違いない。しかし、この問題の解決につき、クロンマンのように、契約法の領域で、才能の共同所有という立場を基礎とした集団比較というパレート主義を試みる立場は、リバタリアニズムのみならず平等基底的なリベラリズムの立場からも受け入れがたい結論であろう。

三　H・コリンズの「契約法と分配的正義論」

H・コリンズは、批判的法学研究の影響を受けた、英国の契約法および労働法学者である。彼は、クロンマンと同様に、契約法は分配的目的を有するという立場に立ち、リバタリアニズムあるいは平等基底的なリベラリズムの標榜する契約法の中立性という基準に対して疑問を提示している。

契約法における伝統的立場においては、契約法は分配的効果を有しているが、分配的目的を有していないとされ、国家による分配的正義の実現は、もっぱら税制度に委ねるべきであると考え、契約法と租税の徴収・助成制度は峻別されている。しかしながら、契約法が市場取引を規制する法である以上、その契約法は、市場における富の分配が公正か不公正かという態度決定を避けることができないのではないか。すなわち、契約法は自由な市場経済を基礎にしているが、その法の有する分配的効果は、ある程度まで予見可能なものと考えられる。にもかかわらず、契約法は分配的目的について徹頭徹尾中立的である、分配的な目的を一切排除するという主張することは、整合的でないと、コリンズは疑問を提起するのである。市場で取引する者が取引の能力において他の者に比べて劣っていたために不利な扱いを受けたとしても、それだけでその結果の是正がおこなわれるわけではないから、契約法において一定限度の中立性は認められるにしても、契約法が一定の中立性を有するということと、契約法の目的と分配的正義との関係を切断することとは同じではないというのが、コリンズの主張の出発点である。(27)

1　手続的正義と契約法ルールの類型

契約法の中立性を擁護する立場において最も説得力を有する主張とは、契約法においては手続的正義が妥当するのであって、分配的目的とは無関係であるという主張である。コリンズは、契約法の中立性の核となる、手続的正義概念について、以下のように分析をする。

契約法に妥当する手続的正義とは、完全な手続的正義（perfect procedural justice）と区別される、純粋な手続的正義（pure procedural justice）である。契約法の中立性の主張は、契約法が純粋な手続的正義の一種であるという主張と同視できると、コリンズはいう。

純粋な手続的正義および完全な手続的正義との区別は、ロールズの『正義論』で示されるに従って、次のように記述することができるだろう。(28)

まず、完全な手続的正義とは、結果の公正によって判断される独立した基準がある場合の手続に関する正義である。たとえば、複数の人の間で一個のケーキを等しい大きさで切り分けようとするときに、その結果を実現するのに最も適した手続は、完全な手続的正義に適っている。平等にケーキを分けるという独立した基準があるからである。他方、純粋な手続的正義は、独立した基準がない場面で適用される。つまり、純粋な手続的正義は、その手続から生じる結果に対して中立的である。たとえば、賭けのシステムは、純粋な手続的正義が適用される典型的場面である。ルーレットのような賭けは、そのルーレットに従っておこなわれ、いかさまなどがおこなわれていなければ、手続に適っているとされる。そして、その手続に適っているかぎり、どのような結果が生じようと、つまり一人だけが勝ちを独占しようが、損をしようが、無関係なのである。すなわち、純粋な手続的正義は、どのような結果であれ特定の結果を保証しないのである。

以上により、純粋な手続的正義の要件は、結果に関する独立した基準がないこと（消極的要件）、ならびに合理的で自由に（rationally and freely）選択されたこと（積極的要件）である。こうした状況は、ロールズのいう原初状態（the original position）での選択により、実現される。というのは、無知のヴェールの下で、人々は自分たちの立場、嗜好、偏見について知識を有していないので中立的に選択することができるからである。したがって、合理的で自由に選択がなされたといえるためには、次の三つの要件が必要とされる。すなわち、個人は自己の利益を最大化することをめざす合理的な人間であること、歪みが生じないシステムであること（たとえば、賭の例ではいかさまがおこなわれないこと）、公正な機会の下で選ばれたこと（選択に際してあらゆる可能な手続きが使えるという意味での）である。契約法は、こうした純粋な手続的正義の要件を備えていることによって、正義にかなった移転といえるのであると、コリンズは述べる。

そして、契約法のルールが純粋な手続的正義に適っているかについて、ロールズの原初状態を借りて検討することができる、という[29]。

原初状態で選択される可能性のあるオプションとしては、考え得る三つのオプションがあるとされる。

オプション1　経済的価値のあらゆるすべての自発的交換は強制可能である。

この立場は、ノージックによって擁護される立場であり、いわゆるノージックの権原理論が該当する[30]。原初状態の当事者に経済的な知識を与えられていたならば、自発的な交換である以上、その取引は強制可能であるとされる。取引当事者は富を増加させるために取引に入るのであるから、そうした取引は、一般にパレート最適な取引、つまりその取引以外に当事者が向上する取引が存在しない取引として考えられると主張するであろう。オプション1の場合に、強迫、詐欺に対する規制のみがおこなわれる。

オプション2　当事者がある程度の平等な交渉力を持つ人々の間の競争市場（competitive market）における自発的取引は強制可能である。これら以外の取引は、無効であるか、あるいは競争市場と交渉力（bargaining power）の平等という条件が満たされたならば合意したと考えられる条項に照らして修正されるべきである。

この立場は、アメリカの著名な私法学者アイゼンバーグの立場に依拠しており、市場の失敗（market failure）を考慮する点に、オプション1との決定的な違いがある[31]。この立場では、市場のおける地位の独占や、技術、知識等から生じる交渉力の相違は、パレート最適の基準を満足させないものとされるのである。したがって、交渉力の相違の下で締結された契約の無効あるいは変更という形での救済が与えられなければならない。

オプション3　自発的契約といえども、その契約の結果、当事者の富や資源が減少する場合には、強制されるべきでない。ただし、当事者間のリスクの公正な均衡の結果の場合には強制され得る。

現代においてこの立場に最も近いのは、すでに本章第一節第二項で言及した、交換的正義概念の契約法への導入を試みるゴードレイの主張である。(32) この立場によれば、投機的な取引を除いて、契約の結果として当事者がより悪い地位になる取引は、正義に適わない取引となる。このルールは、交換における給付の均衡に焦点をおいている。

以上の三つのオプションは、純粋な手続的正義に適ったものといえるのであろうか。純粋な手続的正義の消極、積極の二つの要件のうち、合理的で自由に（rationally and freely）選択されたこと（積極的要件）という要件は、原初状態という装置を提示した段階で、充足しているのは前提となる。そもそも積極要件を充足するように原初状態が設計されているからである。よって、結果について独立した基準がないという消極要件が、三つのオプション、とりわけオプション2とオプション3を充足するかどうかが問題の中心である。

リバタリアンであるノージックが一切のパタンつきの保有の原理を否定することを考えれば、オプション1の立場に立つ者は、自己の立場のみが結果に関する独立した基準を有さなく、オプション2および3は、いずれも結果に関する独立した基準があると、主張するであろう。自己の立場が契約の強制可能性を制約する可能性が最も少なく、結果に対して中立的で、純粋な手続的正義に適った唯一の基準である、と。さらに、自発的交換において要求されるのは、何か特定な分配のパタンを決めることではないので、オプション2や3のように何らかのパタンにしたがって契約の規制をおこなわれるべきでない。そして、契約法の中立性を守るためには、個別の取引が、パレート優位でない取引、つまり他に当事者の地位を向上させる取引が存在するような取引、となる可能性もありうるというであろう。そうしたパレート最適でない取引が存在するリスクは、純粋な手続的正義の実現のためには必要である、とオプション1の立場の者は考えるであろう。コリンズはオプション1の主張から予測される反論をこのようにまとめる。

しかしながら、コリンズによれば、こうしたオプション1の主張には欠陥がありオプション2および3の論者も、純粋な手続的正義に適っているという評価が可能である。まず、オプション2は、交渉力の劣っている弱者の立場を顧慮する立場であるが、この立場は次のように構成すれば、純粋な手続的正義が妥当すると主張可能である。すなわち、市場において誰にどのような財が分配されるかに関して知らない場合には、原初状態の当事者は、たとえば商品知識の劣る消費者のような弱者に対し不利益を招くような資源や交渉力の格差に関心があるのは当然である。したがって、交渉力の相違から生じるパレート最適でない取引を修正するべきである。そして、このように考えたとしても、結果に関する独立した分配的正義の基準を設けているわけではないから、純粋な手続的正義の要件には反しない。なぜなら、オプション1よりも狭い範囲ではあるが、オプション2においても、市場において生じる取引の結果が決まっているわけではなく、取引の結果の多様性の保証はなされているからである。次に、オプション3は、取引の結果の等価性（相当程度の不等価性を排除するという意味での）ないし給付の不均衡に着目する立場であるが、オプション3の立場においても、純粋な手続的正義に適っているとの主張がなされるであろう。この立場では、オプション1や2に比べれば狭いものの、契約によって一定の富の再分配がおこなわれるという。そしてこの立場では、パレート最適でない取引を広く規制するが、個別具体的な当事者がより良くなることを保証しているわけではないので、特定の個人に特定の結果をもたらす独立した基準を有しているわけでないのである。

コリンズによれば、いずれのオプションも、原初状態で選ばれ得る基準であり、かついずれも市場取引として特定の形態の富の再分配を要求してはいないのであるから、純粋な手続的正義に適った基準であって、特定の結果の実現を保証していない以上、オプション2にもオプション3にも、いずれも完全な手続的正義の基準が導入されたわけではないという。

では、各自のアプローチの違いはどこにあるのか。コリンズによれば、それぞれのオプションを擁護する人々が原初状態においてどの程度市場取引におけるリスクを嫌悪するか（risk aversion）によるのである。そして、リスク嫌悪の程度をどのようなものとすべきかの決定の仕方については、二つの方法が考えられる。第一は、コンセンサスによる方法である。しかし、リスクについて強気な人もいれば弱気の人もいるというように様々なタイプの人がいる以上、コンセンサスを得ることは難しい。第二の方法は、分配的正義に基づいてその決定をおこなう手段である。この方法では、純粋な手続的正義に適う複数のオプションのうちから、富の分配をどのようにおこなうべきかという、分配的正義の実現という基準に基づいて、ある特定のオプションが選ばれることになる。したがって、契約法の目的は分配的正義であるという結論が導かれるのである。

コリンズによれば、右で述べたような議論は、政治理論（politics）と法理論の双方で含意があるものと主張される。

政治的側面においては、税制度も契約法も、両方とも分配的正義を実現する側面を有するのであって、どの場面でどちらを選ぶべきかは、原理の問題ではなく、選ばれる手段の効率性というプラグマティックな問題なのである。そして、多くの場面で、契約法は、租税の徴収・助成制度よりも、より効率的に分配的な目標を達成することができる。たとえば、雇用契約における不当な解雇を規制することに関するルールは、失業者を保護する社会保障システムよりも、直接的かつ効率的に、雇用者の力に対抗できることになる。

次に、法理論上の含意である。契約法の理論においては、表面的には、分配的正義に言及せず、政治的理論は回避されることが多い。自発的な交換であるかどうかを基準に契約の強制可能性を論じる立場が一般的であり、そこでは、実質的公正よりも手続的公正によって強制可能性を考えられている。そして、こうした考え方の背後にあるのは、契約法は中立的なものであって、契約による実質的な公正の実現とは無関係に構成されるべきであるという考え方である。しかし、たとえばオプション3のように実質的な公正について顧慮するオプションもまた、純粋な手続的正義に適う契約法のルールであるとすれば、異なる法的解釈のうちどれを選択するかは、分配的な結果に関する政治的な選択によらなければならない。したがって、法理論と政治的な選択とを切り離すことができないと結論づけるのである。

2　契約法と分配的正義との関係

コリンズの見解は、多少入り組んでいるので、もう一度確認のために簡単に整理をする。コリンズの見解の核心は、以下のようなものである。まず、契約法の中立性を根拠にして、契約法と分配的な正義の関係を否定する伝統的な見解に対し、純粋な手続的正義に適う複数の法規制の類型があって、いずれも純粋な手続的正義に適っている以上、中立性を備えているとする。すなわち純粋な手続的正義に適う三つの類型の中には、給付の不均衡の是正のような実質的な公正に依拠し、交換的な正義の原理に従う基準もあるが、こうした基準さえ純粋な手続的正義に適っている。そして、この純粋な手続的正義に適った複数の基準のうちから選択されるべき基準を抽出するには、財の分配の仕方に関わる分配的正義の理念が導入されざるをえないが、これはまさに、政治的選択なのである。

コリンズの右のような見方は、契約法における法的な規制に対して、どのような価値を社会構造の基底に据えるかという政治哲学の問題が、法学的な問題と切り離せないという側面を的確に捉えている。また契約法の規制と純粋な手続的正義との関係についても、新たな視点を提供していて興味深い。契約法に対して、たとえば交渉力の優劣に応じた規制のような実質的配慮を持ち込む場合には、契約自由の原理の修正という形での説明が通常なされるが、契約を規律する制度としていくつかの可能性があり、オプション1のような市場における非常に広い範囲での財の分配の方法を許容する枠組みは、そうした可能性の一つに過ぎない。よって、契約自由という観念自体について、従来よりも領域の広いものとして考える可能性を示しているといってよいであろう。(33)

コリンズは、個々の取引との関連で分配的正義を持ち込むのではなく、契約法上の想定し得るいくつかの規制のオプションを選択する基準として、分配的正義を用いる。このような契約法へ分配的正義の理念を持ち込む考え方に対しては、分配的正義は、全体の財の分配を考える一般的な基準であって、税制度には適合するが、契約法のような個々の取引を規律する領域に持ち込むべきではないという批判がなされることが多い。(34)しかし、契約を規制する制度そのものの選択の場面で分配的正義を考慮するコリンズの立場に対しては、こうした批判は当てはまらないであろう。

しかし、コリンズの主張する契約法と分配的正義との関連性の論証については、技術的な点たとえばリスク嫌悪の度合いが最も高い者が給付の均衡を保証する第三の方法を選ぶかどうかは疑問であるなどの問題点を別にしても、基本的な枠組みの点で疑問がある。

まず、コリンズは、複数のオプションが分配的正義の基準にしたがって決定されるべきだと述べるにとどまり、そうした制度の選択自体は政治的な問題であるとして、その肝心な中身については言及を避ける。本章第二節で検討したクロンマンは、分配的目的を導入しようとして、個人の所持する才能等は共同のファンドに属するという徹底した平等主義的な立場をとったために、個人の利益あるいは自律性の尊重との不整合性を生じた。もし、コリンズが個人の自律性を強調するという広い意味でのリベラリズムの立場に立つ場合には、いかなる制度を選択するかを決定する際には、取引を有利にするような個人の所持している才能等を一定限度で制限することと、個人に対する尊重をどのように調和させるかという問題が起こり得るであろう。コリンズが政治的主張としてどういったものを想定しているかは本書で取り上げた論文上は曖昧なままである。(35)

またコリンズによる、契約法と分配的正義との関係をめぐる論証は、一見説得力を有するように考えられるが、彼の分配的正義概念の用い方も曖昧であるように思える。コリンズは、複数の肢から選択するための基準として分配的正義を用いているが、選択肢の中にはリバタリアンのノージックによる権原理論も含まれている。コリンズの分配的正義は、財の分配に対し直接的に機能するものではなく、法的ルールの選択を媒介として、間接的に機能しているわけである。要するに、コリンズの用いる分配的正義は、せいぜい財の分配の場面で直接的であれ間接的であれ機能しうる正義原理というような意味内容と等しい。しかし、分配的正義とは、より狭い意味で、国家が財の分配に対して強制的に介入して一定のパタンに従い分配を変更するという意味で用いられる場合が通例であるから、こうしてコリンズの分配的正義に関する用法は誤解を招くものではないか。(36)「契約法と分配的正義」の論文に挙げられたコリンズの見解については、契約法が一定の価値に応じて財の分配する目的を有していることまでは正当化できてはいない。ただ、財の分配結果に影響をもたらす複数の契約法規制が存在しうること、この選択にあたっては何らかの決断が迫られているということを示していると、解釈できることになる。もし、コリンズの主張をこのように控えめに弱く解釈するとすれば、これは、結果的には、本書の立場と基本的に相違ないことになろう。(37)もし、コリンズが、特定の価値に応じた財の分配状況を実現するために契約法を用いるべきであり、分配的正義の原理を導入することで契約法の規制状況が異なるという積極的な主張を展開しているという強い主張として自分の主張を構成するならば、三つの類型のうち、どの立場が望ましいかについて示し、コリンズの理論の帰結をより具体的イメージをもって描き出すべきであろう。

第五章　注

（1）アリストテレスの『ニコマコス倫理学』で展開されている正義に関する有名な分類——分配的正義と矯正的正義——に従えば、分配的正義は、たとえば名誉とか財貨のような国の公民の間に分かたれるところのものの分配における正義である。分配における正しい分け前は、何らかの意味における価値に相応のもの、つまり比例していなければならず、この比例は、幾何学的な比例であるという（［アリストテレス 1971］1130b–1132b）。

（2）分配的正義の意義については、最も広く解すれば、分配問題に関わる正義と定義することも可能であろうが、狭義では、アリストテレスのように、何らかの価値のような一定のパタンに従い分配をおこなうことが正義に適っているという意味で用いられる。本書では、一般的な用法に従い、狭義の意味で用いる。

（3）［Nozick 1974］149（（下）二五四頁）. ノージックは、本書の第三章で展開したように、財の分配については、歴史的な権原に従う分配が正当であるとするが、この分配原理を保有物の正義（justice in holdings）と名づけている。すなわち、ノージックは、この保有物の正義について、第七章で検討しているが、この第七章の題名は「分配的正義」である。すなわち、ノージックは、『アナーキー・国家・ユートピア』において「章」の題名には分配的正義という題名を選びながら、本文では、分配という用語が中立的ではないとして、保有物の正義について語っている。題名については、広義の意味での分配的正義を、他方、検討対象としては、狭義の分配的正義と対立的な意味での保有物の正義を用いていると理解できよう。

（4）［森村 2007］、［橋本祐子 2008］一七三—一七五頁、を参照。

（5）［Gordley 1991］,［Gordley 2001］265–334,［Gordley 2006］361–387. を参照。なお［大村 1995］も、給付の不均衡を是正する方向性を有する理論といえよう。

（6）［アリストテレス 1971］1130b. を参照。

（7）［アリストテレス 1971］1132a. を参照。

（8）［アリストテレス 1971］1133a–1133b。なお、トマス・アクィナスは、交換的正義（justitia commutativa）と分配的正義（justitia distributiva）を対比して、自発的ないし非自発的交換において矯正の役割を果たす正義をより詳細に説明している（［アクィナス 1985］第六一題）。

(9) アリストテレス哲学の契約法への導入を主張するゴードレイは、契約実体的正義論者の代表者であろう（［Gordley 1991］）。契約において実体的正義を顧慮する動きは珍しいものではなく、日本法における、契約自由から契約正義へという流れも、この文脈で位置づけることも可能であろう。［星野 1966］、［星野 1983］、［大村 1995］、［山本豊 1997］等、を参照。ただし、日本法における契約正義という観念が内包するものは、より広く豊かなものであるとも考えられる。

(10) 本章第二節と第三節は、拙稿［山田八千子 1995］に基づいて、加筆修正したものである。

(11) ［Kronman 1980］. を参照。この論文は二部構成になっており、第一部はリバタリアニズムへの論証が、第二部はリベラリズムへの論証がなされている。この論文を紹介・分析するものとして、［森村 1989］一九三—二〇〇頁ならびに［小林公 1991］一〇一—一一四頁がある。論文の第二部では、クロンマンは、リベラリズムが、契約そのものへの規制を税制度より優先するのは、税制度が、より中立的であり、個人の自由の範囲も広いということ、ならびに効率性や行政のコスト点でもより優れていることにあると把握したうえで、この論証が必ずしも説得的ではないとしている。すなわち、リベラリズムの主張が該当する場面も相当あるものの、個別的な事例を考えてみると必ずしも当てはまらない場合もあり、両者の優劣は、まさに個々の類型についての実証的研究によるという主張を展開しているが、必ずしも説得的ではない。

(12) ［Kronman 1980］477. を参照。ただし、クロンマンのいう手続主義の内容は、それほど明確なものではない。

(13) ［Kronman 1980］480. を参照。

(14) ［Lucy 1989］132. を参照。

(15) ［アリストテレス 1971］1109b–1111b. を参照。アリストテレスの立場では、ピストルを突き付けられて契約書にサインをした場合には、その端緒が他人により強制されたもので、後悔を伴うから、自発的よりも非自発的なものに近づくという。

（16）［Kronman 1980］480. 本書では、<advantage taking>の訳語として、「アドバンテージの活用」という訳語をあてた。通常の用法では、<advantage taking>は、他人の弱みに付け込むという意味で用いられるが、クロンマンは、契約を自己の有利な地位を活用して契約をおこなうという状況として捉え、その状況一般を表す言葉として、<advantage taking>を用いているからである。

（17）ただし、クロンマンはアドバンテージの活用が許されない場面の候補として、本人の能力が欠如しているような場合（未成年、能力の欠缺等）、相手方の誘因による場合（詐欺、強迫、不実表示等）、あるいは相手方が希少資源を独占している場合のような様々な場合を挙げており、強者の行為に焦点をあてるという意味で、実質的な公正にも、その具体的適用において十分に顧慮していることがみてとれる。

（18）［Lucy 1989］.

（19）［Lucy 1989］137–138. を参照。

（20）［Lucy 1989］137–138. を参照。

（21）［Richardson 1990］268. を参照。

（22）個人の才能はその個人に属し集団に共有されるものではないと考えるリバタリアニズムの立場からは、むしろ自然的優越性の議論との相性がよいようであるが、クロンマンによる自然的優越性に理論の扱いに関しては、この部分についてのクロンマンの記述は簡単で、自然的優越性の理論はリバタリアンの平等主義的性格に反すると述べているだけであり、クロンマンの批判の意図が曖昧なので、本書では触れない。［Kronman 1980］480. なお、［Alexander & Wang 1984］. も参照。

（23）［Lucy 1989］134. を参照。

（24）［Richardson 1990］258. また［小林公 1991］一〇一―一一四頁、［森村 1989］一九三―二〇〇頁、も参照。

（25）［Rawls 1971］60–75（四七―六一頁）.

（26）［Kronman 1980］488, n.41,490, n.44,493, n.49. を参照。

（27）[Collins 1992] 49-50. を参照。

（28）[Rawls 1971] 84-88（六五—六九頁）. を参照。

（29）周知のように、ロールズ自身は、社会契約論という装置を、手続的正統性の付与ではなく、望しく実現可能な社会の基本構造を発見する装置として用いている。ロールズが仮設的な原初状態から導き出す正義原理は、二つの原理である。すなわち、自由に関する第一原理（各人は、すべての人に対する同様な自由と相容れる限り、できる限り広汎な基本的な諸自由に対して平等な権利を持つべきである。）と第二原理（種々の社会的・経済的不平等は、以下の両方を充たすように設定されなければならない。）この第二原理には、（i）正義に適った貯蓄の原理と両立する形で、もっとも恵まれない者たちの利益最大化のために（格差原理 difference principle）と、（ii）機会の公正な平等を充たす条件の下で、すべての人たちに開かれている職務と地位に伴うかたちで。（機会の公正な平等原理）という二つの原理が含まれる。[Rawls 1971] 60（四七頁）. なお、ロールズの用いたマクシミン戦略は、想定しうる最悪の結果に着目して選択肢の順位づけをおこなう戦略である。ロールズによれば社会の基本構造を選択するときには合理的な戦略であるとされる。しかし、マクシミン戦略は、社会の基本構造以外の事柄についてはもちろん、社会の基本構造の選択の基準としても適切ではなく、マクシミン戦略以外の代替的選択肢、たとえば合理的ギャンブラーのとる戦略としての期待効用最大化（期待効用計算をして最大化するように選択する基準）の方が合理的であるという批判もある。[Kukathas & Pettit 1990] 38-43（五七—六四頁）. を参照。コリンズは契約法ルールの領域に、ロールズの社会契約論を適用するが、原初状態で選びうる基準を複数挙げることで、マクシミン戦略の弊害を巧妙に回避している。なお、ロールズは、最後の著作である [Rawls 2001] で正義の二原理の定式と内容について修正を加えるが、本書ではこの修正については言及しない。[Rawls 2001] をもふまえた、正義の原理の選択におけるマキシミン戦略の役割については、[亀本 2004]、を参照。[Rawls 2001] を詳細に検討した邦語文献としては、[渡辺 2001] がある。

（30）[Nozick 1974] 150-153（(下) 二五五—二六〇頁）. を参照。

（31）[Eisenberg 1982] 741-745. を参照。

（32）［Gordley 2006］361–381. を参照。

（33）契約制度の類型の発生と淘汰のシステムについては、［嶋津 1993］一二一―一四五頁、を参照。

（34）［森村 1989］一九三頁、を参照。

（35）コリンズは、別の論文で、契約法においては、個人の自由を重視するために契約法で守られるべき経済的利益の拡張を主張する自由主義的立場と、何らかの集合的な善の促進を重視するために当事者間の連帯、信頼等を強調する共同体論的立場との対立があり、同一の問題について双方の立場からのアプローチが考えられるとするが、どちらの立場に立つべきかの態度表明はやはり避けている［Collins 1994］。

（36）ノージックが、財の移転に関する正義論の文脈で、まさにこのような意味で、誤解されやすい分配的正義という用語を用いず、保有物の正義という表現を自己の正義原理につき用いているのとは対照的である。［Nozick 1974］149（（下）二五五頁）．を参照。

（37）拙稿［山田八千子 1995］で述べたように、契約法が分配的正義の目的を有するというコリンズの論証は、一定限度で説得力を有するかもしれない。ただし、コリンズの分配的正義の概念については、ノージックの権原理論やゴードレイの給付均衡の理論とは異なるレベルで理論間の優劣を決定する原理として捉えることも可能であるが、コリンズの見解には分配的正義概念の捉え方が曖昧であるなどの問題点は残されたままである。

第六章　法文化における契約自由

一　日本の法文化の独自性と契約法

第Ⅱ部の最終章である本章は、市場に対する法的規制の問題に関わる、過去と現在の日本のある種の傾向や状況、いわゆる法文化と呼ばれる領域を扱う。(1) 日本法の法体系や各法令の性質を語る文脈の中で、しばしばなされる表現がある。それは、日本法とは、「西洋化された法であっても西洋法ではない。」というものである。こうした表現がなされる背景には、日本では、明治維新をきっかけとして、西欧ヨーロッパ法を中心とする大規模な法体系、法典の受容がおこなわれたという状況があると推測される。これは、いわば、自国固有の法によってのみ構成されていない国の法体系、言い換えると、法体系や法典を他国から受容した継受法国特有の状況であろう。加えて、「西洋化された法であっても西洋法ではない。」という表現は、自由主義のような近代西欧哲学思想を要素として成立した欧米の近代法原理と、日本の法文化とのある種の緊張関係が存在するという洞察を基礎にしている場合もある。たとえば、自由主義的な法思想は、日本法の法実践の中では根づいておらず、日本固有の法規範との関係で齟齬をきたしているという趣旨の主張は、こうした洞察を含んでいるといえるだろう。(2) こうした洞察を押しすすめていくと、そもそも社会制度の構想としての自由論やリベラリズムそのものが、日本社会においては、いまだに異物であり、今後も異物であり続けるという主張へともつながりうる可能性も含んでいる。さらに、極端にいえば、自由な社会の構想とは両立しない、代替的な思想こそが、社会制度の構想の中心として確立されるべきだという主張へと展開していく可能性も含んでいる。本章では、こうした主張の当否につき、正面から取り組むことはおこなわず、日本における契約法をめぐる法文化や市場倫理の領域の中で、契約自由に関わる問題群に対して、新しい角度からの分析をおこないたい。

日本における契約に関する法規範群は、近代、あるいは現代契約法全体の構図の中でどのような位置を占めるのであろうか(3)。

商事の取引法としての契約法の領域では、商事取引を含むという対象の性質上、自国を超える国際的汎用性を備えた規制を求める方向性がある。たとえば、同じ民事法でも、家族法や不動産法と対比すると、契約法の領域では、法統一への要請が、日々の契約実践から自然発生的に生まれてくることは容易に想像できるだろうし、統一的な取引法を求める大きな動きが存在しているのが現状である。

こうした法統一の実現形態のあり方は、様々である。超国家的な立法、国際的な条約あるいはモデル法という、設計的な傾向の形式もある。また、特定の領域で通用する標準契約書の集積を積み重ねることで、国際的な商慣習法が自生的に生成していくような場合もある。さらに、法的拘束力としての強制力を有することを直接的には要請していないタイプとして、契約法の一般原則に関する国際的なリステイトメントを作成するという動きもありうる。この最後の動きとしては、一九九四年に、私法統一国際協会（International Institute for the Unification of Private Law）（通称　UNIDROIT）による、国際商事契約のための一般原則を定めた、国際商事契約法原則（Principles of International Commercial Contracts）（通称　ユニドロワ契約原則）の制定が有名である(4)。このユニドロア契約原則は、裁判での制度上の法源という意味での法的拘束力はなく、取引における適切なスタンダードの提供を目的とする法形式である。(5)なお、このユニドロア契約原則は、「実質的公正さの実現」を重視しているという指摘がある。(6)実質的公正さという価値は、近代の伝統的な契約法の原則としての「契約自由の原理」が中立性を標榜していることや、契約自由の原理の淵源として位置づけられる一九世紀的な自由主義の視座とは、一見、抵触するようにも思えるが、市場における自由競争という理念は、すでにみてきたように公正な競争と無縁ではなく、問題は公正さの内容に何を充塡するかである。

以上、契約をめぐる法規制や法統一の動きについて簡単に言及したが、こうした動きから伺えるのは、契約法規範をめぐっては、静止した特定の時点での評価では評価し尽くされない側面を有しているということである。言い換えれば、我が国のように、過去の時点で外国法体系の継受があったという事実だけをもって、必ずしも、継受国の契約法の固有の性格が必然的に導出されるわけではない。現代の契約法規範の生成をめぐるダイナミックな動きの中に、日本法も含めた現代契約法は、位置し展開し続けているわけである。とすれば、継受法国であることに加えて、現代契約法全体の中で、取引のスタンダードとして存在している、あるいは存在するべき契約法という視座の下で、日本法を捉えていくべきであろう。たとえば、視点を反転させれば、伝統的にいわれてきた、継受法対日本固有法という対置の枠組みは逆転し、日本で生成した契約法規範群は、むしろ普遍化可能な要素を含んでいる法、あるいは現代契約法の世界的な流れを一部先取りした法であるという評価さえも下しうるかもしれないのである。

第Ⅱ部「市場経済と契約法理論」の最終章である本章では、第Ⅰ部「自由論と市場経済」の第二章「市場経済と市場倫理」で展開した市場倫理に関する論述を背景として、日本における市場の法文化との関わりで、市場倫理はどのようなプロセスで確立されうるのか、あるいは確立されてきたのかという問題を模索していきたい。これら問題を模索するにあたっては、質の異なる二つの具体的な領域を素材にする。

第一は、歴史的視座からのアプローチであり、日本における都市と信用経済の発達ならびに市場倫理の生成過程を扱う。第二は、現代的な視座からのアプローチである。現代型取引の代表例である電子取引を素材にして、現代型取引に対して日本型市場倫理の反映を扱う。

これらの二つは、一見共通性などないようであるが、実は共通点もある。それは、明治維新期における西洋法の受容、民・商法典の成立とは、直接的に関わらない領域であるという点である。まず、第一の日本における都市と信用経済の発達及び市場倫理の生成過程は、主として江戸時代つまり明治維新期以前の時代を対象とするのであって、いわゆる西欧法継受以前の日本の法文化の問題である。市場経済や市場倫理は、決して日本の法文化とは無縁ではない、むしろ密接な関係を有しているのだ、という主張を展開したい。次に、第二の現代型取引に対する日本型市場倫理の反映では、現代型取引の代表例である電子取引に対する法的規制を扱う。電子取引は、従来の対面型の取引と異なる数多くの特徴を有している。たとえば、消費者がおこなう電子消費者契約の成立の有効性に関して、民法九五条の錯誤による無効の要件事実規定の仕方が修正されるなど、独自の法的な規制が適用されている。(7)さらに、電子取引は、法的拘束力を有する法令による規制よりも、社会規範の生成が大きく先んじる典型的な領域ともいえよう。言い換えると、一定程度の技術水準にある各国では、ほぼ同一条件の下で、電子取引に対する法的な問題に取り組んでいるわけである。このような専門的で最先端の領域における法規制の問題において、はたして、それぞれの国の法文化の相違は反映されるかは、非常に興味深い問題である。

第Ⅱ部の第三章や第四章での検討の対象となってきた民法典やその特別法は、いわば、西欧法の継受という側面から切り離すことは事実上容易ではない。しかし、明治維新期前の日本の法文化と最先端分野の日本の法文化――もしそう呼べるものがあるとしたら――は、西欧法の継受という側面から中立的な扱いが可能であり、独自の位置づけを有する。よって、これらの法文化の検討は、日本における市場経済と法との関係を考えるにあたって、新たな示唆を与えてくれるのではないだろうか。

二　日本における市場倫理の生成

市場で出会う異質な者同士が形成するネットワークは、伝統的に、共同体で構成される同質社会の周辺部分である境界で発達していくという性格をもっていたことは、よく知られている。その意味で、都市の発達と市場経済とは切り離すことのできない関係にあるといえよう。(8) 従来、こうした都市と市場の発達との密接な関係については、西欧中世を素材として、紹介されてきた。では、日本においては、都市の発達と市場経済とは、どのような関係を築いてきたのだろうか。あるいは、そもそも西欧法受容前の日本においても、都市の発達と市場経済の関係を語ることが可能なのであろうか。

1　江戸期における社会像の虚像と実像

日本における、いわゆる近代法と近代法の基盤となっている思想は、明治維新以降に西欧から受容されたわけだが、明治維新以前においては、どのような思想が、社会制度構想の基盤として機能していたのかを確認する必要がある。

江戸期の社会像については、いわゆる農業を国政の基本として重視する思想である「農本」主義が支配的であって、この「農本」主義は、儒教思想を前提としていたという立場が、伝統的な立場として、一般的であると考えられる。また、こうした立場が支配的であったがゆえに、明治維新以前の日本社会の常識的な把握の仕方は、農業に相当の比重をおく農業社会という形でされることも多かった。すなわち、日本の伝統的社会像は、農業を中心とする社会像であって、農業以外の工業や商工業のような領域は限られた機能しか有していなかったという社会像なのである。

もし、こうした社会像を前提にすれば、西欧における都市の発達とは、日本社会は無縁なものとなりやすい。第Ⅱ部第二章で展開したような、西欧における、同質社会では包含しきれないような異質な者さえも居住することができる都市という場、そしてこの都市と市場とが結びついた形での都市の発達というイメージは、日本の社会像とは、ほど遠い異国の話とされてしまう。しかし、右で述べたような、農業に偏ったという社会像自体が、本当に信頼に足りるものであるのかは大いに疑問である。むしろ、皮相的なものでないのだろうか。

明治維新以前の日本をいちじるしく農業に偏った社会であったとする伝統的な立場は、一種の「虚像」であると批判する見解が、網野善彦により、強力に主張されてきた。

網野は、次のような具体例を挙げて、日本において、「海、川、山における小規模な商工業はすべて切り落とされ、いちじるしく農業に偏った社会の『虚像』がつくり出されていくことになった。」と述べている。

網野の挙げる例は、明治期の愛媛県温泉郡中島町の二神島の記録である。農業以外の生業を営む者も多かった愛媛県温泉郡中島町の二神島がいかにして政府の統計上は農業のみの構成であるかのような外観がつくられたかについて、詳細に紹介されている。この島は、「近世の石高が八二余りの小島で、ごくわずかの田畠しかなく、百姓はみな海での漁獲や山の産物、それらの船による交易で生計をたてていたが、一八七二（明治五）年、明治政府の作成した最初の統一的戸籍――壬申戸籍」によると、総戸数一三〇戸のうちほとんどが「農」と記載されている。「農」の記載から除かれているのは寺院の一戸だけだという。網野は、この結果を受けて、「これは江戸時代の百姓をすべて『農』としたことによるのであろう。」と推測し、さらに、「こうしたことは、二神島にのみならず全国に及ぶものと思われ」るとして、虚構性を暴く一例とする。(9)

2　都市と信用経済の発達

江戸期には、取引法の分野において、近代以降の日本法におけるような民法典、商法典のような法典化がなされていたわけではない。ただし、商取引の実態については、相当程度は発達していたといってよいだろう。江戸期の商業の中心は大阪であって、中央市場をもつ大阪から消費都市の中心である江戸へと膨大な物資輸送がおこなわれていた。

こうした商取引の場面では、事実上全国に共通して通用しているような制度上の法源や事実上の法源もあると同時に、特定の地域にのみ適用される法源も混在していた。いわばヨーロッパ中世におけるような分散的な秩序が確立していたわけである。江戸期における取引法の法源としては、一般的に、いわゆる慣習法や奉行所がだす裁判慣例などの準則たるルールなどが挙げられることがあるが、だからといって、必ずしもすべてに共通するルールが定立されていたわけではないようである。

地域によってルールが異なっていた典型例を一つ挙げると、現行の民法四三二条以下で規定される連帯債務の例を挙げることができる。現代法でいえば連帯債務にほぼ該当する連判借の法律関係については、その発生要因は共通であるものの、効果については、いわゆる大阪系といわゆる境系とでは違っていた。数人が同一の証書をもって借金した場合に連帯債務（連判借）が発生する点は共通である。しかし、連帯債務者（連判人）の中の一人が、その内部的分担債務額のみの弁済（割済）をなし得るのか、それとも全額を支払わなければならないのかという点では、境奉行所と大阪町奉行所との裁判慣例は異なっているという。境系では、証書に連帯文言がない限り債務者は債権者の承諾があると否とを問わず、割済をなすことができたのであって、現行の民法四二七条の分割債務に近い効果が適用された。他方、大阪系では、連帯文言の有無に関わりなく、債権者の承諾がない限り、連判人の一人は割済をなすことはできなかったのであり、現在の民法四三二条以下の連帯債務の効果と同一である。なお、江戸の連判借については、当初は境系であったのが後に大阪系に移行していったことが指摘されている。(10) なお、江戸期においては全国的な法典化がなされていないため、全国的に共通する慣習法や裁判慣例があらゆる領域で成立していたとはいえないのは確かであるが、このことが都市における商業の発達を阻害する形で機能したということを明らかにする証拠はない。

では、江戸期においては、商業と結びついて都市はどのように発展していったのであろうか。

網野は、経済的視野からは、長い歴史の中で高度な手工業の技術、生産方法、商業・信用経済が極度に発達した実態が江戸時代に受け継がれている点を強調している。そして、江戸期にそのような実態があったにもかかわらず、明治政府が、江戸時代を封建制度の時代として否定して、欧米の諸制度を全力挙げて受容していった過程を辿ったのだと、述べている。この過程の中の一つの要素として、前述したような農業を中心とする社会像が描き出されたといえるのではないか。(11)

もし網野のような視点に立つとすれば、江戸時代において高度に発達した信用経済が存在したと評価することも可能である。そして、江戸期の経済活動が隆盛にいたったのは一七世紀後半であって、この頃、経済社会の充実、貨幣・信用経済が盛んになったといえよう。(12)

さて、明治維新以前から、経済取引の分野では相当に信用経済が進んでいたという事実が存在していたと仮定すれば、この事実こそは、まさに注目に値すると網野はいう。江戸・大阪・京都をはじめとする各地の大小都市の存在、制度的に「村」とされた膨大な数の都市（能登の輪島、備中の倉敷、周防の上席など）の発達こそが、消費需要の急激な拡大を導いたのである。また、両替をはじめ、商人資金の預かり、各種の手形振り出しなどをおこなう両替屋、資金の預かり、手形の発行などもあり、商品として有利な米についていえば、大阪堂島に米市場が成立、米切手がさかんに流通し、その結果世界で最も早いといわれる米の先物取引がおこなわれるほどになったことも、網野は指摘しているのである。[13]

網野が主張したような、江戸時代における市場経済の発達を示す徴表としては、商業で用いられる実用用語の豊かさという点も見逃すべきではないだろう。周知のように、西欧哲学上で最も重要な自由や権利という用語について、西欧哲学で用いられてきた意味で用いたのは、福沢諭吉などの明治の啓蒙主義者と呼ばれる者たちであった。たとえば、「自由」という用語は、文言としては、日本に古くからあったとされる。『後漢書』における「百事自由」という言葉や、『続日本紀』の「専政得志、升降自由」という表現や、あるいは『徒然草』に「よろず自由にして、大方、人に従うといふ事なし」という形で表されていたが、それは主として「気まま」という意味であったとされる。ここでいう「気まま」は、liberty や freedom よりも、序章で言及した license（放縦）に近い意味である。そして、「自由」という言葉は、福沢諭吉らにより、西洋の概念の訳語として把握されるに至ったのである。[14]また、近代法の概念として、自由と並んで重要な概念である権利について、これを西欧的な意味で用いられた用例として有名なのは、西周がイェーリングの『権利のための闘争（Der Kampf ums Recht）』を翻訳した例であるということも指摘されている。[15]

こうした「自由」や「権利」のような概念の生成とは対照的に、商業上の重要な実用用語は、自由や権利のような意味で明治期の翻訳語ではない。たとえば、市場（しじょう）の原語である Market は、当然、外来語であるが、物理的な場所としての市場（いちば）として Market は、日本にも広く存在しており、市場の他に、取引、相場、手形、小切手、株式などの取引関係の重要な用語もまた、すでに江戸期に実際上用いられていた用語なのであって、指示内容と同様のものは、日本にも存在していたのである。[16]

江戸期においては、信用経済を核とするような形でのネットワークとしての市場経済は、同時代の世界のレベルと比べたとしても、相当に進んでいた。市場経済が明治期以降において封建社会、農業社会であった日本へ西洋化、資本主義化の形で侵入してきた異物であり日本社会の文化的背景とは馴染まないものだ、という主張は、決して盤石なものではない。むしろ、江戸期を農業社会とする虚像が、江戸期の都市と信用経済、あるいは江戸時代の企業家たち――現代の企業家に対応するような人々――の活躍などから我々の目を背けさせてきたのではなかろうか。もしそうだとすれば、江戸期における都市と信用経済の発達や江戸期のいわば企業家たちに対して、光をあてていく必要があるだろう。

3　江戸期における都市と市場倫理

日本において、市場倫理は、どのような形で展開していく可能性を秘めているのかについて、江戸期の都市における市場倫理の発達に眼を向けてみたい。元来、日本では、たとえば大阪にあった学問所懐徳堂の例のように、経済学と倫理とは関連性があるものとして捉える傾向もあったということは注目に値する。[17]

懐徳堂は、享保九（一七二四）年に、五同士と呼ばれた大阪の有力な商人を中心として、大阪尼崎町に設立され、彼ら商人たちが財政的にも支えた。[18] 設立の性格上、商人の後継者育成という目的を有するが、地域の家庭に初等教育を提供する一方で、優先的な使命は、学者を養成して、高度で洗練された水準での道徳哲学の討議を奨励することであった。[19] 当時の主流を占めた狙来学は、政治的な徳性や学問によって道徳的認識を獲得するような徳性は、特定の個人のみに限られるのであって、すべての人間の可能性として備わっているのではないという考え方に立っていた。しかし、懐徳堂では、荻生狙来によるいわゆる狙来学に反対し、「階層に関わらず、すべての人間が外的な道徳的・政治的規範の形式や実質をともに〈知る〉能力を所有しているという徳論を、終始一貫して保持したのである。」とされている。[20] この認識に対する主張が、草間直方や山片蟠桃などの一八世紀末に活躍した商人たちの批判的思考へと繋がっていく。

懐徳堂は、享保の時代に大阪で生まれた町人学問所であり、享保から、寛政（一七八九―一八〇一）、天保（一八三〇―一八四四）への江戸後期の大阪の学問を代表する空間であった。懐徳堂に学んだ学者としては、『夢の代』の著者である山片蟠桃（一七四八―一八二一）や『出定術語』の著者である富永仲基（一七一五―一七四六）が有名であるが、懐徳堂のエートスを生んだ大阪の学問風土は、彼らに限られるものではない[21]。商業都市である大阪は、近世の武士以外の商工業を営む都市居住者たる町人の町であったが、士農工商という身分制度からはみ出た者が集まりうる町でもあった。農村から奉公に出てきた者もいれば、武士の身分を捨てて、学問に捧げた者もいたらしい。時代的には、貨幣経済システムが浸透していく時代にあり、懐徳堂で生まれた学問は、身分制社会の制約を受けながら、商人としての経験や懐徳堂での教育を経ながら修得されていったものである。大阪は、江戸と並ぶ大都市であり、問屋や仲買商人が中心の街であり、大阪商人は大規模な市場を視野に治めて、物資の流通に携わっていた。貨幣経済の流通に対して、荻生徂来は、売り買いによって生じる利が手許に蓄積されることは、封建社会の基礎をゆるがすと主張した。他方、懐徳堂の論者たちは、市場を通じて獲得された生計や、社会の他の集団、それが武士であれ農民であれ道徳哲学者であれ、彼らの努力によって限られた生計と何ら異なるものではないとしたのである。その当時の大阪で、学問のネットワークを形成していたのは懐徳堂だけではない。懐徳堂に並ぶ影響力を有したのは、石田梅岩（一六八五―一七四四）による石門心学である。石門心学も同じく町人層から生まれたもので広く庶民の支持を集めており、石門心学においても、商業利潤の正当性を肯定している。しかし、認識論でのアプローチは、石門心学と懐徳堂は隔たりがある。懐徳堂の論者たちと異なり、石門心学は、啓蒙者ではなくいわば伝道者であって、凡庸な人にも分かりやすく体験を語る中で開悟の道を開いていくという、いわば民衆の心的なエネルギーを道話という説法を通して吸い寄せるごときものであり、自分の心を善の方向へと変容するという内容を有している[22]。他方、懐徳堂は、心の変容という観念が中心ではなく、卑近の教えで愚民を悟らせるという心学に対しては批判的で、学問により知る力を重視したところに特徴がある。[23]

右で述べたような性格を有する懐徳堂の特徴は、何よりもここが一種の公共的な空間であったことによる。まず、懐徳堂の公共性は、その成立経緯にある。懐徳堂は、設立後の二年を経過した享保一一（一七二六）年に官許を得て官許学問所となる。公権力への接近は、単なる地域に密着した共同体的な学問所ではなく公（おおやけ）の役目の一端を担っているという意識を懐徳堂にもたらしている。ここに公権力との関連という意味での公共性が見てとれる。次に、懐徳堂は様々な身分の人間が、自由に学問を追求できる一種のアジール的な存在でもあった。懐徳堂の学寮の定めとして掲げられた「書生の交わりは貴賤貧富を問わず同輩たるべきこと」が、まさに懐徳堂の公開性という意味での公共性を表している。[24] 書生間においては、長幼、入門の新旧、学問の深浅のみが基準とされたが、これは当時としては画期的なことであろう。公権力の一端としての公共性と公開性としての公共性とは、対立を当然含んでいるものであって、ここから様々な摩擦も生まれてくるのであるが、少なくとも懐徳堂が二重の意味での公共性、公権力と公開という二つの要素を同時に追求しようとした点は、この時代にあって、極めて特徴的であるといえよう。

懐徳堂では、市場経済における市場倫理の重要性について、一貫して講じていた。たとえば、商人の間では、信頼の倫理が売買者間の契約関係を結びつけることや、信頼の倫理と実利の倫理は一つのものであり、内的な徳と外的な契約とは統一されていた。[25]

市場経済の倫理との結びつきを展開した懐徳堂の論者たちは、日本の貨幣史である『三貨図彙』を展開した草間直方（一七五三―一八三一）[26]や、夭折した天才として知られ、儒学の様々な教説の発展を分析した『出定術語』等を表した富永仲基（一七一五―一七四六）[27]など、多数いるが、代表者として一人を挙げるとすれば、大商人の升屋の番頭であり、『夢の代』の著者である山片蟠桃であろう。山片蟠桃は、大阪の米相場こそ、天下の大知を集めたものであって、日本中のありとあらゆる出来事を反映するその様子は、まるで「神ありて告げぐるがごとし」であるといい、あたかもアダム・スミスの神の見えざる手や、近くは一九八〇年代初頭にリバタリアニズムの思想家として世界を席巻したM・フリードマンらの『選択の自由』の冒頭部分をみるかのようである。[28]

たとえば、幡桃は、米の供給に関する政策の失敗に関連して、統治する者には、理に適った公平な商品の分配をする責任があるということと、これらの統治者たちは商人たちが市場を操作するそのやり方に干渉すべきではないということを述べている。[29] 他方、幡桃は、商人たちが、公共的善への奉仕が要求されたときには、彼らは一商人として莫大な利益を得ようとして画策してはならず、そこでの規範は、市場の活動との関連で承認されるもの、公正でなければならないともいう。それゆえ、商人の中心的活動に干渉することなく、市場の原理に依拠するということへの同意が大事な要素だと主張する。市場は、権力者たちに、興味を抱かせない、基本的な規範によって決定されている。幡桃によれば、正しい経済的知識を知らされているのではない限り、緊急の政府の干渉はまったく有害であるというのである。[30]

幡桃の述べる市場原理の性質や位置づけは必ずしも明確ではないが、少なくとも正しい経済的知識を有さない干渉の危険性に警鐘をならしており、幡桃においては市場原理の中で、知識の発見・伝達が占める重要な位置づけについては意識されているといえよう。

4　日本型市場倫理の可能性——好奇心と寛容

著名な経済学者のアマチュア・センは、大江健三郎との往復書簡の中で、日本の経済発展を支えた倫理的価値観をめぐり、日本における経済学とモラルとを組み合わせようとする態度に着目している。[31] センは、日本の経験は、経済発展に果たす行動倫理の役割に対する理解を革命的に変えさせたという趣旨の発言をしている。「禁欲的でどちらかというと不寛容な道徳観を持ち、独善的で利己主義的なプロテスタントの倫理こそ、あるいはそれだけが、最も効果的な経済的発展をもたらすと、マックス・ウェバーやリチャード・タウニーなど、あれほど偉大な社会思想家たちも唱えていました。日本の経験は、それまで支配的であった、このようなヨーロッパ思想が間違っていたことを例証した。」という記述がなされていることは、非常に興味深い。さらに、センは、日本の経済活動に影響を与えた様々な道徳的価値観として、「集団責任、個人間の信頼、相互扶助、個々人の行動を束ねる暗黙の契約（人と神との間で取り交わされる契約ではなく、同じ集団内の人と人との間で取り交わされる契約）」などを重んじる価値観を取り上げている。センは、このような日本の価値体系を評価しつつも、他方で、危機的状況に直面した場合には、従来の価値体系を超える価値体系を必要としていると述べ、競争の価値を受け入れることの重要性を示唆している。その理由として挙げられているのは、競争の価値を受け入れることにより、経済的支配者の力を抑制する力が生み出され、競争のない世界に生じる「縁故」や「馴れ合い」から生じる弊害を矯正し、社会倫理を豊かにすることに貢献すると考えられるという点である。

右で展開した江戸期における市場経済の発達やセンによる分析は、明治期以前の日本国内での充実した経済活動の長い蓄積の中で、いわば日本型の市場倫理といえるような、信頼や協働を生み出すようなルール群が培われてきたことを明らかにする有力な手がかりである。こうした日本の市場におけるルール群は、神との契約という形ではない合意から発展した契約概念の存在を示唆している。しかし、日本型の伝統的な市場倫理の中に、自分たちの共同体に属さない異質な者同士における自由な競争の価値を尊重するという態度が欠ける傾向があることは否めない。また、こうした信頼や協働も、自由な競争における合理的な信頼——自由な競争の基盤となるものである——の尊重の気風とは、必ずしも結びつくものではない。では、自由競争を尊重することは、伝統的な日本型市場倫理と二者択一的関係に立つものなのだろうか。自由競争の尊重という倫理の基礎にある好奇心と寛容という側面から、この問題を捉え直してみたい。

すでに度々指摘したように、新奇なものに対する好奇心や、多様な見解への寛容は、市場経済を正常に機能させる条件として、極めて重要な市場倫理の一つである。だが、こうした好奇心や寛容の精神は、はたして、日本において、伝統的に、尊重されてきたのであろうか。むしろ、日本の儒教道徳の中では、必ずしも尊重してきたとはいえないのではないかという疑問や批判が提起されることが十分予想される。しかし、こうした疑問や批判の基礎にある感覚もまた、網野が江戸時代の社会像で見破ったように、一種の虚構なのではないだろうか。

著名な社会学者ロナルド・ドーアは、江戸期における教育に関する書物で、日本人の伝統的な道徳としての儒教倫理と教育について、詳細な紹介と検討をしている。(32) ドーアによれば、日本の繁栄の基礎は日本型儒教倫理にあるとする。日本文化に造詣が深く、かつ日本人と異なる出自のドーアが、日本文化をみる視点は新鮮である。

江戸時代の儒学の隆盛は、家康以降であるが、一八世紀後半になると、各藩校が続々と設置されるようになった。そして、一七八七（天明七）年に老中に就任した松平定信が、儒学尊重の方針を幕府政策の基調とするに及び、大いに促進されたという。しかし、その政策は、一八世紀に益々対立を深めていた宋学と他の学派との対立に関わり、道徳主義で厳格主義的な宋学派の肩をもつものであった。定信は、一七九〇（寛政二）年に、幕府の機関となっていた林家の学問所の学頭に対して、宋学派の教義を忠実に守ること、この学校から「新奇之説をなし」その「流行、風俗を破候類」の「異学」を追放することを命じる通達を出した。この示達が、有名な「寛政異学の禁」である。ドーアは、この異学の禁が日本における儒学の展開に一大転機を画したとみている。(33)

元来、宋学、ないし朱子学は、いわゆる保守主義的な傾向をもち、その思想は自己の内的探求へと向かう傾向があったといえよう。また、禁制の対象となった宋学の反対派は、その教義が古典の直接研究を寄りどころとしていたところから漠然と「古典派」と呼ばれ、荻生徂徠の影響を受けていたといわれる。彼らの教義は、「単に好ましくない多様性を助長するものではなかった。それらの諸々の教義は多様性の積極的効用、すなわち独創性と自由な批判を促すものであった」とドーアは表している。[34]

このような異学の禁の例をみるならば、新奇性や好奇心という倫理に関しては、我が国が十分に恵まれた環境にあったとはいえないようである。たとえば、スイスの思想家ブルクハルトが描いたルネサンス期のイタリアの状況と対比すれば、江戸期が新奇性を尊ぶ気風に満ちていたとはいえないのかもしれない。[35]

しかし、江戸期の保守的な傾向をもって、新奇性や好奇心という倫理が我が国とは無縁であると断じるのは、あまりに素朴すぎるだろう。一見逆説的な表現となるが、この異学の禁という事件にこそ、日本における好奇心、新奇性への抑制の強力な傾向性が示されていると、筆者は考える。異学の禁で宋学以外の学派を抑圧しようという政策が強行されざるをえなかったという歴史的事実そのものが、そうした新奇性や好奇心が育まれてきた土壌が確固として存在していたことを、示しているからである。異学の禁にいたるプロセスは、漢学としての宋学にとどまらない学問の伝統が世の中で根強く存在し、そこには好奇心や新奇性を積極的に取り入れる傾向があった徴表とも評価しうるのである。

またドーアは、著名な学者中江藤樹（一六〇八—四八）が、その後年において、明の学者である王陽明の説を奉じるようになったという事実に言及しているが、この中江藤樹の例も、新奇性や好奇心に深く関わっている。[36]

この中江藤樹の学問上の歩みは、二つの時期、朱子学を奉じた時期と陽明学を奉じた時期とに分けられている。藤樹は、その後半の時期において進歩的な王陽明の著作に出会うことにより、隠遁生活で終わらず、実践的な生活を営み、それが彼を著名にするに至ったといえるだろう。こうした藤樹の学問への自由な態度は、内村鑑三が一九〇八年に日本のヨーロッパ諸国への紹介として書き、英語で刊行された『Representative Men of Japan』の中で紹介されている。この中で、藤樹が門弟に対し、「いにしえの聖賢の論著には、現在の社会状態には適用できないことが沢山ある。」と語った史実が紹介され、藤樹が古典に対して、まったく自由な態度をとっていた点が強調されている。(37)

江戸期の市場経済や好奇心に関わる思想的ないくつかのエピソードを紹介したが、もちろん、こうしたエピソードは、限られたものに過ぎない。しかし、多様性への尊重、実践と結びついた新奇性、好奇心への傾向や精神的風土が、日本にもしたたかに存在していた可能性を少なからず明らかにするものであろう。こうした可能性は、日本でも伝統的に培われてきた寛容さや信頼という倫理と結びつくことで、日本型市場倫理の確立へと向かう方向性を有している。ただし、同時に、異質な者の間での合理的な信頼や、自由な競争への尊重という価値観の徴表は、日本においては、それほど明確に示されているものではないことも認めざるをえない。やはり、現代において市場経済が正常に機能するためには、自由な競争の尊重という価値観が、重要な役割を担っている。そこで、必ずしも日本の伝統的な倫理とは断言できないとしても、自由な競争への尊重という価値観が、伝統的な倫理群に重なって展開していくことは、決して実現不可能でなく、むしろ市場経済を正常に機能させるためには望ましいし不可欠なのである。

三　現代型取引における「合理的信頼」

市場経済が正常に機能するために必要な市場倫理の中でも、合理的信頼の構築は極めて重要なものの一つである。すでに何度も強調してきているように、異質な者同士の結びつきは容易に不信に陥ってしまうため、合理的信頼を構築する要請は高くなるからである。現代の市場経済と法的規制の特徴は、この異質な者同士の結びつきという市場の特質が、その領域を拡大して、生活のあらゆる側面にわたって顕在化してきたことにあるといえる。合理的信頼を構築する手段として、法的な規制の果たす役割が増大している。こうした傾向は、今後、市場のいわゆるグローバル化が進むにつれて、加速していくに違いない。日本においては、「信頼」という価値は尊重されてきたものの、伝統的には異質者よりもむしろ共同体の内部で価値観をほぼ共通する同質者との間に築かれるものを、その対象としてきた。とすれば、こうした同質者間での信頼という価値を尊重する日本人の態度は、異質な者同士で信頼を築き挙げる市場の枠組みの中では、どのような様相をみせるのであろうか。言い換えれば、異質者同士の間で信頼を育成していく仕組みとして、法は有効なスタンダードを提供するといえるのだろうか。市場倫理に対する法システムの対応として、現代型取引における合理的信頼の育成の問題を、電子取引を素材にして概観してみたい。

1　異質者間における信頼と電子取引

電子取引とは、インターネット技術（TCP/IP）を利用したコンピュータネットワーク上の商取引のことである。電子取引のような先端領域の分野においては、既存の法律を適用するのは限界があり、まさに、電子取引の領域の固有の法規範やスタンダードの生成こそが問題である。このような状況は、電子取引という先端分野で活動している各国にほぼ同一なのであって、法の継受問題が論議される場面とは様相が異なっていることは明らかである。

周知のように、電子取引の技術や経済活動への導入は、法システムの構築の速度より何歩も進む形で進んできており、法規制がいわば後追い的な状況となっている。電子取引は、インターネットという仕組みに組み込まれて利用される性質上、必然的に同質的な空間の境界を超える方向性を有している。取引の相手方は、親密な絆で結ばれた同質的な閉じられた空間に限定されず、異質者同士の取引がおこなわれる可能性は飛躍的に増大する。

従来、諸外国とりわけ米国と比較して、日本における電子取引市場の規模の小ささが指摘されてきた。しかし、

B to B（事業者対事業者間取引）での比較と、B to C（事業者対消費者取引）での比較では、従来B to Cの差が際だってきていたことに、より一層の注意が向けられるべきである。たとえば、B to Bに関しては、一九九八年、通産省とアンダーセンコンサルティングとの合同市場規模調査ではアメリカの二年遅れであるとされたが、二〇〇二年二月に発表されたアクセンチュア（旧アンダーセンコンサルティング）、経済産業省、電子商取引推進協議会（ECOM）による「平成一二年度電子商取引に関する市場規模・実態調査」ではアメリカの一年遅れであるとされた。[38]他方、B to Cに関してはどうか。同じく一九九八年の調査では、日米の格差は四〜五年であったが、二〇〇二年の調査の分析においてはその差が縮小したとはいえ三〜四年遅れがあると推定されていた。[39]もちろん、こうしたB to BとB to Cとの市場の規模や伸び率の相違は変遷し、次第に縮小していくことも十分予想される。[40]

注目したいのは、電子取引という新しい取引の仕組みが拡大するにあたって、事業者同士に比べて、消費者と事業者との間の取引における浸透の点での、日本の市場の特徴である。こうした特徴は、どのような原因から生じたのであろうか。もちろん、日本において、B to Cの市場規模やEC化率が小さく、その伸び率も低いのには、様々な複合的な要因が複雑に絡み合って生まれたのであろうから、一つの原因を強調することは、無謀と映るかもしれない。しかし、見えない相手である、システムに関する信頼への希求性の強弱の傾向性が、B to Cの取引の規模や伸び率に対し、少なからず影響を与えているということをあえて主張したい。言い換えれば、企てが失敗することに関しどのような態度をとるか、多少失敗しても投機的な行為をおこなう、まずやってみようという態度が肯定的に捉えられているか、あるいは失敗はできるだけ避ける方が望ましいという生き方が許容されているかの差といってもいい。また、仮に投機的な行動をとったにしても、その投機的な行動が失敗すれば、自分ではなく、そのような投機的な行動に自分を誘った者たち――社会も含めて――に責任を求めるという態度は、投機的な行動を肯定的に捉えるという前者の態度よりも、むしろ投機的な行動はできるだけ避けるべきだという後者の態度の変形版といってよいだろう。こうした変形版まで含めれば、日本におけるB to Cでは、消費者は、投機的な行動に対しては消極的な態度をとりがちだといえる。電子取引のような新しい取引システムが、入り口の段階でスムーズに受け入れられるかどうかについては、むしろ多少失敗しても投機的な行為に挑戦してみるという前者の態度の方が、どちらかといえばスムーズに進むとはいえるだろう。

では、賢明さという点でいえば、どちらの態度の方が、賢明な態度だろうか。この点では、一見すると後者の態度、つまり失敗はできるだけ避ける方が賢明のようにみえるかもしれない。しかし、第三章、第四章で展開してきたように、市場において自律的な選択をしていくためには、単に保護される主体として自意識を衰退化させるのは望ましくなく、自意識が確立していくことこそが必要なのである。そして、充実した自意識が確立するためには、取り返しがつかない失敗ではないという条件つきではあるが、失敗することこそが有効な手段なのである。とすれば、失敗というリスクの計算をおこなう条件の下で、市場の参加者としては、多少の失敗をしても投機的な行為をおこなう、まずやってみようという態度の方が、むしろ賢明なのである。

2　認証の仕組みと法文化

投機的行為や失敗を避けるという傾向は、電子取引をめぐる法規制に関して、別の側面でも影響を与えている。これが電子取引における電子署名の問題である。投機的行為あるいは失敗を回避するという傾向は、確実な予見可能性を求める態度と結びつくともいえるだろう。そこで、この予見可能性をめぐっては、電子取引の当事者が最も関心をいただく問題として、サイバースペース上でどのような形で確実に本人であると確認することができるのか、つまりいわゆる電子署名の問題がクローズアップされている。

電子取引においては合理的信頼を阻害する特有の要因としては、様々な要因が考えられるが、相手方が目に見えないことから、紙ベースの契約において当然のように与えられていた信頼が成り立たないことから生じる要因が重大である。すなわち、サイバースペース上での当事者が本当にその当事者なのかという不安がその大きな要因になっているといえるだろう。事業者対消費者のB to Cは、事業者同士のB to Bに比べると、そうした不安は顕在化しやすい。一般的には、消費者は、事業者に比べて、技術的にも劣り、情報量にも大きな差があり、加えて、電子取引では、一般に技術的に高度で複雑な仕組みが前提とされているが、この仕組みを提供するのは、事業者だからである。そこで、市場に参加する消費者たちに取引への不安を抱かせないためには、本人確認、すなわち契約当事者が真正な身分を有する、責任を引き受けうる地位にあることを証明されていることが必須となるだろう。

従来、日本においては、紙ベースの契約つまり紙の契約書を作成するタイプの契約であれば、不動産など重要な財産の取引においては、印鑑証明書などにより本人の証明が付与されるなど、取引形態に合わせて信用供与の形が発達して、取引が円滑に進んでいた。こうした印鑑証明に準じるような、本人の証明のための仕組みがサイバースペースでも構築できないかという問題としても言い換えることができるだろう。これがいわゆる電子署名の問題であり、二〇〇〇年前後から、各国で本人確認に関する法律が続々成立し施行されている。我が国でも二〇〇〇年に電子署名及び認証業務に関する法律（電子署名法）が成立し、二〇〇一年四月に施行された。

合理的信頼を構築するためには、一定程度の予見可能性が確保されている必要があり、電子署名法には、その役割を果たすことが期待されている。そして、さらに予見可能性を確保する有用な手段として思い浮かぶのは、電子署名について、いわゆる標準的仕様が確立されていることであろう。標準的仕様を支えているのは、或る特定の仕様につき、法的な強制力があるわけではないが、一般的によく使われている、あるいは何らかのオーソリティによって裏打ちされているために、この仕様を用いれば、まず失敗しない、損はしないという感覚である。標準的仕様が確立されていなければ、電子署名をおこなう仕方について複数ある選択肢の中から、様々な衡量の上で選択しなければならず、しかも、選んだ選択肢がはたして安全なものかどうかは、必ずしも保証されてはいない状況に直面せざるを得ないからである。

では、電子取引の領域では、標準的仕様がより一層促進されていくべきであろうか。標準的仕様という仕組みの有する正の側面のみならず、負の側面も意識されなければならない。とりわけ、負の側面は、技術的進歩が著しい分野において明らかになるからである。というのは、電子取引のような技術的進歩が著しい分野においては、何らかの意味で権威のある機関――行政機関であれ業界団体であれ――が標準仕様を提供するならば、その領域での技術の進歩を阻害する可能性が高いのである。本書で展開してきた議論によれば、新奇性を希求する傾向は、市場経済が正常に機能するためには、極めて重要で稀少なものである。こうした点を考慮すれば、技術の発展を阻害する方向性を有する標準仕様については、慎重に扱われるべきではないだろうか。標準仕様を提供するという一定の形の法的枠組みを使い信頼を構築するシステムを提供しようとする場合であっても、合理的信頼構築と新奇性という価値のバランスが慎重に考慮されなければならないと考える。

3　認証と合理的信頼

合理的信頼の構築を検討するにあたって、留意すべき重要な点が、もう一つある。それは、「信頼」といっても、実は、その内容が一様ではないということである。信頼の内容に関しては、いわゆる電子署名に関する法としての電子署名法における電子認証機関に対する規制への各国の反応の仕方に、国による「信頼」の構築の仕方の興味深い相違が看て取れる。日本においては、二〇〇〇年に電子署名及び認証業務に関する法律（電子署名法）が成立し、その後改正が加えられているが、この電子署名法の特徴を通じて、合理的信頼の構築の仕方を分析してみたい。

まず、この電子署名法は、電子署名に関して、電磁記録の真正な成立の推定を規定するという重要な機能を有している。電子署名法三条は、「電磁記録であって情報を表すために作成されたもの（公務員が職務上作成したものを除く。）は、当該電磁記録に記録された情報について本人による電子署名（これを行うために必要な符号及び物件を適正に管理することにより、本人だけが行うことができることとなるものに限る。）がおこなわれているときは、真正に成立したものと推定する。」と規定する。すなわち、電子署名の付された電子文書には、それが真正に成立したという推定効が与えられるわけである。したがって、本条の適用のある電子署名の付された文書には、文書の成立の真正につき、「私文書は、本人又はその代理人の署名又は押印があるときは、真正に成立したものと推定する。」という民事訴訟法二二八条四項と同一の効果が与えられるということになる。

次に、電子署名法は、電子署名の推定効という重要な効果に加えて、もう一つ重要な機能を果たす規定を置いている。それが、特定の認証業務に関する認定の制度に関する規定である。簡単にいえば、国家が認証業務を扱う機関を運営するわけではなく、認証業務をおこなう事業については、市場に委ねられている。国家がおこなうのは、こうした認証機関に対する認定制度であり、任意の認定制度として運用がなされている。

以上のような、電子署名法の果たす機能の可能性は、日本のようなあり方――電子署名の推定効ならびに任意の認定制度――が、唯一のものではなく、実際、世界の各国において一様ではない。認定制度については、他国では、日本と同様に、任意の認定制度を採用した国々も相当数ある。他方、アメリカの州の中には、任意の認定制を採用していない州もある。またイギリスのように登録制度は認めるが、日本が民事訴訟法二二八条四項で認めているような推定効を認めなかった国もある。信頼構築のための予見可能性に対して配慮して制度を構築する点は共通点があるものの、アメリカやイギリスのように大枠だけを決めて個々のケースの積み重ね等に任せるという方向性と、日本のように国が相当部分まで決定することで国民の信頼の構築をおこなおうというそれぞれの方向性とに、大別することができるという指摘がされている。(41)

電子取引という仕組みが新しく導入されたことは各国それぞれに共通であるにもかかわらず、信頼構築のための制度構築の方向性には相違がある原因は様々であろうが、その原因には、仕組み構築に対する信頼の質が反映しているといってよい。こうした信頼の質の違いは、伝統的にいわれてきた法文化における法族の枠だけでは説明しきれない(42)。たとえば、電子署名法の策定作業に直接関わった通産省（現経産省）メンバーがEUの状況の紹介をした箇所での発言において、興味深い発言がある。彼は、EUにおいては、ドイツ、フランスでは国民の信頼を構築するために国が相当部分まできちんとした規定をしていくアプローチが一般的にとられている、他方オランダはイギリスと並んで、なるべく国の規定する部分は少なくするというアプローチを援用していると説明している(43)。

信頼の質に関しては、国家が仕組みの提供にどの程度のイニシアティブをとるかということも、多大な影響を与える。日本における電子認証の仕組みには、とりわけ国家によって提供された仕組みの提供が相当な影響力を有している傾向が見受けられる。そもそも、日本においては、電子署名をめぐってはその予見可能性に対するかなり強い希求性があり、それは以下のようなエピソードにも現れている。先に紹介した電子署名法の策定作業に直接関わった通産省メンバーの一人の言葉によると、策定作業の中で、「なぜ認証機関に対する許可制ではないのだ。」という予想外の質問を多く受けたという。つまり、なぜ、認証機関の設立を入り口段階で規制せず、特定機関の認証という仕組みを採用するのかという質問であろう。こうした質問の背景には、認証業務というのは、日本では従来法務局、市役所がやってきたのであって、電子署名については民間もその機能を担うことを認めるところまでは理解できるが、それを野放しにしてよいのか、許可制でなくてよいのかという意見が多かったのだという。こうした意見に対しては、通産省メンバーは、電子商取引はこういうもので、世界的にこうだ、つまり任意の認定制であって許可制ではないということを説明したという(44)。

では、こうした質問をした人たちはどのような意識に基づいて、許可制を本来的な形であると想定したのであろうか。彼らの頭の中には、電子取引のような新しい仕組みについては、国家が信頼の構築に対して責任を負うべきで、相当部分の役割を果たすべきだという発想があったのかもしれない。しかし、彼らは、仮に国家が主導的な役割を担うならば、市場において創意工夫がなされることが阻害される危険性が存在することまでは意識していなかったといえよう。あるいは、意識しても、そのような危険性はたいしたことはないと思っていたのかもしれない。仮に、契約の当事者たちが、極めて強度の予見可能性の確立を要請したとしても、電子取引における予見可能性と創意工夫、新奇性の発展とのバランスを意識しながら、進んでいくべきである。また、公的な認証サービスが民間の認証サービスよりも先取りして発展していくことは、最低限の予見可能性を確保するような大枠を決め、その中で事例を重ねていきつつ信頼を確保するような形態での、新奇性の尊重とバランスを取った形での信頼構築への流れが、自生的に発生していくのを阻害する恐れすらある。

さて、日進月歩の電子取引の社会では、本書に書かれている内容も直ぐに古いものになってしまうであろう。したがって、本章で扱った電子取引という先端技術をめぐる法を中心とする環境整備問題は、情報の提供が目的で記述されたのではなく、契約法に関わる日本の法文化を分析するうえでの単なる説明装置である。本章後半で展開したかったのは、法教義学や法教義学に結びつけられた法概念の影響から比較的切り離された領域においては、いわゆる法意識と呼ばれるもの、たとえば信頼の構築の仕方などが、法的な仕組みにも強い影響力を有していることが象徴的に示されるということである。したがって、日本における市場倫理、たとえば日本における合理的な信頼につき、その現状をどのようなものとして把握し、そしてどのようなものであるべきかということを検討することが、まさに密接な関連性を有してくるわけである。

法文化、法意識などを実証的に扱うという事実的なアプローチからすれば、市場と法文化を考えるにあたっては、具体的な領域、たとえば日本における合理的信頼に関する様々な立場からの分析が極めて重要となろう。本書のように、異質な者同士の競いあう場の中に、多様で自律的な生き方の実現の可能性を探索するべきであり、市場に対する法的規制に対しても、こうした視点を採り入れた規範的なアプローチをおこなうという立場に基づけば、安定的で実現可能な法システム構築のためには、事実的な要素、たとえば日本における信頼の質の分析も重要な一要素となりうるわけである。

自由競争原理については、伝統的な価値観との整合性を意識したうえでの導入が必要であるとしても、市場倫理全体との関係では、従来想定されていた以上に、日本においても、自国という領域に留まらない性格を有する市場倫理群に対して親和性が存在するのではないかと考えている。同時に、個別の取引類型という領域的な要素を無視することはできない。たとえば、合理的信頼の構築という市場経済にとって重要な要素に関して、信頼の質、中身は、普遍的な全世界的に通底する要素のみならず個別な領域的な要因を背負っているという点に留意することで、より一層的確な分析が可能になると考える。そして、こうした諸要因に対する考慮の必要性は、合理的信頼以外の、知識や企業家精神のような市場倫理についても等しく妥当することなのである。

第六章　注

（1）本章は、拙稿［山田八千子 2003］に基づいて加筆修正したものである。

（2）たとえば、保証契約について、身元保証契約との関連での日本法における関係的契約理論の有効性を提起する展開なども、この流れに含ませることもできよう。［内田 1990］二二九―二三八頁、を参照。

（3）［UNIDROIT 2004］iii頁、を参照。なお、法規範群とは、法文化を扱う本章の性格上、本章の中では、民法典だけではなく、特別法、判例・下級審判決などを含む、広範な意味で用いることにする。

（4）国際商事契約原則の成立経過とその翻訳としては、［UNIDROIT 2004］、を参照。
（5）私法統一国際協会（UNIDROIT、ユニドロア）の意義や動向については、同協会の http://www.unidroit.org/ に詳しい。
（6）［内田 2000］二六〇頁、を参照。
（7）電子消費者契約及び電子承諾通知に関する民法の特例に関する法律第三条（平成一三年成立）。
（8）［ハルダッハ＆シリング 1988］、を参照。また、日本においても、市場が共同体の境界で発達してきたという指摘としては、［網野 1996］、を参照。なお、商人による秩序形成と国家法との関係については、［Stringham 2006］の第Ⅲ部所収の諸論文および［曽野 2006］、を参照。
（9）［網野 1997］一五三—一五四頁、を参照。
（10）［石井 1982］一六一—一六三、二一四—二一七頁、を参照。
（11）［網野 1997］一五一頁、を参照。
（12）［網野 1997］一三八頁、を参照。
（13）［網野 1997］一三五頁、を参照。
（14）［柴田 2003］一四〇—一四二頁、を参照。
（15）［堅田 2003］一〇一—一〇二頁、を参照。
（16）［高橋 2003］一二五—一二六頁、を参照。
（17）懐徳堂の概要については、［湯浅 2001］、［宮川 2002］、［子安 2004］等、を参照。
（18）［子安 1995］二一一頁、を参照。
（19）［ナジタ 1992］一三五頁、を参照。
（20）［ナジタ 1992］一九頁、を参照。
（21）山片と富永の著作は、［富永・山片 1973］にある。

(22) ［ナジタ 1992］ 一五一頁、を参照。
(23) ［ナジタ 1992］ 一五一頁、を参照。
(24) 利潤の正当性を肯定する二つの立場のうち、本書は、市場経済における知識の伝達・発見を重視するわけであるから、石門心学よりも懐徳堂の論者の立場の方により共感を覚える。
(25) ［ナジタ 1992］ 三九五頁、を参照。
(26) ［草間 1929］、を参照。
(27) ［富永・山片 1973］ 一三一―一三八頁、を参照。
(28) ［富永・山片 1973］ 三〇三―四〇一頁、を参照。［M・フリードマン & R・フリードマン 1980］、を参照。
(29) ［富永・山片 1973］ 三七二―三七三頁、を参照。
(30) ［富永・山片 1973］ 三七八―三八五頁、［ナジタ 1992］ 四三二―四三五頁、を参照。
(31) ［セン 2000］.
(32) ［Dore 1965］ 1–32 （一―三〇頁）. を参照。
(33) ［Dore 1965］ 14–32 （一二―三〇頁）. を参照。
(34) ［Dore 1965］ 26–27 （二三―二四頁）. を参照。
(35) ［ブルクハルト 1989］、を参照。
(36) ［Dore 1965］ 19 （一六頁）. を参照。
(37) ［内村 1995］ 一二頁、を参照。
(38) 平成一九年五月に経済産業省より発表された「平成一八年度電子取引に関する市場調査」では、日本におけるB to B市場の規模は拡大し、狭義のＥＣが、一四八兆円で、前年と比較して五・三％増、広義のＥＣが二三一兆円、前年と比較して、三・五％増となり、一方米国におけるＥＣ市場規模も拡大し、狭義のＥＣは九五兆円、前年と比較して、四・〇％増、広義ＥＣは一九六兆円、前年と比較して三・六％増となった。なお、狭義のＥＣとはインターネットによる商取引を計上したものを指し、広義のＥＣは、インターネットによる商取引に加えて、インターネット以外のＶＡＮや専用線等によるコンピューター・ネットワークシステムを介した商取引も計上する意味で用いている。この用語は、経済産業省による「電子商取引に関する市場調査」の結果公表による。平成一八年度電子市場取引に関する実態・市場規模調査（http://www.meti.go.jp/press/20070511003/20070511003.html）、を参照。

(39) http://www.meti.go.jp/kohosys/press/0001317/0/0201ecom1−1.html を参照。

(40) 平成一七年の電子取引に関する調査によれば、Ｂ to Ｂの市場規模については、狭義のＥＣでは九二兆円、広義のＥＣは一八九兆円であるのに対し、日本の市場規模は、狭義のＥＣでは一四〇兆円、広義のＥＣでは二二四兆円となっている。日米の経済規模の差をふまえ、これらの数値を電子商取引化率（ＥＣ化率）に換算すると、狭義のＥＣについては、アメリカ五・七％に対し日本では一二・九％、広義のＥＣについても、アメリカ一一・九％に対して、日本でも二〇・六％とほぼ二倍となっており、日本ではアメリカに先行して電子商取引化が進捗している。しかし、Ｂ to Ｃの市場規模については、アメリカは一五・九兆円であるのに対して、我が国では、三・五兆円であり、ＥＣ化率に換算しても、アメリカ二・四％に対し、日本は一・二％と低くなっている。http://www.meti.go.jp/press/20060626003/kekkakouhyou-set.pdf を参照。しかし、前述した平成一八年度の調査では、Ｂ to Ｃの市場規模は、金額では、アメリカが大きいものの、伸び率では、日本の方が大きいことが示されている。また、［情報産業白書 2005］一五四頁、等も参照。

(41) ［稲垣 2000］二―三四頁は、実定法学者と行政側との電子取引の法整備をめぐる座談会である。

(42) ［大木 1992］一一七、一三五―一四三頁、を参照。

(43) ［稲垣 2000］一四頁、を参照。

(44) ［稲垣 2000］一二―一三頁、を参照。

Ⅲ　契約法理論から法概念論へ

序

第Ⅰ部および第Ⅱ部では、契約実践や契約法に直接的に関わる問題群を扱ってきた。この第Ⅲ部の冒頭においては、いささか両極端な裁判官像を挙げてみることから始めたい。一つ目は、意志（意思）なき生物いわば機械のように、価値判断が混入しないという意味で客観的な判断を下す裁判官像である。二つ目は、裁判官自身の勘に従い、勘の赴くままに判断を下したり、個人的な偏見を振り回したりするという意味で、まさに恣意的という意味での主観的な裁判官像である。

まず一つ目の機械のような裁判官像観の前提には、裁判における審理・判決には、個別の裁判官の属性から生じる操作可能性を一切捨象することが可能であり、かつ操作可能性は存在するべきではないのだという立場が据えられている。しかし、現実の法実践を想起してみれば、この操作可能性がゼロでありうる、あるいはゼロであるべきであるという前提は、たとえば完全無欠な法典を作成するということを含意するのであって、私たちは、この前提をリアリティに欠けるものと直観的に感じるのではないか。また、理念的にみても、このように操作可能性が捨象した状態が、完全に、あるいはほとんどの場合に実現しているという状況自体が、必ずしも望ましいとはいえないだろう。というのは、こうした立場は、たとえば進化の頂点に達しているが故にもう先には進めないような、極度に静的な社会を暗黙のうちに前提としているが、このような社会は望ましい社会ではない。少なくとも、契約法という市場経済と関わる領域に限って考えれば、市場経済におけるダイナミズムを把握する道具としては、明らかに不適格であろう。

二つ目の恣意的で偏見に満ちた裁判官像は、徹底して解釈者たる裁判官の主観に左右される裁判官像である。このような意味での主観的な裁判官像は、一つ目の機械としての裁判官像がリアリティを欠如していたことと比較するならば、現実にあり得るという点では、少しはもっともらしい。しかし、裁判とは、裁判官のまったく恣意的な判断により運用されたり判決が下されたりしているのではなく、何らかの意味での客観性に支えられているという確信を、私たちは、程度の差こそあれ、有しているといえよう。自分たちは、他の人間の意のままになるものではなく、非人格的な制度としての法制度によって保護されているのだと考えたい傾向を馬鹿げたものとして捨て去ってしまうのは、難しい。もちろん、こうした確信は、「では、あなたの確信を誰もが納得しうるような正当な論拠に基づいて整合的に展開してください。」と要請されれば、戸惑いを覚えて口籠るような素朴なものかもしれない。契約当事者たる大多数のビジネスマンのような法の素人は、法制度に対して、裁判官の意のままになるものではないという意味で、ある程度非人格的な制度であるという一種の信頼を抱いているのが通常であろう。また、法実践に携わる実務法曹、あるいは実定法学者の間でさえ、法制度の非人格性への確信は根強く存在しているといえるだろう。このような確信は一種の信仰に似ており、単なる幻想であり、こういう確信を排除しない唯一の理由は法の素人を偽るということで社会にもたらされる実益のみであるとする立場も可能である。しかし、こうした幻想を徹底することは、裁判制度自体の正当化の基盤を掘崩して信頼を失墜させ、ひいては、いわゆる法の支配という理念を捨てさるに等しい(1)。裁判制度への信頼や法の支配という理念は、公共性がある、いわば公共的な価値を有していると考えられ、簡単に捨て去ってしまうには躊躇を覚えるところであって、できれば、この戦略も回避したい。

おそらく、私たちは、こうした極端な二項対立的な裁判官像の間に存在する中庸の、ありうる領域のどこかへ向かっていくべきなのだろう。実際、認識が客観的で、評価が主観的であるというこの二項対立の図式から脱却し、

「評価が誰かの判断であるという意味で主観的であることは、科学における観察報告が誰かの判断によるという点で主観的であるのと本質的に異ならないということを当然の前提とした上で、評価の理由づけの問題に取り組」んできたのがドイツや英米の法律学的方法論であるという指摘もなされている。(2)

法律学方法論の成果は我が国の法哲学界においても取り入れられ、緻密で充実した議論が展開されているところである。(3) この第Ⅲ部では、こうした日本における法概念論や法的思考論の成果を前提とはするが、全貌を紹介したり整理したりすることを主要な狙いとするものではない。膨大な法概念論の蓄積を紹介することにではなく、本書の目的が、自由を基底として、市場における私法ないし契約法の姿を描き出そうという試みの中で遭遇した問いとの関連で法概念論の争点を検討していくということにあるからである。まず、認識の対象となる法システムや法規(percepts)・法命題（legal position）・法規範（legal norm）の性質の領域を扱うが、これは、伝統的には What is law という意味での法とは何かという問題領域に属し、特殊な規範体系としての法を同定しようとするものである。続いて、法律学的方法論とか法的思考・法的推論（legal reasoning）と呼ばれている領域において発生する問題を検討したい。What is the law という意味での、その法が何なのかという問題である。すなわち、ある法規ないし法命題を素材とし、解釈という営為を媒介して、「～せよ。」あるいは「～するな。」という規範的な主張をすること、つまり法解釈（legal interpretation）をすることはどういうことなのかという問題であって、特殊な思考様式・推論様式としての法的思考を解明する。

裁判官による法解釈という作業構造がどのようなものか、言い換えると、その作業対象たる法文のテクストや事実に対して、裁判官がいかなる関わり方をしているのかをめぐっては、様々な立場がありうる。私たちの直観に根ざした立場とは何か。「私たち」と漠然と述べたが、実は、法の素人と、法解釈という法実践に関わっているような法の玄人とでは、その直観の間にはズレがあるかもしれない。前述のように、法の素人と法の玄人としての法律家を分離して、ダブルスタンダードを用いる立場もありうる。たとえば、仮に法が極めて不確定的な性格を有しており法曹集団の中では公知の事実であるが、法の素人である一般国民にはそれを暴露しない、つまり法の素人を偽ることが公益に適うというような立場は、十分にありうる。しかし、必ずしも望ましい立場とは思えないし、現代社会で実現可能とは思えない、かえって法への不信感をあおるだけではないか。[4] したがって、そのような立場ではないということだけを確認したうえで、第一段階では、法実践に何らかの形で関わっている者たちの直観を仮定にして進めたい。そして、直観に基づいた結果ではあるが、熟慮の上での批判的反省にも耐えうるような法的思考の理論がどのようなものであるかを検討したい。そして、その検討の終着点として行き着いた、伝統的な見解からすれば、あまりに革新的な立場と評価され、批判も予測される「根元的規約主義」という、現在の自己の立場を提示して、その可能性を探りたいと考えている。[5]

第Ⅲ部　序　注

（1）この箇所で言及した「法の支配」は、L・フラーの提唱した、手続き的自然法、法的ルール群に関わるシステムの生成・維持に不可欠な八つの要素（法の一般性、明確性、無矛盾性、秘密法の禁止、遡及的法の禁止、最低限の時間的継続性、遵守可能性、法令と公権力の一致）が備わっている法体系という意味で、法的安定性の確保に基軸を置いた形式的な意味での概念として用いている（[Fuller 1969] 38–39, 96）。周知のように「法の支配」という概念は、多義的で論争的なものである。フラーの用いたような弱い内容ではなく、法の支配に対して、より強い内容を含ませるべきであるという主張もあるが（[井上 1999b]）、本書は、この立場を否定するものではなく、より控えめで異論の少ないフラーのいう「法の支配」という理念さえ危うくなる事態が生じる危険性という点を指摘したに過ぎない。

（2）[亀本 2006] Ⅴ頁、を参照。なお、亀本は、一九八五年当時の日本の法学界の状況は、いわゆる「法解釈論争」に引きずられ、認識と評価の古い二項対立に囚われていたと評している。民法学における、いわゆる法解釈論争については、論争の発端として、［来栖 1954］、［川島 1964］、［川島 1987］、を、その概要の説明・分析としては、［田中 1994］三五五—三六九頁、［瀬川 1999］等、を参照。

（3）数多い文献の中でも、著書として発表されているものに限り、とりあえず［田中 1989］、［広中 1997］、［中山 2000］、［井上 2003］、［亀本 2006］、［大屋 2006a］、［青井 2007］、の各著作を挙げておきたい。

（4）リアリズム法学の中でルール懐疑主義のみならず事実懐疑主義をも唱えたJ・フランクによれば、フランスの著名な法学者ドゥモーグ（Demogue）は、法の不確定な性格を法の素人に暴露しないように意図的に助言していることを記述して、ドゥモーグが大衆を欺くことの重要性に対して確信を抱いていることを詳細に紹介している。［Frank 1930］238–247（三一四—三二一頁）．を参照。

（5）現在、法哲学者の中で根元的規約主義の立場を鮮明にしているのは、［大屋 2006a］である。

第七章　市場をめぐる法システムへの視座

一　単一中心的な法秩序と分散的な法秩序

市場は、青写真に基づいて設計された秩序ではなく、人の活動により自生的に生まれてきた秩序つまり自生的秩序であり、市場に参加する者の様々な活動によって日々移り変わっていく動的な性格を有している。多元的で様々な価値の共存を望ましいとする自由な社会を尊重する立場において、こうした動的な自生的秩序としての市場経済が果たす役割は大きい。では、契約法を中心とした私法は、こうした市場経済と、どのように関わってくるのであろうか。市場経済と国家法としての法システムとは、必然的な関係があるのか。

経済的自由を含む、すべての自由の最大化を目的とする自由尊重的な立場つまりリバタリアニズムの立場であっても、その論者の多くは、市場秩序と国家の法システムとの一定の関係を認めている。たとえば、第Ⅱ部第三章で述べたように、国家機関の作用を裁判や警察や刑務所などの司法と国防に限定する、ノージックのような最小国家論の立場でさえ、暴力や欺罔行為に対する排除や契約の執行については、自力救済を原則として禁止するという立場、つまり国家の専権事項であるとする。現代社会において、市場秩序から、国家法などの、中央集権的という意味で単一中心的な性格を有する法システムの影響を切り離した社会を想定することは難しい。

しかし、古くは、国家法ないし国家に類似する単一中心的な法システムを前提とせず、あるいは中央集権に対抗する形で、集権的な組織の周辺部分で市場経済に関するルールが発展していったという側面もあり、歴史的にみても、必ずしも市場秩序と国家法としての法システムとは、切り離して想定できないとはいえないだろう。思想としても、中央集権的な組織としての国家の解体を提唱する市場アナーキズムの立場の中には、市場秩序と国家法としての法システムとの切断を試みる一貫した立場を強力に主張する者もいる。非国家機関としての市場に焦点をあてるタイプのアナーキズムは、国家以外のメカニズムとして共同体に焦点をあてる共同体アナーキズム（無政府主義）と対比して、市場アナーキズム（無政府主義）ないしは無政府資本主義と呼ばれている。自然権論的リバタリアンの代表者であるロスバードは、国家のような単一中心的な支配は、平和的な互恵的な経済的利益をめざす市場というシステムとは馴染まないとしており、この市場無政府主義の考え方によれば、市場における自発的な交換を侵害する暴力や欺罔行為の排除や、契約違反の執行の役割を担うのにふさわしい機関は単一中心的な秩序としての中央集権的な国家ではなく、多中心的な分散的な秩序が望ましいことになろう(1)。

もちろん、近代以降においては、国家こそが、市場における自発的な交換を侵害する行為を排除したり自発的交換を執行したりする機関として固有の役割を有していると考えるのが、ロスバードのような市場無政府主義者以外の自由主義の立場である。ただし、市場秩序が、国家などの強制力の行使の境界で発展してきたという側面も無視することはできないし、現代においても、市場秩序と国家法との関係が備えている一種の緊張関係を、無政府主義者は的確に指摘しているのである。たとえば複数国家間の取引において、仲裁のような裁定型のＡＤＲ（代替的紛争解決）の利用が盛んになり、しかも審理機関だけでなく、一定の執行力を伴うような仕組みが市場の中で自生的に生じてきたとしたら、多中心的な秩序を唱える無政府主義者が描く社会は、単なるユートピア構想として退けることはできないかもしれない。

法に基づく制裁（サンクション）によって、人は自分が意欲した活動を束縛されるのであり、この点では自由と法とは対立関係にある。しかし、自由は、liberty、freedom のいずれの意味においても、秩序なき自由としての放縦（license）とは区別されるのであって、秩序の存在が自由を基礎づけるという側面があるのも見過ごされるべきではない。このように、法と自由との関係には二面性がある。一体、私たちは、法によって自由になるのか、それとも法によって私たちの自由は、狭められるものなのか。

いわゆる公法と私法の双方の領域で、法と自由との関係を検討することができるが、本書の対象である私法の領域において、この問いを、契約に関わる法領域に関連した、より具体的な問いに置き換えてみると、次のように表現することができる。契約法や不法行為法のような私法は、私たちの自由な経済活動を狭めるものなのか、それとも、法によってこそ私たちは自由に経済活動をおこない自己実現をはかることができるようになるのだろうか。

二　私法の垂直的／水平的次元

従来、我が国では、社会における秩序としての法のありかた、言い換えると、法と強制との関係ないし法による支配につき、私法を中心とするアプローチがなされることは、比較的少なかったように見受けられるが、私法の側から、法の垂直的次元と水平的次元という伝統的な分類を捉え直すことは、法システムのありかたに従来とは異なる見方を導入することにもつながる。(2) 法の垂直的次元とは、法が有する上から下へと方向づけられた権威的な命令の側面、いわば法の上命下服的な方向性に着目した見方であって、典型的には一九世紀の法と強制を結びつける考え方と呼応する、より伝統的な立場である。他方、法の水平的（vertical）な次元は、垂直的な見方の対比として理解することができる。法が、個人の間に秩序だった相互作用をつくりだすことで、個人の自己規律的な活動に対して信頼できる指針を提供しているとみるような、上から下ではなく、相互作用的な要素に着目した見方は、法を水平的な次元として捉えていることになろう(3)。

このような法の垂直的次元と水平的な次元は、二者択一的な分類ではなく、法システムのいわば属性であって程度の差であるという表現も可能であるが、同時に、法システムに関わる法曹や一般私人がどのようなイメージで法を捉えているかということによって、多大な影響を受けるような性質を有している(4)。法の垂直的次元で捉えるか、水平的次元で捉えるかによって、私法の領域で描き出される法現象の像が異なってくる。

1　説明義務違反と法の水平的次元

一つの具体例を用いて、法の垂直的次元だけではなく、水平的次元から、法現象を描き出してみよう。

周知のように、我が国の一九八〇年代後半から一九九〇年代にかけての経済変動、いわゆるバブルとその崩壊を契機として様々な法的紛争が生じたが、その一つに不動産の値下げ販売をめぐる、売り手と買い手との争いがある。高騰した不動産を購入した買い手の側が、同種の不動産（たとえば買い手のマンション内あるいはその隣の棟の物件）を値下げ販売した売主の側に対して、不動産価格の変動により被った損害の填補を要請する事件が続発した。売主の側の非法レベルでの反論は、端的にいえば、経済的変動に対応した価格、すなわち不動産の市場価が大幅に下落し、当初の値段で売却できないならば、価格を下げるのは正当な経済活動であるということであろう。このような紛争は、事業者間で生じるよりも、売主側がデベロッパーなどの大手不動産業者であり、買主側が居住用物件を購入した個人消費者である場合に生じる事例が目立った。自分の購入した物件が、経済動向の変動などの理由により、自分たちの予測していた価格動向を辿らなかったことに基づき、その損害を補償してくれという主張は、市場の参加者としてはあまりにも虫がよすぎる主張であり、主張自体がそもそも不合理とも考えられる。通常の取引では主張される余地がないだろう。しかし、不動産の価格は程度の差こそあれ右肩上がりであるという神話が実話として、私人のみならず、一時は法曹界にさえも共有されていたことや、消費者にとっては事業者による価額保証がなされたと受け取ったとしてもあながち不自然とまでいえない事業者の言動や、あるいは事業者である売主側は経済変動による不動産の価格の低下をある程度予期していた、あるいは予期すべきだった時期における高価額での不動産購入をめぐる紛争であったという実態が、値下げ販売に対して訴訟という法的手段を採用すること自体は理に適っているとする土壌を形成したといえるだろう。

公団による不動産値下げ販売の事件を扱った平成一六年一一月一八日の最高裁判決は、当事者たる売主が一般企業ではなく公共的性格を有する公団が当事者（売主）であったという特殊な事情も相まって、最高裁が初めて、買主側の主張の一部を認めた事件となった。最高裁は、売主の説明義務違反としての不法行為に基づく損害賠償責任を負うことを認めた原審（東京高裁）の判断を支持して、売主側の上告を棄却した。(5)

事案は、分譲住宅の譲渡契約の譲受人である原告買主が、この譲渡契約の締結に際し譲渡人である被告（売主）から価格の適否を検討する上で重要な事実につき説明を受けなかったとして損害賠償を求めたものである。原告は、被告である住宅・都市整備公団（以下「公団」という。）の団地を賃借し、その団地の建替事業にあたって、建替後の新団地への戻り入居することを選択して、賃借物から退去し分譲住宅を購入した者である。上告を棄却した最高裁が適切な判断であるとした原審である東京高裁は、以下のように判示している。

譲渡契約に際して交わされた覚書は，「買主である」原告らに対し「公募に先立ち，優先して住宅をあっせんする。」と定めていたのであり，原告らとしては，原告らの入居に引き続いて一般公募が行われないというのであれば，本件各売買契約を締結するかどうか，あるいは公団の賃貸住宅や民間住宅への移転を図るかどうかなどについて更に検討する必要があったから，公団は原告らに対し，そのこと（一般公募をしないこと）を説明する義務があったというべきところ，公団はその説明をせず，その結果，原告らは，上記のような点を検討して的確な判断をする機会がないまま，結果として高額な住宅を購入し，そのことにより精神的苦痛を被ったものと認められる。したがって，第一審被告は第一審原告らに対し，上記説明義務違反（不法行為）に基づく損害を賠償すべきである。(6)

本件の上告審も控訴審も、売主が買主に対して説明義務違反という不法行為をおこなったと評価して、損害賠償を認めた。上告審の最高裁は、被告である売主の公団は、原告らが譲渡契約締結時に被告に対するあっせん後未分譲住宅の一般公募が直ちにおこなわれると認識していたことを容易に知ることができたにもかかわらず、原告らに対し一般公募を直ちにする意思がないことをまったく説明せず、これにより原告らから十分に検討した上で契約を締結するか否かを決定する機会を奪ったものであり、被告である売主の公団のこの行為は信義誠実の原則に著しく違反し慰謝料請求権の発生を肯定し得る違法行為と評価できるとして、売主側の上告を棄却したのである。(7)

本件判決を、垂直的秩序としての法という視点でみると、以下のような形になるだろう。

国家の組織的強制に裏づけられた秩序こそが、契約、市場経済を支えており、市場における暴力や欺罔行為に対する排除や契約の執行に関する法秩序は、サンクション（制裁）という形での中央集権的な強制的な権力の行使という側面を有している。権力の行使にあたっては、契約の締結に際して暴力や欺罔行為の排除を目的として、「他人を騙して契約して利得を得るな。」「他人を脅かして契約をするな。」という禁止の形式によって指図がなされる。このような場合、まず、欺罔や暴力の禁止という指図違反に対しては、契約の効力を認めないという形でのサンクションが与えられる。そして、契約の執行とは「契約を破ってはならない。」という禁止の形式による指図を前提にしているから、契約違反があった場合には、強制執行秩序としての国家権力の行使によって、直接的に実現されうる。このような意味で人がどのように行動するべきか、あるいは行動するべきではないかという法的なルールは、行為者の義務を賦課する規範と呼ばれている。

以上の内容を、本事例にあてはめてみると、以下のようになる。本件の適用条文である民法七〇九条は、不法行為に基づく損害賠償を規定し、ここで、法は、国民に対して、「不法な行為をして他人に損失を与えるな。」という禁止の形式で指図をし、指図違反があった場合には、損害賠償という形でのサンクションが与えられるということになる。「契約にあたって説明をしなかったことが不法な行為をしてはいけないというルールに反したから損害を賠償しろ。」という判決は、不動産売主の側の活動に対して制約を加えるものであって、ルール違反をすればサンクションがかされるという意味で、法の垂直的な側面が現れるのである。

他方、本件判決を、水平的秩序としての法という視点で語ると、以下のような形になるだろう。法の水平的な側面からすれば、法規範による指図の仕方は、上から下へと命令したり禁止したりすることに限定されない。ある社会において、法規範群が信頼できる行為指針として行為者に権能を付与することで、社会の構成員は、自己の活動領域を拡大し、活動を促進することができる。垂直的秩序としての法と連動する義務賦課規範との対比では、権能付与規範ないしは授権規範と呼ぶことができる。このような法の捉え方をすれば、社会の構成員は、お上からの命令を仰ぐ臣民として存在しているのではなく、法的ルールを受けいれる内的視点を有して社会の構成員として水平的な関係に立ちうる者同士間の行為指針として、自ら法規範を活用していることになる。

法的ルールは、道徳、慣習、その他社会規範のような、社会の構成員同士の関係を規律する規範の中の一つとして機能しているのであるが、被告である売主の側は、当該判決によって、以下で述べるような、様々な情報を得ることができるため、判決が人々の行為指針のストックを豊かにすることができるという点も見過ごされるべきではない。

ところで、本件の事案における原告たる買主側の主張は、説明義務違反による不法行為に基づく損害賠償という法律構成には限定されていない。第一に、原告と被告との基本合意である「覚書」違反による損害賠償請求という主張が展開されている。すなわち、覚書には、「建替後住宅への優先入居させる」趣旨の条項があったのだが、一般公募よりも価格の面で不利益な扱いを受けるのであれば、それは「優先入居」とはいえないのであり、ここに債務不履行があると評価される。第二に、原告と売主である公団との間の分譲住宅売買契約は、建替事業の一環としての「従前入居者に対する戻り入居先の提供」という性質を有し、分譲住宅売買契約の中には「譲渡制限条項」（Xは、一定期間、分譲を受けた住宅の譲渡を制限される。）が置かれているから、公団は、信義則上、原告に対し分譲住宅の価格を適正に設定して提供する義務を負っていたはずであり、こうした「適正価格設定義務違反」を理由とする損害賠償の請求もされている(8)。

売主の説明義務違反が認容される一方で、この第一と第二の主張は退けられたという結果につき総合的に勘案すれば、売主側は、買主の説明義務違反という主張が認容される条件だけでなく、覚書記載の優先入居条項違反による損害賠償や公団の適正価格設定義務という買主側の主張が否定されたという情報を、本件の一連の判決によって獲得することができたわけである。

こうした一連の情報は、当該事件の当事者のみならず、不動産売買に携わっている当事者たちにとって、ある程度信頼できる行為指針として機能することになるだろう。彼らは、自分たちの活動がどこまで法の制御が及ぶかに関する知識を習得して、自己の活動領域を拡大し、活動を促進することができるのである。

このような眼で判決をみることができる者は、お上からの命令を仰ぐ臣民として存在しているのではなく、社会の構成員として水平的な関係に立ちうる者同士の行為指針として、法システムに対し、ハートのいうところ外的視点と区別される内的視点で法規範を活用しているともいえる。また、そもそも、本件の端緒であるマンション譲渡契約をめぐっては、当該契約の契約当事者たちは、この契約が破られた場合には契約違反として執行がなされるということを前提にして、取引をしている。そもそも、私人の合意に国家の助力が保障される法的な関係を創設する権能を認めたのも、国家法秩序である。この場面は、前述したような義務賦課規範という指図形式だけでは、的確に説明することができない。私人に対し契約締結、遺言、法人設立のような法的な関係の創設・変更を認める権能付与規範としての法的ルールの側面こそが、まさに重要な機能を有しているのである(9)。

2　法の指図方式と法の水平的次元

さて、以上のように、公団の値下げ販売に対し説明義務違反としての不法行為に基づく損害賠償を認めた事例をベースにして、法規範の垂直的次元と水平的次元の見方の実例を示そうと試みた。続けて、法の垂直的次元＝強制＝義務賦課規範、水平的次元＝活動促進＝権能付与規範という、大雑把ではあるが分かりやすい二項対立図式を用いて、法システムや法規範の特徴を確認してみたい。

法の垂直的次元的な見方は、右に述べたように伝統的な見方であって、国家による法の強制力の実現という側面と結びついている。すなわち、垂直的な次元を強調する見方は、法の重要な性質は何かを問うレベルで、強制力こそが法の本質であるとする立場と結びつきやすい。「法とは何か」という問い、いわゆるWhat is the lawという問いへの回答として、一九世紀の欧米の法律論は、強制を定める規範という意味で法規範が強制規範であること、ならびにそのことによって法規範が他の規範から識別されることにおいて、大体一致しており、強制力こそが法の本質であると考えられていた時代もあった。たとえば、イェーリングの「法的強制力を欠いた法規は、自己矛盾であり、燃えざる火、輝かざる光である。」という言葉は、この考え方を端的に表すものであろう(10)。法秩序が服従を確保するための強制手段を用いる規範体系であると考えれば、法の内容を表象する言明は、指図形式の点でも、禁止・命令を指図する義務を賦課する規範として表されることとなる。

公法と比較すると、より一層、私法の領域では、垂直的な次元のみで法を把握することには、顕著な違和感が伴う。たとえば、市場に参加する者は、法によって禁止や命令されているという理由から、暴力や欺罔行為をおこなわないのだろうか。また、契約違反をすれば強制執行されるという理由から、契約を遵守するのであろうか。必ずしもそうではないだろう。また、当事者は、契約をおこなう際に、暴力や欺罔行為や契約違反の誘惑を法の強制というサンクションがあるという理由から、思いとどまっているのだろうか。たしかに法の網の目をかいくぐって利潤を追求することに専心する、極端ではない外的視点をもつ者も少なからずいる。しかし、大半の市場参加者は、法システムに内的視点を有し、暴力や欺罔行為や契約違反の誘惑とは戦っていないのではないか。言い換えれば、大半の市場参加者が暴力や欺罔行為や契約違反の誘惑と戦い、隙があれば、いつでも破るような状況の下では、市場経済は健全に機能していないといえよう。第Ⅰ部第二章で展開したように、暴力や欺罔行為の禁止、契約遵守は、まさに市場経済を支える市場の倫理群の根幹だからである。

実は、社会の構成員が、法をどのようにイメージしているか、すなわち垂直的な次元で把握しているか、水平的次元で捉えているかということは、いわば「法システムへの感覚」ともいってよい。そして、法によって不自由となるか、あるいは法によって自由になるかに関わる「法システムへの感覚」は、リベラリズムの基盤を確立するうえでも、重要なファクターとなる。法の垂直的なイメージと親和性があり、法が個人の自由を拘束するとみる立場は、法と自由とを対立的に把握する立場であるが、後者のように、法の水平的なイメージと結びつく、法によってこそ個人の自由が実現されるとみる立場は、法と自由とを対立的に把握しない立場であり、法の水平的な次元のイメージと結びつくだろう。こうした法の水平的な次元の見方は、統治に関わるような公法や刑事法の領域よりも、契約法などのいわゆる私法（private law）の領域で、より一層の親和性があるといってよい。もちろん、公法においても、垂直的な権利行使だからこそ、法の支配を貫徹するという、リベラルな志向性が強く存在すると考えることは十分可能である(11)。

契約の当事者は、企画をたて、交渉に臨み、契約締結に至るという一連のプロセスにおいて、市場における様々な慣行のような社会規範とともに、国家法としての契約法を行為指針としている。その際、彼らが抱く法のイメージは、水平的な次元の見方の方であろう。もし、相手を騙して金を巻き上げてやろうという欲望をもっている人間ならば、垂直的な次元の見方を、まさに直接的におこなっている。彼ないし彼女にとっては、法的強制が行使される境界線を知ることは戦略的に極めて重要であり、法を垂直的次元としてとらえているわけである。しかし、このようなスタンスをとらない者たちにとっては、裁判所による強制という垂直的な次元は、リスク管理という意味で間接的に影響しているかもしれないが、活動領域を拡大して、活動を促進する水平的次元の方が重要な役割を果たしているのである。

三　市場における行為指針としての契約法の特徴

市場では、当事者は、様々な行為指針に従い、行動している。そこでは、一般社会的な慣行に加えて、市場という自生的な秩序の中で生まれた固有ルール群、たとえば業界慣行などの業界内の仕組みから生まれたルール、継続的なビジネス関係から生じた取り決めなどのいわゆる社会規範が、市場秩序の中で重要な役割を果たしている。市場において、契約法は、市場参加者の行為指針として、他の行為指針と比較して、どのような特徴を有しているのだろうか。

1　契約法の正統化根拠

法規範が社会において通用力を有する法としての効力を有している、つまり正統な法として認められる規範的な資格を有しているかどうかという問いは、法哲学の領域では重要な問いとして扱われてきた。法規範が、規範という指図形式を有している以上（記述的言明であるとともに規範的言明である以上）、社会の人々が事実としてある法規範を遵守されているということだけでは法的義務の根拠、正統な法として認められる資格として十分ではない。では、規範的に妥当する法と妥当しない法との間を区別するテストは存在するのか、存在するとしたら、どのようなテストか。これが、伝統的な法哲学の代表的な重要問題の一つである、いわゆる法の妥当とか法の妥当根拠と呼ばれる問題である。(12)

法の妥当性については、複数の見解が深刻に対立してきているが、そのうちのどれか一つを択一的に選択しなければ、市場をめぐる法秩序についての考察を進めることができないわけではない。しかし、法の妥当性の問題状況は、より応用的な問題を考察する上での基本的な道具となっている側面もあり、この点で、法の妥当性に関する諸見解の全体構図を確認しておきたい。見解の分類法も必ずしも一様ではないが、（ア）事実的妥当論、（イ）法学的妥当論、（ウ）哲学的妥当論という三つの分類の仕方が最も簡明で明晰であろう。(13)

まず（ア）の事実的妥当論とは、一般に法の妥当性を経験的な何らかの事実に求めるとされる考え方であって、その中で、さらに二つの立場に分類される。（a）社会学的効力論――人々が規範を遵守している事実や法を定立する者の実力という社会学的な事実との連関性の中で法の妥当性を捉える立場――、（b）心理学的効力論――法規範が社会の構成員に受容されている心理的な事実との連関性の中で法の妥当性を捉える立場――の二つである。

妥当性に関する理論のうち、最も古いのは、当該社会の構成員に関わる事実以外の道徳的な価値や理念と法の妥当性との連関を求める（ウ）の哲学的妥当論と呼ばれる立場である。しかし、この哲学的妥当論の立場を批判し、一九世紀以降に本格的に主張されるようになった（ア）の事実的妥当論の存在こそが、法の妥当概念や法の妥当根拠自体に関する議論が盛んになった契機である。

さらに社会構成員の遵守や承認というタイプの経験的な事実ではなく、法規範そのものが有している規範性そのものと、法の妥当性との連関を求めるのが、歴史的には比較的浅い（イ）の法学的妥当論の立場であり、周知のようにH・ケルゼンがその代表者であるといわれている。

さて、法の妥当に関する見解の対立は、法哲学の最も基本的な論点の一つである自然法論と法実証主義との対立と密接に関わり合っている。法の理論として最も古い自然法論の立場では、実定法の正統性について、実定法以外の道徳的な価値と関係があるとするのであって、（ウ）哲学的妥当論の代表的な立場がまさにこの自然法論である。(14) 他方、自然法論とは異なり、法と道徳との必然的な関係を切り離す法実証主義に依って立つ見解は、（ア）事実的妥当論ないし（イ）法学的妥当論と結びつくことが通常である。

井上達夫は、法実証主義と呼ばれる諸理論の基本的性格を一応表すテーゼとして、「妥当する法的基準とそうでないものとを区別するための道徳から独立したテストが、あらゆる法体系について存在する。ある標準がこのテストをパスするか否かは、当該社会の成員の諸行態（信念や意識等も含めて）に関する事実にのみ依存し、その標準の内容の道徳的または政治的な正当化可能性には依存しない。」というテーゼを提示する。(15)

（ア）（a）の社会学的効力論中でも西欧法に強い影響力を有した見解は、古典的な法実証主義者のJ・オースティンなどが唱えた主権者命令説である。この主権者命令説によれば、法を創設し貫徹する実力を有し、自らは法に拘束されない者としての主権者の命令が、法の妥当根拠だという。(16) 井上の図式に従えば、社会の構成員が主権者の命令に服従しているという「当該社会の成員の諸行態」に関する事実に依拠しているということになろう。

他方、（イ）の法学的妥当論の代表者は、有名な「法秩序の段階構造」と「根本規範論」を唱えたH・ケルゼンである。[17] ケルゼンが、妥当している法の分析と法の妥当性自体に関する考察を、法の静態的側面と動態的側面との二つの側面からおこなったのは、日本でもよく知られている。[18] まず、法の静態的側面では、すでに妥当している法という意味で静止状態にある法が分析対象とされるが、法の規範的な性質にとって強制行為が本質的なものとされる。そして、法が外的な強制秩序に他ならないとすれば、社会技術として理解されるべきであるとする。よって、法は、望ましい社会状態に反する行動に対して、効果としての強制行為を結合して、望ましい社会状態を惹起するか、惹起しようと試みるものであるとされるのである。[19] 他方、法の動態的側面は、妥当根拠自体がどのように付与されるについての問題である。上位にある別の法規範が下位の法規範に妥当性を付与し、その上位の法規範にもさらに上位にある法規範が妥当性を付与していると説明されるが、これが、有名な法秩序の段階構造モデルである。規範の妥当根拠を辿っていった結果として最後に行き着く最上位の規範は、「根本規範」と名づけられ、その定義上、何ものにもよっても妥当性が付与されないような、いわば仮設的な規範であるとされる。すなわち、根本規範については、法律学の内部では妥当性が付与され得ないのである。[20]

こうしたケルゼンの法概念論については、法以外の何ものにも依拠しないことを目指した法理論であって、極端なまでに道徳的政治的な領域から自立していて社会的法実践からの乖離がみられることや、法秩序の段階構造の究極にあるとされる仮設的な根本規範――この意味では実定法の頂点にある憲法に対しても根本規範が妥当性を付与することになる――の性格の曖昧性などが、批判の根拠として挙げられることが多い。[21]

こうしたケルゼンの法理論は、今日の単一中心的な法システムの基本構造についての有用な説明理論という側面をも有していることも確かであるが、ケルゼンの関心は、もっぱら公法、あるいは私法の領域では不法行為法に向けられており、契約法の領域に関する関心は薄い。また、右で述べたような、法の水平的な側面、権能付与規範としての法、法の活動促進機能に対する十分な考察があるとはいえず、本書の扱う素材との関連性は、必ずしも深くはない。しかし、私法を中心に扱う本書で、ケルゼンの法理論について言及するのは、ケルゼンの法理論が、公法、私法を問わず実定法学者や実務家の意識の中に深く浸透していることによる。すなわち、ケルゼンの法理論のエッセンス――強制的な秩序としての法や法の段階的な構造――は、実定法学者や実務法曹の中に、他の著名な法哲学者の理論と比べれば、格段と浸透している印象を受けることが多い。たとえば、ケルゼンの段階構造説の主張の概要らしきものは、仮設的な根本規範の性格の検討という難問には触れられないままに、実定法学の入門的な内容として扱われている。たとえば、著名な実定法学者たちが編纂し、法学入門として最も読まれているものの一つであると思われるある書籍の中で、「制定法は法的には全体として統一的内容でなければならない。そこで、その場合に、どちらの法規が優越するかを定める原則が必要となる。まず、法規は上下の段階的構造をなして存在しており、上位の法規は下位の法規に優越し、上位の法規に抵触する法規は効力を持たないとされる。……憲法―法律―政令―省令という系列が、国家法としての上下関係の基本をなしている。」という記述がある[22]。こうした状況は、「法システムへの意識」としての実定法学者や実務家の法体系をめぐる想像力に多大な影響を与えているという視点からみれば、ケルゼンの理論は無視することはできない。

最後に、（ウ）の哲学的妥当論についても、言及しておきたい。哲学的妥当論は、当該社会の成員の諸行態に関する事実にのみ依存せず、その標準の内容の道徳的または政治的な正当化可能性と、法の妥当性とを関連づけるという意味で、（ア）事実的妥当論、（イ）法学的妥当論とは、異なる立場に属する。哲学的妥当論、とりわけ哲学的妥当論としての自然法論のうち、デカルト流の観念論的合理主義の立場に基づいた演繹的な自然法論は、様々な批判を浴びているところである。このような演繹的なタイプの自然法論の基礎となっている観念論的合理主義な考え方については、本書は、第Ⅰ部で展開したように、懐疑的な立場を採用している。しかし、必ずしも、法の淵源は、有権的な手続きを経た法に限られるという立場に与するものではない。続く第八章で展開するように有権的な手続きを経ずに決定されなかったとしても、社会のうちに暗黙に存在している自然な法も、何らかの意味で法の淵源となりえないとまでは断定すべきではないからである。少なくとも、道徳的または政治的な正当化可能性への志向性を一切捨象した法規範や法システムにつき、これを妥当な法としてテストに通過させるべきだとするのは、わたしたちの直観に著しく反しており、法の妥当性の根拠について哲学的妥当論が果たすべき役割は少なくない。

2　自生的秩序・法原理・法的ルール

当事者間の関係においてはビジネス関係や経済的な取決めのような行為指針は、市場秩序を育成するものであって重要な役割を果たしている(23)。市場の参加者は、分散的な秩序を構成する社会規範群をも行為の指針としているのであって、市場で生じる自生的な秩序は、こうした行為指針の集合体によって、相当な部分が構成される。他方、制定法の法規の領域でも、その成立ちにおいて、自生的秩序と連続性のある法規が混じっていることに気がつくであろう。

たとえば民法五七〇条の瑕疵担保責任は、売買の目的物に隠れた瑕疵があった場合には損害賠償を命じると規定しているが、これは比較的明確な形で要件と効果で構成されている。こうした法規は、法規範としては、一九世紀的という意味で伝統的であり、いわば形式主義を体現している法である。そして、こうしたタイプの法規と市場の非法的な行為指針との区別は、比較的容易である。しかし、他方で、市場を規律する契約法の中には、こうした法的ルールとは異なるタイプの規範が重要な役割を占めていることを忘れてはならない。それは、民法一条二項で定められる信義誠実の原則のように、法規の形態の場合もあるが、契約自由の原理のように条文化はされていないが法原理として判例の中で言及されるものもある。こうした規範は、たとえば民法五七〇条の瑕疵担保責任のようなタイプの規定の仕方の法規と比べると、内容の一般性の点で大きく異なっている。こうした法規範の中にある、規範内容の一般性の相違等に着目した、法規範をルールと原理に区別するという枠組みが近時では一般的になりつつある。(24) もし、法規範がルールと原理とに区別できることを前提にすれば、原理と呼ばれるものは、市場における自生的秩序に属する行為指針群とは区別できるのか否か、そして、区別できるとしたら、その基準は何かという問題が続いて発生する。

法規範の分類としてのルールと原理とが質的に区別できるという主張は、R・ドゥオーキンによるものが有名である。(25) ルールとは、明確な要件と効果によって構成され、一般的な抽象的な法規範を大前提として、裁判官によって認定された具体的事実を小前提として、後者を前者の構成要件に包摂することによって結論を導く、形式的な法的三段論法に適合的な法形式である。したがって、複数のルール間の抵触が生じる場合のために、ルール間の適用の優劣関係があらかじめ規定されている必要がある。他方、原理は、ルールのように明確な要件と効果によって成り立っていないタイプの規範である。契約自由の原理のように、条文化されていない原理もあるが、制定法の条文の中でも、原理に該当しうる規範があり、これが一般条項とよばれるものである。一般条項と呼ばれている規範のうち全部ではないが、抽象度の高い、たとえば民法一条二項の信義誠実の原則は、原理に属するといえるだろう。(26) 民法一条二項は、「権利の行使及び義務の履行は、信義に従い誠実におこなわなければならない。」と規定されており、要件効果は、あらかじめ明確には定まっていない。具体的な問題が発生して、この問題との関連により、規範の内容が明らかになるのである。たとえば、第Ⅱ部の第三章でしばしば言及した情報提供義務・説明義務は、信義則の適用によって創造された義務という形で説明することが可能である。また、本章で言及した公団の値下げ販売の事件は、民法七〇九条が適用されているが、民法七〇九条の要件の一つである過失は抽象度が高く、また「他人に不法に損害を与えた者は賠償せよ。」という、これ自体原理と解される余地のある内容を含んでいるが、当該判決理由の中でも、信義誠実の原則への言及が見られる。(27) この場合の信義誠実の原則は、法規として作用しているわけではなく、説明義務違反という行為の違法性を基礎づけ、これに権威を与えるために用いられているのであって、条文化されていないタイプの原理と同じ機能を果たしているといえよう。

さて、信義則のような原理は、市場の自生的秩序のように市場の中で自生的に生まれてきた規範ではないが、伝統的な要件・効果の定まっているルールのように、形式主義的な体系に組み込まれることが予定されたり、具体的な望ましい効果の実現に向けて設計されたりしたものではない。原理の特徴は、市場における自生的秩序と、どのように異なっているのであろうか。

市場において、原理が機能する典型的な場面としては、まだ同種事例の判決が出されていないような類型の紛争において、原理を用いて展開された判決理由のような場合であろう。まず自生的秩序との共通点である。こうした判決は、具体的事例との関連ではじめて登場してくるという問題志向的な側面では、自生的な秩序と共通点がある。しかし、自生的秩序とは大きく異なっている点もある。①訴訟の場のような問題解決が切に求められている状況が存在している点、②発生した問題に対して、内容的に妥当な解決を提供することではじめて法としてのある種の権威（authority）が生じる点、そして③規範定立に向けた意図が自生的秩序に比べれば同定（identify）可能である点である。

まず、①についてだが、自生的秩序の場合は、訴訟と比較すれば、発生状況は様々であって、その発生については必ずしも問題解決が緊急に求められている必要はないといえよう。問題解決が緊急に求められていない場合であっても、規範の生成を促進する他の要因、あるいは阻害する要因の少なさが、発生に結びつく場合もあるだろう。

次に②については、自生的秩序から生まれたルールは試行錯誤を繰り返しながら権威性を有していくが、判決はある問題を適切に解決した場合には、それまでの一種の法秩序への不満が内在している状況に対して、ある種の決着がそのときにつけられる点で大きく異なっている。たとえば、契約交渉段階の過失に信義則により責任を認める判決がはじめて提示されたという場面を例に取ってみると、形式的にいえば、予見可能性という点から考えれば、契約締結前には何らの責任を負わないはずの当事者は、負担を負わされるので、原則的には納得できないはずである。しかし、他方で、契約法の形式論に納得できない当事者が存在し、その存在は無視すべきではないという主張が展開され、そして、実質的には締結直前で破棄されて契約成立を信じた者が不当に不利益を被った一定の場合には、例外的に契約締結前の事情に従って責任を負担する者が生じても仕方ないのだという、一方訴訟当事者から他方当事者に対する寛容の要請が理に適っている、あるいは無理な要求ではないと考えられる場面がある。こうした状況は、契約交渉段階による過失につき一般条項ないし原理である信義則を用いて責任を認めるという判決が出て、その判決に利益を受ける当事者もあるいは不利益を被る当事者すらも「理屈」つまり法理のレベルで納得できれば、その判決は、ある種の問題を解決したことによる権威性をもつといえるだろう。こうした権威性は、自生的秩序一般にはみられない形式である。もちろん、日本法では判決は制度的な法源ではなく、事実上の法源であるかについても見解が必ずしも一致しているわけではないが、仮に最高裁判所の判決としての判例には事実上の法源としての効力があるとするならば、日本法においても、右で述べた説明は妥当するだろう。

最後に、③の判断の同定の問題についてだが、市場での自生的秩序が何時生まれてきたのかは特定することは難しいが、少なくとも判決ではその発生経緯を含め、公刊された判決資料で、ある程度は同定することが可能なのである。この意味で、公刊されないＡＤＲ（代替的紛争解決）の決定は、たとえ裁判と共通する仲裁のような裁定型の解決方法にせよ、重要な点で法規範による裁判とは異なっている。

以上から、判例を含めた広い意味での実定法としての契約法は、いわば問題の解決性と解決によって発生する権威という二つの点が、市場における自生的秩序一般との大きな相違といえる。実定法である契約法がもっている権威性や問題解決性は、法の垂直的次元の見方のみならず、法の水平的な次元な見方で捉えたとしても、共通の契約法に関わる規範の特徴なのである。

3　契約法システムの成立ち

法システムは様々な法規範から構成されており、法規範の集合体としての体系的な構造を備え、社会の中で機能している。市場における取引の領域を起立する契約法に目を向けてみると、日本においては、それ自体が体系的な構造を有する民法典の中に、市場や契約の領域における中心的な役割を果たすべき法規範が集まっている。同時に、たとえば、利息制限法、消費者契約法、金融商品販売法、借地借家法のような民法典の特別法も極めて重要な機能を果たしている。そして、こうした法典や特別法が、裁判所の判断から構成される判例群と協働して、法システムを形成しているわけである。

日本において、法システムを形成するものとして判例群を挙げることは、違和感があるかもしれない。というのは、日本は、比較法上の法圏でいえば、英米法圏ではなくヨーロッパ大陸法圏に属するとされているから、判例を制度上の法源とはしていない(28)。しかし、周知のように、最高裁判所の先例は、日本の法システムの中で重要な位置を占めている。判例という名称が使われる場合には実定法学では最高裁判所の判決を指すことが一般的であるが、右で言及したように、最高裁判決は、いわゆる事実上の拘束力を有しているというのが有力な見解である。また、下級審の裁判例については、判例ではなく裁判例と呼ばれるのが通常であり、最高裁判決と同様の意味での事実上の拘束力が認められないにせよ、学術的な意味での素材としても、個別の裁判所の判断の上でも、相応の役割を果たすことも多い。とりわけ集積した下級審の裁判例群は、立法過程における資料としては、日本の法システムの中で欠くことができない存在であろう。

たとえば、情報提供義務や説明義務との関係では、近年成立した重要な法律として、金融商品の販売を規律する金融商品販売法や、消費者と事業者との間の契約を規律するいわゆる消費者契約法と呼ばれる法律群がある。金融商品販売法や消費者契約法が成立する以前に、金融商品に関する契約関係や、消費者と事業者との間の契約関係をめぐって、民法一条一項の信義則上の説明義務等に基づいて一定の判断を示した下級審の判決群は、第Ⅱ部第四章で述べたように金融商品販売法や消費者契約法を立法する過程にあたっては重要なファクターを占めてきた。金融商品販売法においては、三条の説明義務、五条の説明義務違反の損害賠償責任という形で、こうした下級審の判断の一部は、紛れもなく、立法過程というチャンネルを通して、制定法へと流れ込んだのである。(29) 消費者契約法については、情報提供義務は、法的義務という形では規定されず、三条により事業者の努力目標を規定するに止まったが、情報提供義務を法的義務として規定すべきだという意見は、立法過程でも、あるいは立法成立後で提起されているのは、これはすでに紹介したところである。(30) この意味で、いったん、消費者契約法という制定法が成立したからといって、チャンネルが閉じてしまったわけではない。また、民法典自体の中にチャンネルが開かれることもある。近年の民法改正で、根保証に関する規定が新たに設けられた。当座貸越契約などの契約に基づく継続的取引関係から生じる債務すべてを継続的に保証する契約は、いわゆる根保証と呼ばれる担保手段である。この根保証は、実務上は多用されていたが、もっぱら、判例上、その有効性や制限が議論されてきた法概念である。この根保証の例は、判例群が、体系としての構造を有する民法典に直接採り入れられた例といえよう。(31) 日本における現行の法典は、一七世紀頃からのデカルト流の観念論に基づく大陸合理主義に影響を受けている。これは、中世の個々の法文を一つ一つ註釈するという方式を脱し、法と法学全体を体系的に叙述するという考え方であり、日本民法はこの流れの中で実現された法の体系化の影響下で、構築されたものである。(32) よって、伝統的に議論されてきた法律学の問題の中には、具体的な問題とは無関係に抽象的な概念の演繹的な操作のごとく議論されてきた問題も多い。しかし、もともとの法規範の成立ちの最初に遡るならば、まさに事例を基にこそ生まれてくるのであり、事例からなる法としての判例法の方が、第一次的なものであろう。これは、比較法群でいうと、英米法圏の祖であるイギリスと、古代ローマ法の成立ちを見れば明らかである。日本法は、長年に渡り様々な国の法を、たとえば註釈・註解されたローマ法をヨーロッパ大陸法経由で受容したように、様々な形で継受してきたためか、残念ながら、この点について、あまり意識されていない印象を受ける。しかし、実はこうした議論は、継受された日本法であれば西欧法における議論がその法文の基礎にあり、また西欧法の議論であれば、ローマ法大全の註釈や註解の系譜を有し、ローマ法大全の註釈や註解は古代ローマのカズイスティクなケースに辿りつくという具合に、抽象的な問題の背景が発生した端緒を辿り丹念にその過程を解きほぐしていけば、その問題が発生した時代背景や具体的状況が浮かびあがることが往々にしてある。したがって、契約法システムは、体系的な法典、個別の問題に連関性が高い特別法、そして個別紛争の解決を契機とする裁判例などの複合体であり、こうした契約法システムと市場の自生的秩序とが影響をあたえながら機能をしており、それはある種、開かれているということが、もっと意識されるべきであろう。「自分が気が付いていない問題を解決するために個別的な規定を定式化できる人はいないのである[33]」。このような法システムの成立ちは、次章で扱う法的思考の問題志向的な性格と深く関わっている。

第七章　注

（1）［Rothbard 1998］Ch. 23. を参照。また、帰結主義的無政府主義者であるD・フリードマンの［Friedman 1989］114–120（一四〇―一五〇頁）．を参照。なお、市場無政府主義者の論文を集めた論文集として［Stringham 2006］がある。

（2）「法の支配」を私法の側から把握するという視点は、基本的に、二〇〇七年三月に開催された第一回基礎法学系学会連合シンポジウム「法的制度としての私と公をめぐって」における嶋津格氏の「趣旨説明」から示唆を得たものである。［嶋津 2007］一―一三頁、を参照。

（3）［Fuller 1969］. を参照。

（4）松浦好治は、法解釈は生活環境を作りかえたり、ものの見方を創造する実践であって、豊かな法的イマジネーションを不可欠な要素にしているという。法的イマジネーションを解放することで、既存の概念が変容されたり、概念が創造されたりすることがあるという点を指摘する。［松浦 1999］二〇一―二〇二頁、を参照。

（5）最判平成一六年一一月一八日（民集五八巻八号二二二五頁）、東京地判平成一五年二月三日（民集五八巻八号二二三三頁）、東京高判平成一五年一二月一八日（民集五八巻八号二二八六頁）。

（6）民集五八巻八号二二九三頁、を参照。

（7）しかし、不法行為による損害賠償が最高裁で認められた点については、一見不動産の価格変動によるリスクを一定の場合には売主側に負わせるかのように映るが、実は、不法行為による損害としては、買主側が求めていた、値下げ販売による財産的損害は認めず、精神的損害としての慰謝料のみを認容したのである。すなわち、不動産の値下げから生じるリスクをまるまる売主に負担させる趣旨ではないということは、市場経済の参加者の行動指針という側面では注意が必要である。

（8）民集五八巻八号二二四〇頁以下、を参照。

（9）H・L・A・ハートは、義務を賦課する規範から構成される第一次ルールと権能を付与する規範から構成される第二次ルールから、法システムは成り立つという考え方を提示した。第二次ルールとしての権能付与規範は、裁定、変更、承認ルールによって構成される。付与される権能については、公的機関に対する権能付与と私人に対する権能付与とがあるが、私人が契約を締結することができるのは私的な権能が付与された結果として説明される。なお、ハートによれば、法の妥当根拠は、責務の第一次的ルールを最終的に確認する承認ルールによって与えられることになる。なおハートの第一次ルールと第二次ルールの区別については、その後ハートの批判的継承者であるJ・ラズによって、さらに展開されているものの、少なくとも、契約法が権能付与規範として義務賦課とは異なる位置を占めている点は、一般的には了解されているといえよう。[Hart 1961] 28（三一頁）．を参照。

(10)［Ihering 1924］241．田中は法の強制機能と対比して、法の活動促進機能を的確に指摘し分析する。［田中 1994］一一四頁、一二二―一二九頁、を参照。

(11) 公法におけるリベラルな志向性については、井上達夫氏から示唆を受けた。

(12) 妥当性（validity）という用語は、法曹、法律学研究者の間でも、内容が適切であるという意味で用いられる場合が多い。よって、念のため、法の妥当性ないし妥当根拠という場合には、法が拘束力を有する資格として、この用語を用いている点を確認しておきたい（［亀本 2006］Ⅴ頁）。ただし、日本語の妥当であるという言葉は、内容的に適切であるという意味も辞書的な意味として有しており、妥当性があるという言葉を用いる代わりに、適切であるとか優れているという言葉にすべて置き換える言葉の用法を、実定法上の議論や法価値論の領域で押しすすめようとすると、非常に不自然な場合がある。したがって、本書では、法概念論について扱う第Ⅲ部では極力、〈validity〉という意味で妥当という用語を用いるが、第Ⅰ部、第Ⅱ部では、内容が適切であるという意味でも妥当性という言葉を用いている場合があることを付言しておきたい。

(13) 法の妥当性や妥当根拠についての学説を整理したものとしては、［西野 1990］一七八頁以下、を挙げる。

(14) 古代、中世、近代自然法論の概略については、［ダントレーヴ 1952］、が詳しい。

(15)［井上 1981］七二頁、を参照。

(16) 法の妥当根拠として、当該社会の成員の諸行態たる社会学的な事実として考えられるのは、社会の構成員によって法規範が心理的に受け入れられている、つまり承認が与えられている事実を指すとする立場もある。この立場は、承認説と呼ばれ、主権者命令説とともに、いわゆる事実的妥当論に属する立場である。承認説による、「承認」とは、経験的心理的事実であって、複数の意味が想定できる。承認の意味を確定するについて、それ自体に道徳的または政治的な価値判断が入りこむ余地を否定することができないのではないかということが問題となる。

(17) このように階層的に、ある法の妥当性を別の法の妥当性に求めていくと、最終的には、それ以外のあらゆる法の妥当性が導出されるような法に行き着くことになる。それが、H・ケルゼンのいうところの、その社会の法体系の「根本規範」である。たとえば、根本規範とは、基本法の意味での憲法で定めた立法手続きに従って定立された法は妥当であるというようなものである。また、ある社会では、神託には誰もが従わなければならないとすれば、神託に従うべしということがその社会の根本規範となるであろう。こうしたH・ケルゼンの考え方は、法システムの中の法規範同士の相互関係を明示して、整備された近代の法システムの姿を、少なくとも事実的妥当論に比較すれば、明瞭な形で表象しているといえよう。しかし、H・ケルゼンの純粋法学の要というべき根本規範自体は、周知のように、それほど明瞭な概念ではない。根本規範自体は、実定法ではなく、法を定立し、意志の行為を法創設の行為として認定する際に前提とされる規範とされ、規範的な視点を提供するものととらえられているが、その性格自体は、複雑で位置づけが困難であるとされている。ケルゼンにおける法の動態的側面と静態的側面については、[Kelsen 1960]. を参照。

(18)［中山 2000］一三頁、を参照。

(19)［Kelsen 1960］108–192. を参照。

(20)［Kelsen 1960］193–278. を参照。

(21)［中山 2000］一五—一八頁、を参照。

(22)［伊藤・加藤 2005］五三頁、を参照。

(23)［Collins 1999］97–126. を参照。

(24) ルールと原理とをそもそも区別することができるのかについては、分類するという試みは挫折するという立場や、分類はされるが両者の相違は程度問題に過ぎないとする立場もある一方で、規範はルールと原理に区別され、しかも両者の間には質的な相違があるとする立場もある。［亀本 1988］一三二頁、を参照。

(25)［Dworkin 1977］14–80（三一—九七頁）. を参照。

(26) 規範内容の一般性が増せば増すほど、法の不確実性ないし完全に決定できないという性格が明らかになる。要件の一般性に着目した区別としては、伝統的には、いわゆる一般条項の存在が挙げられる。一般条項という概念は、実務法曹の中でも頻繁に用いられているが、一般条項の基準は明らかではなく、一般条項である必要十分条件は明確にはされていない。たとえば信義誠実の原則が一般条項であることにつき争いはないが、公序良俗違反の民法九〇条や不法行為の民法七〇九条が一般条項であるかについては、見解の対立があるとする。［平野・亀本・服部 2002］五五、二一八頁、を参照。また、青井は、一般条項とは、ある事例の領域を極めて一般的概括的に処理しようとする行き方であるとして、カズイスティク（事例の特殊なグループをできるだけ細かく区分けをしてそれぞれのグループにつきその特性を子細に描写する構成要件の描写法として、典型としてドイツ刑法における重傷害罪、二つのタイプの傷害罪を挙げる）と対比して一般条項を位置づけたうえで、カズイスティクと一般条項との相違は、相対的なものに過ぎないとする（［青井 2007］五一八—五二二頁）。民法の一般条項に関する法哲学的考察として［亀本 2007］、を参照。

(27)　民集五八巻八号二二二九頁。

(28)　［大木 1992］一三五—一四三頁、を参照。

(29)　［小林秀之 2001］、［岡田・高橋 2001］、を参照。

(30)　［内閣府 2003］、［内閣府 2007］、も参照。

(31)　なお、常に判決群の集積があれば、すべてが立法へという方向へと向かうわけではない。たとえば、法定されていない担保手段の中でも、取引において相当な役割を果たしている担保手段として譲渡担保と呼ばれる法的手段がある。譲渡担保は、目的は担保、形式は移転、すなわち担保目的であるが財産の所有権を相手方に移転する形の担保手段である。担保設定者が目的物の占有を移す必要がなく営業用の機械などの動産についても担保化できる点で、古くから取引社会で用いられ、不動産、債権、集合物へとその目的も広がり、判決群も集積している。しかし、同じく法定担保ではなかったいわゆる仮登記担保は早くに法制化されたが、譲渡担保については、いまだに立法化されていないのである。

(32)　［石部 2006］一六二頁、を参照。

(33)　［Barnett 1998］114（一四〇頁）、を参照。

第八章　市場の法的問題と法的思考

一　法的推論の性質

市場の財・サービスをめぐる取引に関連して、解決しなければならない様々な具体的法的問題が発生する。契約当事者の交換が自発的なものならば、その行為の法的効力はいつでも維持されるべきか。そもそも、相手方に対して重要な情報が開示されなかった場合には、自発的な交換と評価できるのか。相手方に移転した財産に欠陥があった場合や、契約を締結した財産の引渡しが終了する前にその財産が滅失した場合に、一方の当事者は、相手方に対して、どのような法的主張ができるのか。契約違反により発生した損害は、どの範囲で賠償されるべきなのか。契約違反により解除権を行使することにより、契約関係から離脱できる条件は何か。

これらの問題群は、法システムが契約当事者に対し付与している権能や賦課している義務の内容に関わっており、制定法あるいは裁判所の先例に基づいて、この問いに答えようとする。これが、特殊な思考様式・推論形式として法的思考を解明する法的思考論ないし法的推論と呼ばれる問題である。

法的義務を賦課する、あるいは法的権能を付与することについての言明を、法命題（legal proposition）と呼ぶことにすると、法命題の意味内容を確定するときに提起される問い、個別のある法が、どのようなことを指図しているのか、すなわちWhat is the lawが、本章の課題である。これは、前章で扱ったWhat is the law、つまり法システムが一般的にどのような特徴を有しているのかという課題とは、密接に関連はしているが、独立して扱われるにふさわしい。

法的思考がなされる典型的な場面は、What is the lawという問いを発するときである。この法的思考の主体に関連しては、法曹集団とりわけ裁判官による法的思考が取り上げられることが一般的である。たしかに、法を用いる思考という最も広い意味で法的思考を把握するならば、裁判官と並んで、立法者や行政官も、法的な思考をおこなっているといえよう。また、統治機関には属さない弁護士や法学者も、法的思考の担い手であるし、統治機関に属さない一般私人も、いわゆる内的な視点から自らの行為指針を求め、法を遵守しようとする場合には、法的な思考をおこなっているといってよいだろう。しかしながら、これらの点を前提にしても、法的思考の特質を検討する最適な素材は、裁判官が裁判の審理を経て判決を導出する裁判過程でおこなわれる法的思考であって、法的思考の典型的な場面は裁判の場面なのである。

裁判が法的思考の典型的な場面と考えるべき理由は、この第Ⅲ部の冒頭で展開したが、再度、二つの性質の異なる理由があることを確認しておきたい。第一は、法的思考の固有の性格が、その問題志向的な側面にあると考えることによる。いかに抽象的な条文であっても、その淵源には具体的な問題が存在するはずである。言い換えれば、具体的な問題と切り離しては、条文により指図されている意味は本当に明らかになったとはいえない。よって、立法や行政の場面よりも、具体的な紛争の解決をその目的とする裁判こそが、法的思考の典型的な場面なのである。第二は、法的思考の権力性にある。法的思考の産物は、程度の差はあれ、組織化された権力によって、実現されることを予定している。現代国家では、法は、単一の国家による組織による権力により、強制的に実現されるという特徴を有している。強制力と連関性を有すること、これも法的思考の特徴を適確に把握するために必要な条件である。したがって、執行力を有する判決を下す権限を有する裁判官による法的思考は、法的思考の問題を考えるうえでの必要条件を備えている。よって、実務法曹（legal profession）や法学研究者（legal scholar）による法的思考も、裁判という場を前提として議論されるならば、裁判官による法的思考に準じて取り扱われるべきである。

裁判官がいかにして判決へ到達しているのか、あるいは到達すべきかについての裁定理論（adjudication theory）は、法的思考論を考えるうえでの中心的な重要な位置を占めている。裁判官は、目の前に提出された紛争に対峙して、事実の認定および法の適用・解釈という諸作業をおこない、判決という形式で、法に基づく正当化根拠を示して、その判断を示す。この裁判官の作業は、二つの異なる種類の作業に分類することも可能である。第一は、主として裁判官自身の内部領域でおこなわれる作業である。裁判官は、当該問題について、どのように解決したらよいのか、どのような法規や判例を用いるのか、どのような解釈論を展開するのかということを検討する。いわば、法的問題の解決指針や結論を発見する過程である。第二は、その問題がどのような問題であるかを同定したうえで、解決に至ったかを、他人に示すために費やされる作業である。いわば、法的問題への結論を正当化する過程である。この第二の正当化過程は、第一の発見の過程を忠実に反映する必要は必ずしもない。発見の過程は入り組んでおり必ずしも直線的には進んでいないことも多い。このような場合には、正当化の過程において、発見の過程が、正当化過程の目的と適合的に再構築されるのが通常であろう。

1　法的推論と理性

法的推論という概念は多義的であるが、本書では、法的推論という概念については、法を用いておこなう特殊な推論形式という意味で用いることにする。もし推論が何らかの意味での理性に基づいておこなわれるとすれば、法的推論をおこなうときに用いられる理性とは、どのような性質を有する理性なのであろうか。それは何らかの普遍的の真理に基づくものか、あるいは論理学における推論という意味で論理的な推論と同じ性質を有するものなのか。現実の裁判の過程に多少でも携わった者ならば、どちらの問いにも頷くことはできないだろう。

もし、人間には本来備わっている自然的な理性があるとすれば、法的推論における理性は、人間の本性として備えている理性と同じ性質のものになるという考え方も可能である。しかし、法的推論における理性と人間の本性たる理性とが同じ性質のものであるとすれば、裁判官だけではなく、立法者も、その理性を備え発揮することが可能であるということが導かれるだろう。とすれば、法的推論の問題で検討の対象とすべき理性は、むしろ立法者の理性であって、裁判官は立法者の理性を実現する道具としての地位にあると考えるべきなのかもしれない。しかし、こうした立場とは対照的に、自然的な理性とは異なる人為的な理性が存在し、これは一定の訓練の結果としてこそ修得することができるという立場もありうる。裁判官が法的推論の過程で行使するのは、こうした人為的な理性としての法的な理性であるという考え方である。このように考えれば、法的推論の問題で検討の対象とすべきは、立法者の理性とは区別された、裁判官あるいは法曹、法学者の理性であることになろう。ただし、裁判官の理性は、特定の裁判官の属性として備えられた理性というよりも、裁判制度という場と結びついて初めて形成されて、裁判の場で発揮されるものであろう。発生した具体的な紛争に対して事後的に判決を下すということ、裁判審理における当事者主義、専門家として純化された裁判所を構成する裁判官ひいては法曹集団に属することなどが、このような人為的理性の背景となる。

2　二種類の理性

法的な推論や法的思考の性格をめぐる論争としては、概念法学のような形式主義的傾向と、こうした形式主義を批判する自由法学、リアリズム法学等の諸潮流との対立が有名である。このような一九世紀から二〇世紀に繰り広げられた論争を遡ること数世紀前、近代の初期の思想家であり社会契約論で有名なホッブスが、『哲学者と法学徒との対話』中の「理性の法について」という章で、法をめぐる推論の性格に関して検討をおこなっている(1)。ホッブスは、制定法に服従するのはなぜかという論拠を探求する中で、法をめぐる推論で発揮される二種類の理性について対話編の形で論述を展開している。

対話編は、哲学者と法学者との対話の形で進行する。

哲学者は、高名な法学者サー・エドワード・クックの『イングランド法提要』において述べられた「理性こそが法の生命である。しかりコモンローこそ理性に他ならない。」「衡平法は、成文法を解釈し修正する完全な理性であって、それ自体は不文法であるが、正しい理性のなかにこそ存在する。」という言葉に賛同しつつ、もしクックのいうように「衡平法が理性である。」とすれば、誰でもが、すべての法律について、それは理性に反するということができるし、それを法に服従しない口実にすることが可能になってしまうのではないかとして、クックの言葉に対して、疑問を提起する。

この哲学者の疑問に対して、法学者は、二種類の理性があることを主張する。人間の本性としての自然理性と人為的理性の二種類である。法学者は、クックがいう「法が理性である。」という言葉における理性とは、人間に本来備わった自然理性（人間の本性）とは異なるものであって、多年にわたって積み重ねられた研究や考察・実務経験によって獲得された、人為的理性の完成品であるとするのである。

しかし、この法学者の説明に対して、哲学者は納得しない。法律の知識は一種の技術であるとしても、「理性こそが法の生命である。コモンローこそ理性にほかならない。」とか、「衡平法こそ理性である。」というときの理性が、なぜ「自然理性ではいけなくて、人為的理性（法解釈のための推論）でなければならないのか。」が不明である、と反論する。さらに、哲学者は、法律をつくるのは立法権を有する主権者以外にはなく、ある裁判官の理性や裁判官全体の理性は、法律をつくるものではないとして、この点は、制定法でもコモンローでも変わることはないのだと主張するのである。

哲学者の考え方によれば、二種類の理性はない。理性という名前にふさわしいのは人間に普遍的に備わっている本性たる理性のみであり、法解釈のための推論としての人為的理性はその名前に値しないことになる。ただし、法解釈のための推論に理性という名前がふさわしいかどうかは、本書での議論の主たる関心事ではなく、本書において、このホッブスの一節を取り上げたのは、哲学者が、理性の意義を問う議論を通して、裁判官の経験に基づいた賢慮を軽視して、立法者が裁判官をコントロールする関係にあることを強調している点に着目したからである。要は、哲学者の言わんとするところは、裁判官は立法者たる主権者の制定した立法を操作するオペレーターの地位に甘んじるべきだということであろう。このような考え方は、哲学者も自認しているが、数学の方法論が法学の方法論の手本となると考える立場といえるのであって、推論方法の領域において、まさに法学方法論における概念法学の考え方に対応する。哲学者が言及する、「起こりうるすべての争論に適用されうる理性の法」という観念は、欠缺のない完全な法典をつくることができるという大陸合理主義の体系論的な考え方に気脈を通じているのである。

哲学者は、次のことも述べている。「法の言わんとするところや、法文の意味からかけ離れていなければ、裁判官のように博識な人ならば、法文の意味を取り違えることがないだろう。」また、「弁護士には法文をこじつける能力が必要だし陪審員や裁判官を欺くレトリックが必要であろうが、私はそのような技巧を持とうとは思わない。」と、皮肉っぽい言い方さえもしている。哲学者の立場は、人間の本性たる理性を尊重する一方で、法的な推論については、技巧以上の何ものでもないと切り捨ててしまう立場のようである。つまり人為的理性という名前で表される、裁判官や裁判という制度的な枠組みで導出される判断は、軽蔑的な意味でのレトリック、単なる技法に過ぎないとされてしまうのである。しかし、法的推論が、そのような技巧に過ぎないという結論には、軽々しく頷くことはできない。以下では、こうした哲学者の議論に対して、法学者の側から反駁することが可能なのかを検討してみたい。

3　法的三段論法の論理性

裁判の判決書は、一般的で抽象的な文言の法規範を、認定された事実に適用して、判決を導出するという形で一般に表現される。この判決書は、法規範を大前提とし、認定された事実を小前提とし、結論が導かれるという構造を有しており、これが、いわゆる法的三段論法（Legal Syllogism）と呼ばれるものである。法規範は、要件と効果という形で、その構造を表すことが可能であって、大前提としての法規範の要件に、小前提としての事実を当てはめることによって、法規範の法的効果が導き出されることになる。

たとえば、大前提として「他人の財物を盗んだ者は懲役三年の刑に処する。」、小前提として「被告人YはX所有の自転車を盗んだ。」とするならば、三段論法の結論として、「ゆえに被告人Yを懲役三年の刑に処する。」という判決が導かれる。つまり、法的三段論法は、普遍的な大前提と個別的な小前提から個別的な結論が導かれるタイプの三段論法なのである。

しかし、三段論法という用語を用いるにあたり、その推論の∧論理的∨な性格については、少々注意をしておかなければならない。たしかに、法規範は、個別具体的な名宛人に向けられたのではなく、「他人の財物を盗んだ者」というように、一般的抽象的であるという意味で、用語の厳密でない意味で「普遍的」と称されることもあるし、大前提を確定する際に、他の事件にも普遍化可能な形でルール化される。他方、法規範は例外を許容するタイプの規範であるといわれることも多い。しかし、「学としての論理学における論理的推論は、前提がすべて真であれば結論が必ず真であるという推論に限る。」ならば、例外的なルールを許容する法規範は、こうした論理学でいうところの、普遍的な前提としての、全称命題とは同一のものではないことになる。(2) 法規範は、原則的には妥当するという形で表されることからすれば、いわば蓋然的な規範と呼ぶこともできる。いずれにしても、法的三段論法は、右で挙げたタイプの論理学における論理的推論とは同一種類のものでないことになろう。

法的思考は論理的推論ではないという結論は、一瞬奇妙に聞えるかもしれない。たしかに、法的な論拠から結論が導かれる過程において提出される法的論拠は複数ありうるわけであるが、論拠から結論への移行は、道理に適っている（reasonable）ことが要請される。よって、一般に使われる「法律学には論理性が必要である。」という表現が誤用であるとはいえない。ただし、この文脈で用いられている論理性は、いわゆる論理的推論とは同じ意味で必然的なものではないということも同時にいえるのである。

さて、大前提としての法規範を示す際には、解釈することが必要になる場面も多い。たとえば、被告人YはXの自転車を一時間程度つまり一時的に無断で借用して元の場所に返したとする。一時的な借用は盗取に該当しないと解釈することも可能だが、盗取に該当し、このような被告人Yは懲役三年の刑に処するという結論を導出することも可能である。この場合には、大前提として「他人の財物を盗んだ者は懲役三年に処する。」の他人の財物を盗んだという行為は、無断で他人の財物を一時的に借用した行為を包摂するという解釈をおこなったうえで、小前提として「被告人YはX所有の自転車を一時的に無断で借用した。」とし、結論として、「ゆえに被告人Yを懲役三年の刑に処する。」という判決が導かれることになる。

法的三段論法の構造を明快に披瀝する装置として刑事法の事例を用いたけれども、契約法の領域においても、三段論法の基本構造と特徴は、刑事法の領域と同一である。被告人YがXの自転車を盗んだ場合と同様に、「売買の目的物に隠れたる瑕疵があった場合、売主は買主に対して、損害賠償責任を負う。」という民法五七〇条を大前提とし、「被告Yが原告Xに売却した家屋の柱は白蟻が巣くっていた。」を小前提とし、結論として「ゆえに被告Yは原告Xに対し損害賠償をせよ。」という判決が導かれる。白蟻が巣くっているという物理的瑕疵は、大前提にある

「瑕疵」の意味に含まれるということに、まず私たちの間で異論はないからである。いわば、法規範を受容し生活を営んでいる私たちの中で、文言の意味の確定性が疑わしくなるという、意味のよどみは生じていない。他方、被告Yが原告Xに売却した家屋で六年前に自殺した者がいた場合には、大前提の「売買の目的物に隠れたる瑕疵があった場合、売主は買主に対して、損害賠償責任を負う。」の解釈問題、具体的には民法五七〇条の「売買の目的物の瑕疵」が物理的な瑕疵だけではなく、物理的な瑕疵ではないが財産的な価値を低下させるような、いわゆる心理的ないし環境的瑕疵を含むのかという問題が生じてくるのである。

4　概念法学・形式主義の成立と問題点

法的三段論法の論理性が右で論述したようなものであるならば、法的三段論法における大前提の解釈や大前提と小前提から結論への移行において、解釈をおこなう裁判官の主観が、裁判に対し影響を与えるのだろうか。本章の第一項で紹介したようにホッブスの対話編でいう哲学者は、「法の言わんとするところや、法文の意味からかけ離れていなければ、法の文言の意味を取り違える危険性はない。」とか「理性の法は、起こりうる、あらゆる争論に適用できるはず。」と述べており、裁判官の主観が影響を与えることに対し消極的な態度をとっていた。裁判官の主観が裁判に影響を与えることを否定したうえで法的思考論を構成する見解と、こうした見解を批判する立場との間において、周知のように論争が積み重ねられてきた。

そもそも、裁判官の主観がまったく混入しない裁判は、どのような構造の下で実現しうるのだろうか。その具体的イメージを描き出すために、多少カリカチュア的な論述をしてみたい。

まず、立法者が、ある値をインプットすれば確実で真なる回答がアウトプットされるような自動計算機械つまりコンピュータを設計できるとする。次に、裁判官は、立法者が設計して組み立てた、このコンピュータの前に座るオペレーターの業務を遂行する。裁判官は、法に従った判断を求めて提出された紛争につき、事実を認定した上で、この事実をインプットする。このコンピュータのプログラムには、あらゆる紛争についての完全な回答が用意されている、言い換えれば、「データにはありません。」という回答は返ってこない。裁判官がコンピュータを操作するにあたっては、裁判官の主観的判断の入る可能性が排除される程度に、法規範の内容は、十分に明断であるとする。以上で述べたような複数の条件がすべて充足できるならば、裁判官の主観を完全に排除することが可能となるが、これはリアリティに欠けることは明らかである。

裁判官の主観を排除する考え方によれば、法的三段論法とは、解釈者の目的とは無関係な、因果的包摂による法認識の過程であると把握することになるが、こうした立場の代表は、周知のように、ヨーロッパ大陸における概念法学と呼ばれる見解である。概念法学の定義は様々であるが、一応、以下のような考え方に基づく立場としてよいだろう。すなわち、欠缺のない完全な法典を作成することができる、法規の形式的操作によって現実が拘束され処理されうる、法的安定性を重視して予測可能性の上に成り立つ静止的な安定した社会において現状の維持を求める、裁判官に対する不信と裁判官を法規によって強く拘束しようとする等である。(3)

このような認識は、右で挙げたカリカチュア的な例を想起してみれば明らかだが、現代の私たちから見ると、正直いって、いささか不自然のように思える。にもかかわらず、このような方法論が、なぜ疑いなく通用し得たのか自体興味深い問題である。

概念法学の性格を浮き彫りにするものとしては、法解釈学の任務を概念による計算と性格づけたサヴィニーの言葉が有名であるが、こうした概念法学は、ドイツの民法学者ヴィントシャイトのパンデクテン教科書（一八六二）において完成されたとされ、パンデクテン法学とも呼ばれている。公理から演繹的に法命題を導出する方法が開始したのは、いわゆる体系的なパンデクテン法学の全盛である一九世紀ではなく、もう少し遡るが、この過程について、石部雅亮の紹介が詳しい。

石部によれば、一七世紀において、哲学者のライプニッツが表した『法学の研究と教育の新しい方法』（Nova methodus discendae docendaeque jurisprudentiae ex artis diaacticae prinsipiis, 1667）が、法と法学全体を体系的に叙述する先駆的な書物である。一七世紀においては、ガリレオによる数学的方法を自然認識に応用して、デカルトが哲学においてもこの方法論を適用する試みをおこなった。すなわち、数学以外の領域にも、数学的証明方法を取り入れて、真理の発見と論証を数学的な確実さの基盤のうえに立て直すことが重要な課題となっていた時代であり、ライプニッツも、このような新しい認識方法を用いて、法学の学習と体系を改革したのだと、石部は述べる。(4)

新しい方法論の導入により法学の研究や教育も変容を遂げる。一七世紀以前でおこなわれた法学研究や教育では、個々の法文を一つ一つ註釈するやり方がおこなわれていたのに対し、ガリレオやデカルトによる合理主義的な方法論を取り入れた法学の領域では、註釈の方法とは異質な「幾何学的方法」（mos geometricus）が採用される。石部によれば、ドイツでは、ハレのヴォルフ等にみられるように、公理から演繹的に法命題を導出する方法が広まったとされる。(5) このような新しい方法論が広まった結果、法的思考における個別の問題解決思考的な側面が失われ、一九世紀にかけて、イェーリングにより概念法学と皮肉られた方式へと最終的に結実したと推測される。

このような概念法学を批判し、裁判官が法適用に当たって、一定の目的に従って結論を導出するという観点を重視することを提唱した中心が、一九世紀後半以降に出現した自由法学と呼ばれる論者たちである。(6) また、公理から演繹的に法命題を導出するという推論過程に基づく形式主義的な傾向は、制定法主義であるヨーロッパ大陸のみならず、判例法主義を採用する英米法においても、中心的な役割をはたしてきている。社会学的法律学のR・パウンドやリアリズム法学J・フランクが批判した機械的法律学（mechanical jurisprudence）と呼ばれる考え方が、これに該当する。

たとえば、ルール懐疑主義的立場であるリアリズム法学の代表者の一人であるJ・フランクによれば、裁判官は、確認された事実の組み合わせに、このようなものとして確定的に規定されたか、あるいは権威的に規定された前提から正確に演繹され、厳密に定義された法的公式を適用する権能を有しているに過ぎないというのが、伝統的な立場であったと指摘されている。この伝統的な立場では、ルールとしての法準則と法原理を適用する裁判官は、以前の事件における判決意見から派生する、ある法準則と法原理を、大前提とし、事実を小前提としたうえで、純粋な推論過程によって、判決に到達する。(7) よって、〈裁判官の法適用全体をいかなるモデルで把握するか〉については、三段論法を使った因果的包摂により回答が出ると考えていることになる。しかしながら、裁判官は人間であり、どのような人間であろうと、その正常な思考過程において、このような三段論法的推論を経て、決定に達する者は一人もいない。よって裁判官も、単に裁判官用のローブを纏うことによって、そんなわざとらしい推論方法を獲得するようなことはあるまいと仮定する方が、むしろ正当である。裁判所の判断も、他の判断と同様にたいていの場合に試験的に形成された結論から逆行して引き出されるのは疑いないと、フランクは主張する。(8)

概念法学あるいは機械学的法律学のような立場を徹底することは、極めて困難であると同時に、重大な弊害を発生させる。まず、機械の単なるオペレーターとしての存在に裁判官などの法解釈者をおき、主観を封じるわけであるが、これは幻想以外の何ものでもない。この幻想に実体を与えるかのようにみせたのは、先に言及したように、法的推論が公理から演繹的に導出されるという考え方の蔓延であるが、こうした幻想は、静的な社会ではなく、現代のようなダイナミックな動的な社会では、維持することは不可能である。つぎに、弊害の点では、概念法学や機械学的法律学は、法の支配の基礎にある予測可能性という価値に資することを標榜しているものの、むしろ逆の方向つまり法の支配を害する方向に機能する可能性が高い。主観が入らないことが現実的に不可能であるならば、その立場の表面的な維持には、欺瞞が入らざるをえず、裁判官の価値判断との関係を認める以上に、より予測可能性が害されることになる。

では、個別の紛争を目の前にした裁判官が、実は判決を下す過程において、法的三段論法に従った推論過程を辿っていないならば、固有の法的思考としての地位を保有しているようにみえる法的三段論法の役割とは何か。

この解答は、三段論法に対して最も懐疑的な立場の一つであると考えられるリアリズム法学のフランクの言葉が、一つの手がかりとなるだろう。フランクによれば、三段論法は形式論理であるが、こうした形式論理は一定の場合には、正当な任務を果たすという。すなわち、議論を三段論法という構文の形式で検討することは、事後の検証の下で、議論を裸にし、もし、その議論に弱点があるときには、その弱点がどこに存在するかを理解するのに有益である。(9) すなわち、リアリズム法学のフランクでさえもが、法を発見する領域では三段論法の役割を否定するものの、法を正当化する過程においては、法的三段論法に一定の役割を認めているのである。

このように、裁判官のような解釈者が判決を下す過程で法の発見過程と法的正当化の過程との二つの異なる作業をおこなっているという考え方は、現在では一般的であって、周知のようにこの分け方を象徴的に示したのは、ドイツの法学者 K・エンギッシュによる、有名な、いわゆる「視線の往復」という表現である。エンギッシュは、法を発見する過程と法正当化の過程を区別したうえで、法発見の次元では、裁判官は、法規範と生の事実との間の視線の往復をおこなっているとした。裁判官は、目の前に提出された個別の紛争の事実関係に基づき、その紛争の解決を念頭におきながら、適用すべき法規範、その法規範の解釈を措定し、ある法規範の適用、解釈によって、どのような結論が導き出されるかをふまえながら、場合によっては、繰り返し法規範の適用・解釈と生の事実関係との間を往復するのである。このように考えれば、裁判官の法適用過程が因果的包摂なのか目的的包摂であるかという、いわば二者択一的な問題設定は弾力化するのであり、問いの構造自体が変化して解消してしまうともいえよう。(10)

アメリカにおけるリアリズム法学やヨーロッパ大陸における自由法学が唱えた、裁判官が法適用する過程において、結論からルールや原理へと逆行するという視座や目的にしたがった解釈という視点は、現代の私たちにとっては、それほど違和感はない。しかし、こうした考え方自体があきらかにするのをためらわれるような異端な考え方であるとされていたのが、自由法学やリアリズム法学以前の時代であったともいえるだろう。したがって、現代においては、もちろん懐疑主義的な立場としてのリアリズム法学や自由法学の論者の立場がすべて受け入れられているわけではないにしろ、彼らのおこなった問題提起の一部は、現代の私たちにとっては当然の前提になっているのである。そして、こうした当たり前の前提が一八世紀から一九世紀にかけて受容されていなかった背景には、次節で展開するようなある特定の思想傾向、体系的合理主義的な考え方が少なからず影響しているといえる。

二　言語と法実践

1　言語論的転回の意義

自由法学やリアリズム法学により批判された概念法学や機械学的法律学が共通して有している特徴の一つは、体系化されていない素材たとえば法文（条文）、裁判例、学説などを、一定の公理に基づき体系化することであった。この近代における公理論的な体系化志向は、社会の生じた問題の解決のため、体系化されていない素材群の意味を探求するという問題志向とは、ある意味で対照的である。

概念法学のような形式主義的法律学にとっては、操作の対象である概念の定義をすることは極めて重要な作業である。しかし、そもそも、概念の意味は、その概念が用いられる具体的文脈と独立して完全に定義しつくされるものだろうか。

ここで、法文より広い意味での、言葉の意味の生成過程について考えてみたい。ある社会の中でスムーズに用いられてきた言葉の意味に対して、誰かから疑問が投げかけられ、その結果として、別の解釈が示されることがある。そして、それまではスムーズに用いられてきた状況が破られて、元の解釈と新たな別の解釈とが対立し、その後にまったく新たな意味が生まれてくる。これが、古代ギリシャにおいて、ソクラテスが述べた意味での弁証法であるといわれることがある。(11) 日本においても、第六章で紹介した『出定術語』の著者である富永仲基（一七一五―一七四六）のように、荻生徂来などによる「聖なる言語」という像を破壊し、言語を使う人間の側に正しさの基準を置く言語論を唱えた者もいる。富永仲基は、術学の様々な教説の発展をその内容の分析を通して歴史的に位置づけた『出定術語』を著したが、そこで有名な「言語には、類があり、世があり、人がある。」という三物五類の分類をおこなっている。(12) 言葉が人間によって使われることで初めて意味を獲得するという点を鋭く見抜き、比喩を本質と捉えることで、言葉の意味の変化、多様性、不確定性をむしろ肯定的に捉えた言語論を展開している点は注目に値する。(13)

ソクラテスが用いた意味での弁証法は、西欧においても、古代、中世、近代、現代に間断なく尊重されてきたわけではない。近代に入り、こうした弁証法は衰退していったが、衰退するに至った背景は、すでに本章の前節あるいは第Ⅰ部第一章で言及した。すなわち、社会の具体的な関係を背景にしていない抽象的な人格を措定したうえで人間の認識について議論がなされたことこそが、その背景にある。そして、近代におけるデカルト流の大陸主義的な合理主義的な体系論思考の下に、抽象的な人間の認識を対象とする議論がなされた場合には、ソクラテスが述べた意味での弁証法は、周辺部に追いやられてしまうのである。というのは、この意味での弁証法は、社会のコンテクストの中の意味の認識に関わる方法論を採用しており、抽象的な人間像とは相性がよくないからである。デカルト流の合理主義の下においては、数学的方法を認識に応用して、数学以外の領域にも、数学的証明方法を取り入れて、真理の発見と論証を数学的な確実さの基盤のうえに立て直すことが重要な課題とされ、公理から演繹的に法命題を導出する方法が志向される。こうした時代においては、法的概念の研究も、次のような形になる。すなわち、法的概念の研究は、その概念が使用されるコンテクストと関連させて役割を検討するという形で言語の意味を分析する方法ではなく、概念の本質に基づいて定義をするという方法によることになるのである。言葉の意味のゆらぎから端を発する問題思考的な性格を有する弁証法的な方法論は、近代が求めた確実さの基盤も、体系的な堅牢さも欠いていたため、近代における認識論では退けられてしまったといえる。

こうした近代における認識論の枠組みの特色について、中山竜一は、「近代における認識論枠組みは、（a）自然的事実の世界と人間の意思の世界との分離、（b）事実の世界や意思の世界を写しとる透明の媒体としての言語、および、これらの事実や意思の写像、あるいは、表象としての知識、（c）科学や学問といった営みは究極的には事実とその表象との対応や一致を目指すものであるとする、普遍的真理への斬新的進歩の観念、この三つを特徴としていた。」と述べる。(14) すなわち、近代のこのような認識論的枠組みにおいては、透明な媒体としての言葉は、実在する実体を、そのまま表象していることになる。そうなると、その言葉が用いられる社会的な日常のコンテクストから切り離されて定義することも可能となる。仮に、近代において、このような共通の認識論的な基盤が成立していたという立場を肯定すれば、概念法学・機械学的法律学対自由法学・リアリズム法学の対立は、この共通の認識論的な基盤の制約の中の対立であることになり、こうした認識論的な制約を受けていたといえる。

近代のこのような認識論基盤に結びついた言語観が大きく転換したのは、一九世紀の終わり頃から二〇世紀にかけてであり、この転換を指して、「言語論的転回（linguistic turn）」と呼ばれるのが現在では一般的である。この言語論的転回という名称は、アメリカのプラグマティズムの代表的論者であるR・ローティが編んだアンソロジーにより普及したらしい。(15) ローティのアンソロジーでは、論理実証主義、後期ウィトゲンシュタイン、日常言語学派の英米圏の哲学者が中心的に取り上げられているが、必ずしも英米圏には限られず、ヨーロッパ大陸なども含めた動きである。言語は意識や観念を運ぶ透明な媒体ではない、言語そのものへの分析が哲学の問題となるべきであるという考え方が、分析哲学の核心であり、言語論的転回の成果の一つであるといってよいだろう(16)。

言語論的な転回の主たる担い手が厳密に誰であったかどうかは議論の余地があるところであるが(17)、少なくとも、法的推論や法的思考の点では、次のことがいえるだろう。言語論的転回が哲学の領域に新たな地平を切り開いたとしたら、一七世紀以降デカルト流の合理主義的な公理論に基づく体系論思考と結びつける形で体系化が進められた法律学の研究・教育方法もまた、この言語論的転回によって、重大な影響を受けざるをえないということである。たとえば、契約をめぐる法律関係において用いられる「要素」、「給付義務」、「危険」のような法律用語をそれ自体独立した実体のある概念として定義したり、法律用語を用いてなされる法的言明を社会的なコンテクストから切り離して考えたりすることには、限界があることが意識されざるをえない。すなわち、社会の個別のコンテクストを無視しては、法律用語や法的言明は十分に理解することはできないのである。ただし、このことは、法教義学にまったく意味がないとしたり、法体系の存在自体を否定したりする強い主張を展開しているわけではない。

2　言語論的転回と法理論

ある言語がどのように使用されているかについての哲学上の問題関心の浮上は、言葉によっておこなう法的思考や法解釈の領域に対しても影響を及ぼすことになるだろう。かつて、デカルト流の合理主義的体系論思考が、法学研究や法学教育に強い影響を与えたのと同様に、この言語論的転回と呼ばれている、具体的なコンテクストでの言語の用い方に着目した新たな考え方、あるいは近代以前には存在したが忘却されていた思考方法の復活は、法学研究や法学教育にも影響を与えざるをえない。

デカルト流の合理主義的体系論思考が確実さの基盤の下に真理を演繹しようとする試みであったことと比較すると、言語論的転回と呼ばれる認識論の枠組みは、相対的には脆弱な基盤の上に成り立っている。というのは、言語論的転回においては、言語は具体的な社会的コンテクストの中で意味が担われるとされるからである。法的思考の領域では、一定の自立性を有する法体系の内部において法的な事実が構成された上で意味が担われるという一定の枠がはめられるが、それでも不確定性の要素を完全に拭いさることはできない。極端にいえば、社会的なコンテクストの中で意味が担われるということを徹底すれば、その意味は、純然たる個別的な決定となり、普遍化の可能性を全く喪失してしまうかのように思えるが、これは法が一般的抽象的規範であるという、法律学における常識とは真っ向から対立する。

加えて、法適用・法解釈において確実性の基盤が失われることをめぐっては、法的言明の場合と、法的言明以外の場合とでは、決定的に異なる重要な問題を孕んでいる。一般的によく使われる表現を用いるならば、「法的安定性を害するのではないか。」という表現を想起してもらえれば、この問題の構図の具体的な一応のイメージが描けるだろう。ただし、事態はもう少し複雑である。

人の発した言葉によって、人は必ずしも強制されるわけではないが、他方、裁判における判決は、終局的には組織的な強制により実現されることが予定されている。これは、法システムが、組織的強制力によって実現される暴力装置という側面を有しているためであり、法的言明は、言語一般とは異なる特徴を有するのである。法的思考を検討する際には、その問題志向的な性格と並んで、組織的な権力の存在は、重要な要素を占める。そして、直接的な権力行使権限を保有していない弁護士のような実務法曹であっても、裁判という仕組みを前提にして、法適用や解釈を検討する以上、そこで用いられる法的な言葉は、法の権力的側面と切り離すことはできない。たしかに、法文は、言語哲学の視点からみれば、小説と同じく言葉から成り立っている以上、文芸批評の分析で用いたのと同じ方法論を応用しうる対象となりうるのであって、法解釈論に、文学作品の解釈方法論を応用することは可能であるし、重要な成果が提供されている。[18] しかし、文学作品の解釈によって、人は、賠償を命じられたり、刑に服したりすることはない。法実践から比較的遠い立場にいる法学研究者の領域で法適用や法解釈が検討される場合であっても、法の権力的側面を完全に遮断して、いわば小説の解釈とまったく同様に取り扱うことは、適切ではないのである。したがって、仮に近代の法的思考における確実性の基盤自体が本来相当に危ういものであって問題を孕んでおり、その代替物として言語論的な転回がもたらされたとしても、法の権力的側面を勘案するならば、言語論的な転回によってもたらされた確実性の基盤の脆弱さ、つまり法の不確定性の問題は、法的思考論の問題としては真剣に取り組まざるをえないのである。

法の不確定性の問題については、もしそれが可能であれば、単純だが強力な解決方法がありうる。それは、法適用や法解釈のうち、ある一部は不確定な領域であるが、残りの一部は確定的な領域があるという区分けをおこない、不確定な領域は、当該法システムの基盤を浸食しない程度に押さえられているとする解決方法である。日常言語学派の影響を強く受けたとされる、法実証主義者ハートが提起した司法裁量論は、このような方向性で、法の不確定性の問題の解消をはかる理論であるといえるだろう。[19] 確認であるが、ハートは、制定法や過去の判例に含まれる法的ルールから演繹的にあらゆる判決を導出できるとする機械学的な法律学にも属さないし、リアリズム法学のようなルール懐疑主義的な立場も採用していないのである。[20]

ハートによれば、法的ルールが日常言語で書かれた開かれた構造（open texture）を有する以上、すべてにとって一義的な意味を有することはできない。言語は、確実な核心部（core of certainty）とそれを取り巻く曖昧な周縁ないし疑わしい半影部分（penumbra of doubt）によって構成されるのである。ほとんどの事案では、個々の法的ルールの意味は、ルール体系を通して標準的範型として辞書的に規定されているので、その適用範囲や運用条件の確定にそれほど困難は伴わない。これらの単純な事案では、法的ルールの意味は、確実な核心部を参照すればよい。しかし、一部の事案では、特殊事実的な状況に直面して、言語で定式化された一般的ルールが不確定な状況に置かれることがある。ハートによれば、こうした事案は、言語の曖昧な周縁あるいは疑わしい半影部分に関わる場合であり、一義的な意味が存在しないと考える。一義的な意味が存在しない場合には、ルールを決定する権威的機関が裁量を行使せざるをえず、唯一の正しい回答があるかのように取り扱う可能性はないとする。すなわち、裁判官は、一定の、つまり不確定な領域では、ルール創設的な裁量権限を行使することになるのである。(21)

右で述べた考え方は、一般に司法裁量論と呼ばれているが、ハートの司法裁量論については、周知のように様々な疑問も提起されている。(22)

まず、問題なのは、確実な核心部分と疑わしい半影部分との区別である。この区別は、その境界が明確に設定できるという立場——これ自体が近代の合理主義的な立場と親和的であるが——を前提とすれば、正当化しやすいが、言語の意味自体がゆらぐという立場をいったん認めた以上、明確性は、相対的なものにならざるをえない。つまり、言語が開かれた構造を有しているならば、そもそもその境界自体が設定できるのかから疑わねばならないだろう。ハートのいう確実な核心部の確実性の意味にも依拠するが、ハートがいうほど、法的ルールの適用や運用条件の確定は容易である場面が必ずしも多くない。

次に、単語が漠然としているからとか抽象的であるからという理由でテクストが不明瞭な場合以外でも、法をめぐる意見の対立が存在する。このような場合においても、裁判所は広大な解釈の権限を行使することを認めるとすれば、ハートの司法裁量理論だけでは十分な説明ができない。(23) 解釈の必要性がある広範な場面における解釈の正当化様式の問題を展開するのが、R・ドゥオーキンである。

たとえば、ドゥオーキンが、その著書の中で挙げる次のような例を考えてみよう。Xは、祖父の遺言書に自分の名前が書かれていることを知って、祖父を殺害した。相続人が被相続人を殺害した場合につき、相続欠格事由について規定した州法のルールは、相続人による被相続人の殺害を欠格事由としておらず、相続欠格事由に関する当該法的ルールは、通常おこなわれている文言解釈に従えば、Xが相続することを認めていることは明確であった。このように法的ルールの適用範囲が明確である場合には、ハートの司法裁量論に基づけば、裁判所はXの相続を認めないことは許されないことになろう。しかし、この事例のもとであるアメリカの判例であるリッグス対パーマー事件（一八八九年）では、裁判所は「何人も自ら犯した不法から利益を得ることができない。」という法格言（maxim）を援用して、Xに相続を認めなかった。(24) このような「何人も自ら犯した不法から利益を得ることができない。」という法格言は、すでに前章である第七章で言及したように法的ルールと区別された法原理（principles）と呼ばれるものであり、法的ルールを修正する役割を果たすものである。ハートが、法をルール体系として捉えていたのに対して、ドゥオーキンは、ルールとは異なる性質を有する原理が、法的推論において重要な役割を果たすことを強調したのである。(25)

ハートの司法裁量論では、裁判官の裁量権限が行使されるのは、疑わしい半影部分に限定されたが、他方、ドゥオーキンのように法システムをルールと原理の複合的な構成物として捉えるならば、解釈者の意見が分かれるような難事件（ハードケース）における裁判官の裁量権限の行使は、ハートの司法裁量論と比較すれば、格段と増大するかのようにみえる。しかし、ドゥオーキンの理論は、裁判官の司法裁量権を広く認める考え方ではなく、むしろハート的な意味での司法裁量を否定するという方向へと進む。この方向性を理解するには、ドゥオーキンの法原理の位置づけが鍵となる。ドゥオーキンの提唱する構成的解釈と呼ばれる法解釈論に従えば、裁判官は、以下で述べるような一定の様式で最善の解釈をすることが可能である。すなわち、具体的なハードケースを目の前にした裁判官は、制定法や過去の先例との整合性、法制度全体の体系やその背景、法制度の基盤にある道徳哲学、政治哲学などを総合的に考慮して、法的ルールだけではなく、当該事件において適用されるべき最善の法的原理を探求する。(26)裁判官の判断は、自らの裁量で法を創り出すという様式で正当化されるのではなく、存在する法的実践との統合つまりインテグリティ（integrity）を有するものでなければならず、かつ法制度全体や道徳哲学、政治哲学の観点から、現時点での最善のものを構成しなければならない。そして、このような条件を充足するように最善の構成がなされた解答が、法体系内部において正当化可能な唯一の正しい解答（right answer）として示されるのであって、ハートの司法裁量論におけるような法システム外在的な政策的考慮に基づいて正当化されるところでない。ドゥオーキンは、法的推論とは、構成的解釈をことにする営みであるとするが、統合としての法によれば、「法命題が真とされるのは、共同体の法実務に関して最善な構成的解釈を提供するような正義、公正、手続的デュープロセスの原理の中に当命題が内在するか、あるいはこれらの原理から導出される場合なの」だという。(27)

前章で言及したように、法的思考がなされる場合には、法的ルールと性質が異なる法的な原理が一定の役割を占めていると考えるべきであり、法的ルールで明確であるから法適用・法解釈の範囲が明確であるとはいえず、この限りでドゥオーキンのハートへの批判は的を射ているとはいえるだろう。では、さらに進んで、ドゥオーキンの構成的解釈論自体は、どのように評価すべきなのか。一見すると、現存する法実践との整合性を備えた、正当化根拠を備えた唯一の正しい解答を構成するというドゥオーキンのいわゆる構成的解釈は、法的ルールの演繹的な導出にこだわった形式主義のような難点を回避し、同時に、法解釈という権力的な要素をもつ判断にとって不都合な不確実性もある程度回避したうえで、法システムの自立性さえも維持しうる、すばらしい理論のように思える。しかし、本当に、このようなすべてを兼ね備えた解決法がありうるのだろうか。(28)

ドゥオーキンは、自分の統合としての法とは、伝統的な機械主義的な法律学を批判すると同時に、懐疑主義的なリアリズム法学も批判する立場であるという。この二つの考え方は、法の発見と導出という誤った二分法に基づいているが、裁判官がおこなっているのは、一つの解釈上の提案なのである、と。[29] しかし、ドゥオーキンのいう解釈上の提案に関連して、いくつかの疑問が生じる。ドゥオーキンの立場は、個別のルールが命じている内容が確定的であることを想定し、原理による支配で補充されるという立場に還元されてしまうのか。[30] それとも、ドゥオーキンの構成的解釈における最善性というものが、ハートのような法実証主義者がいう創造的な司法裁量とは決定的に異なる性質を有するとすれば、ドゥオーキンの主張は、ある問題への正解は実は裁判官の前にある法実践の中に存在しているために裁判官の決断の契機が不要という意味であるのか、それともこうした決断の問題は、ドゥオーキンの構成的解釈という正当化様式ではそもそも問題とされていないのか。さらに、構成的解釈における最善の解釈を導出するという過程の基盤自体が確定的なものなのか。法の不確定性の問題が、再び浮上してくるのである。

三　法実践における根元的規約主義の意義

法の不確定性の問題に対して、新たな視覚でアプローチを試みるのが、根元的規約主義（radical conventionalism）と呼ばれる考え方である。[31] 根元的規約主義は、規約主義（conventionalism）の一種ではあるが、通常の規約主義という用語で了解されているものとは相当異なっている。

規約主義のごく普通の形は、以下のようなものである。すなわち、論理の公理と推論規則が規約として人為的（恣意的）に採用され、有限の公理から推論規則を用い、無限の定理が論理的に証明をもって帰結として「導出」されると考えるタイプの議論である。[32] このタイプの規約主義は、通常、限定的規約主義（modified conventionalism）と呼ばれている。そして、前提である公理が人為的（恣意的）取決め（convention）だと主張する点では、限定的規約主義は命題の真理値が存在すると考える本質主義とは対照的である。[33]しかし、いったん公理が前提として採用された以上、その前提から必然的に帰結が「導出」されるという構造は、論理的な真理命題を前提としてその後はもっぱら応用の検討に進むという形で論理を用いる点で、本質主義と共通しているともいえよう。

規約主義の中でも、こうしたタイプの規約主義は、直感に合致したごく常識的な立場であるということができよう。たとえば、法律学の世界において、法文を大前提とし、適用対象である事実関係を小前提として、そこから結論を「導出」するいわゆる法的三段論法は、限定的規約主義に属する立場に分類されるだろう。しかし、限定的規約主義は、なぜ規約とされた前提からその帰結が必然的に論証されるのかと問いただされた場合には、その質問者を納得させる回答を用意することができないのが弱点である。その弱点があるために、あらかじめ定めた規則が個別の適用を「導出」するわけではないという、より破壊的な根元的規約主義が主張されざるを得ない状況が用意されるのである。[34]限定的規約主義では、公理と推論規則とが取り決めの対象とされたが、根元的規約主義は、公理、推論規則、定理のいかんを問わず、すべての論理的真理が、決断の都度に新たに規約として取り決められるのだと考える。[35]元来、根元的規約主義は、ダメットがウィトゲンシュタインの数学論の立場であると解釈した上で、もし根元的規約主義を採用するならばコミュニケーションが完全に破壊されてしまうと批判を加えた立場である。[36]日本では、哲学者の野矢茂樹氏が、言語の規範性や論理の作成をめぐる議論において、根元的規約主義を積極的に展開しているが、根元的規約主義は言語哲学の領域だけではなく、法解釈の場面でより説得力をもち得ると考える。[37]根元的規約主義は、法命題の理論レベルでの正当化に留まるようなリアリティを有さない類の議論では決してなく、現実の法実践との関係でも意義のある理論だということを、市場への法規制を素材として、明らかにしたい。

1　限定的規約主義と規範のパラドクス

さて、先ほど規約主義のごく普通のタイプと述べた、限定的規約主義と呼ばれるものは、法的三段論法との親和性、類似性が指摘されている。限定的規約主義は、論理の公理を直接的な規約であり、また定理を派生的な規約であると把握して、直接的な規約から派生的な規約が推論規則により「導出」されると考える。つまり直接的な規約である公理は、定義によって真なのである。そして、公理から論理的規則によって導出された定理は、真である公理からの必然的な論理導出を経て、真であるということになる。前述したように、法的三段論法とは、「一般的な抽象的な法規範を大前提として、裁判官によって認定された具体的事実を小前提として、後者を前者の構成要件に包摂することによって結論を導く。」ものである。いわば法文から具体的な結論を導出して、体系的な連関を構築しているわけである。よって、法文を立法等の規約行為から生まれたと考え、法文と結論との体系的連関性を見いだす法的三段論法という法解釈方法は、限定的規約主義と親和的である[38]。

しかし、限定的規約主義に対しては、強力な疑問が提起されている。限定的規約主義では、直接的な規約と派生的な規約とを区別して、直接的な規約から派生的な規約を導出する。では、そもそもこの「導出」が、いかなる規約で正当化されるのかという疑問に対し適切な回答を提示できないことが問題とされてきたのである。これがいわゆる規則のパラドクスと呼ばれるものである。規範のパラドクスは、「規則は行為の仕方を決定できない。なぜなら、いかなる行為の仕方もその規則と一致させることができるからである。」というウィトゲンシュタインの指摘を契機として注目されるようになった[39]。このウィトゲンシュタインの洞察をより深化させたのが、S・A・クリプキである[40]。

クリプキは、この規則のパラドクスを「クワス算」という架空の演算方法を用いた事例を提示することで、鮮やかに描き出している。

子供が大人から足し算を学んでいるとする。1+1から計算練習をして、一定の計算練習を繰り返して教えたとする。さて、初めての問題として、その子供に68+57という問題が出された。大人が予想する回答は125であるが、予想に反して子供から「どうして私は68+57=125と答えなければならないのか。」と問われる。今まで、そう習ったではないかと答える大人に対して、初めての問題に対して、これまで教わってきた計算練習のどこに、68+57=125でなければならないと規定されていたのかという問いが返される。子供の問いは、無意味な問いのようであるが、クリプキは、子供の問いが意味を持つ場面として、「クワス算」という演算を示唆する。このクワス算は、「x＋yで、xとyがいずれも57より小さなときには、足し算と同じ結果を出し、いずれかが57より大きい数のときは5になる演算」である。「プラスが意味していることとクワスが意味していることを区別するような事実は私に関してはありえない。」とクリプキは回答する。(41)

クリプキによる規則のパラドクスと同様の場面は、ルイス・キャロルの事例（アキレスと亀の問答）をベースとした事例の中にも現れる。(42)

アキレスが亀に対して、次のような推論を示す。

亀は脚の回転が遅く、頭の回転も遅い……（a）

それゆえ、亀は頭の回転が遅い……（z）

当然に（a）から（z）が導き出されると考えるのが通常であるが、亀は、そう考えず、なぜ「亀は脚の回転が遅く、頭の回転も遅い」という（a）を認めたのならば、「亀は頭の回転が遅い」という（z）を認めなければならないのかとアキレスに問いかける。アキレスは、「それが、我々の決まりなのだ」、と規約を根拠にして回答すると、亀は、そのような決まりがあるのなら、その決まりを書いて欲しいと頼む。アキレスが、（a）と「亀は脚の回転が遅く、かつ頭の回転も遅い」からは「亀は頭の回転が遅い」が導かれる……（b）、それゆえ（z）である。この（b）という決まりから（a）（z）がいえるとアキレスは答えると、亀はなぜ（a）（b）を認めたら（z）を認めなければならないかを問う。こうして（b）以下の推論規則を決まりとしてアキレスは採用し続けるが、亀はその論理的道筋自体を理解しないので、永遠にその問答は続いていく。これを限定的規約主義の文脈で説明すると、次のようになるだろう。限定的規約主義では、公理や推論規則からなる直接的規約と派生的規約とを峻別しているから、派生的規約である以上、何から何が派生するのかをいう論理的道筋が存在するはずである。しかし、右の事例は、推論規則を規約として採用したとしても、規約として取り出したとたんに、それはいわば前提として組み込まれてしまい、結局は前提から帰結への論理的道筋をつけることができないことを明らかにしている。つまり、限定的規約主義は、論理の持つ規範的な道筋を規約で説明することに失敗しているのである。

2　根元的規約主義の意義と水源池モデル

野矢茂樹は、クリプキのクワス算やキャロルのパラドクスから、すべての個別的事例がそこから派生してくるような水源池ごときものとして、何か一般的なものを想定しようとする私たち思考法（いわば水源池モデルというべきもの）を破壊することを提案する。(43) 根元的規約主義では、直接的規約と派生的規約とを区別せず、すべてを規約としてその都度規定されるのだと考えるわけである。右の事例では、根元的規約主義者の回答の仕方は、「（a）から（z）が帰結することに取り決めよう。」と、私はあなたに提案しますと回答することになろう。もしそれでも相手の亀が納得しなかったら、亀とは一緒に事をなすことができない、つまりアキレスと亀との間にはコミュニケーションが成立しないのだということになる。

しかし、根元的規約主義は、限定的規約主義と異なり、直接的な規約と間接的な規約とを区別しないために規約のパラドクスを回避することはできるとしても、すべてが規約としてその都度規定されるのだという考え方は、あまりに独我的で成り立たないようにも考えられそうである。(44) というのは、すべてを規約とする以上、行動する前に正当化は存在しないことになり、規則に従うことは野矢自身も自認しているように、いわば「正当化できない暗闇の中のジャンプ」という決断をしていることになるからである。(45)

法解釈においては、根元的規約主義はいわゆる概念法学的な三段論法の機械的適用を退けることはできるかもしれないが、一見すると逆に徹底したルール懐疑主義であって、法解釈をおこなう者は完全に整合性に欠ける解釈をすることにならざるえない点で、むしろより望ましくない理論なのではないかとも思われそうである。(46) この疑問は、根元的規約主義においては、規約の適用がその都度決断されるという偶然性が強調され、正当化できない暗闇へのジャンプであるということが、あたかも論理の破棄のように受け取られやすいからであろう。もしそうなら、そもそも規則など定める必要性があるのかという疑問が起こるのは当然であり、ここで、だから根元的規約主義に基づくと規則を定める必要がないのだと答えるならば、まったくの懐疑主義と同一化して、結果としてすべての命題はお互いに論理的関連性を失ってしまうことになる。しかし、根元的規約主義が否定しているのは、先に述べた意味の水源池モデルである。この意味の水源池モデルは、規範の判断にあたって（たとえば法解釈にあたって）、あたかも水源池が存在するように、論理が閉じこめられているものが存在するというモデルである。根元的規約主義は、私たちの全般的な言語実践とは別個にパッケージされた一連の論理的命題があり、その中に論理が閉じこめられており、その前提から「導出」がなされるという形での命題の正当化を、否定するのである。したがって、必ずしも根元的規約主義は、命題の正当化が整合性をもっておこなわれることを放棄するような種類の議論にならざるえないわけではない。ただ、根元的な規約主義の特徴は、判断の正当化の過程が、従来ごく普通に考えられてきた筋道とは方向性がいささか異なるのである。すなわち決断をした後に後戻りでみるような形の、いわば「先取りする規則」の存在を前提にし、規範の生成の契機を先取りしてもいるともいえよう(47)。

3　法実践における根元的規約主義の適用

第七章で展開した法概念をめぐる自然法論対法実証主義の文脈で根元的規約主義を位置づけてみよう。根元的規約主義は、法解釈における人為的な契機を認める点では、法実証主義と共通している。しかし、他方で、有権的な手続きを経ずに決定しなかったからといって法命題が存在する余地がないとしない点で、法実証主義とは異なっている(48)。個々のケースの決断を通して、たとえば裁判例による解決を通して、法の中身が次第に明確に豊かになっていくと考えるから、その意味では、すでに社会に暗黙のうちに存在している法が決断により明らかにされるという点で、第七章で言及した、広い意味での自然（の）法という概念の方に親和性を有するのである。

したがって、根元的規約主義の立場を徹底すれば、公的な有権的権限を有する機関がおこなった決定であるということだけでは、法の権威は形成されないことにならざるをえない。では、法命題の権威は、どこに求められるのか。

回答は以下のようなものである。法命題に対するある特定の解釈が、どれほどその問題につき適切な解決をおこなったかという事実そのものが、法の権威を創造することになる。したがって、法の権威は、適切な解決に実際に寄与したという後から発生する事実に求められる後付的な性格を有しており、その意味で、法的決断は、新たに権威を有する法命題を先取りする形の決断なのである。したがって、法的な性格を有する決断において取り上げる規範は、必ずしも法令や判例のような先例には限られないことになる筈である(49)。解釈者は、個々のケースについて決断する際に、判例総体をはじめとする法命題全体との整合性を考慮しつつ決断をおこない、命題全体と論理的連関性の意味を創造し続ける。そして、結果として、どれほど適切な決断をおこなったかということが法に後づけで権威を与える。しかし、少なくとも公開の場でおこなわれる司法は、決断の筋道を公開する場を提供することから、法の権威の創設にとって独占的ではないが極めて、重要な役割を果たすべきことになる。(50) すでに繰り返しているように、市場における自生的秩序と、法秩序との区別は、決断の契機が特定できることにあるのである。

一見するときわめて破壊的な立場のように考えられた根元的規約主義であるが、これが、規約のパラドクスを回避するために取らざるを得ない理論であると同時に、その都度の解釈により命題の意味、命題間の関連性を構成し直すという作業であって、法の権威をその規範的な現実の力が生成してくる場面で把握しようとする議論であるとしたら、根元的規約主義は当初の印象ほど独我的でアナーキーな議論ではないかもしれない。しかし、やはりその都度構築し直す作業というのは、とりわけ、法学という実践の学においては整合的であるかは疑いがぬぐえないだろう。法的思考の領域で、根元的規約主義が機能する余地があるのかを改めて問い直す必要がある。

市場への法的規制の機能については、すでに紹介したように、その果している役割について過小評価する立場もあるが、本書では、一貫して、裁判という公開の場で語られ、示された解決の役割を再評価すべきだという主張を展開してきた。こうした主張を支える基盤として根元的規約主義は機能し得ると考える。

根元的規約主義がその真価を発揮する法的思考の場面としては様々なものが考えられるが、例として、金融商品の説明に関する責任をめぐる議論を用いて、市場における法的規制を素材として取り上げてみたい。具体的には、投機的金融商品たとえばワラント債（新株引受権付き社債）をめぐる売買を考えてみよう。こうした投機的な金融商品Wが開発されて流通している。従前から、このWをめぐっては、金融商品購入リスク、具体的にいえば、価格の変動があること、加えて価格の変動自体の予測も困難で相場による変動を非常に受けやすい商品だなどのリスクが十分に説明されずに多額の損害を被った「被害者」からの訴えが、一時続発した。とりわけ、たとえば就業経験がなくもっぱら家事労働に従事しており金融商品に関する情報理解能力が一般投資家（乙タイプの投資家）より著しく低いタイプの人々（甲タイプの投資家）から訴えが続発していたとする。元々、投機的な金融商品の販売につきいかなる説明義務を負うかに関しては明文の規定はなく、甲タイプの投資家の救済は、民法七〇九条の過失につき、信義誠実条項（good faith close）のようないわゆる一般条項を活用して説明義務を認めて救済をおこなうという裁判例群があった。こうした状況下で、投機性のある金融商品販売を規律する立法（金融商品販売法）が新たに定立され、金融商品販売法には、Wの購入リスクについての説明義務が明文で定められていたとする。(51)

第3条　金融商品販売業者等は、記入商品の販売等を業として行おうとするときは、当該金融商品の販売等に係る金融商品の販売が行われるまでの間に、顧客に対し、次に掲げる事項について説明をしなければならない。

一　当該金融商品の販売について金利、通貨の価格、有価証券市場における相場その他の指標に係る変動を直接の原因として元本欠損を生ずるおそれがあるときは、その旨及び当該指標

さて、投機性のある金融商品Wを販売する際の説明の内容については、乙タイプの投資家が理解できる必要性を充たせば十分である、つまり乙タイプを基準とする定型的な説明で足りるという立場がありうる。この立場では、定型的な説明さえすれば、例外的に知識経験が乏しい主婦のような係争ケースにおける甲タイプの客との関係でも会社は免責されることになる。この立場の背景は、価値的には、説明責任の位置づけをより重視する立場である応答責任（accountability）として把握せずに、単なる情報提供責任に留まることに求められるであろう。そして、立法経過ではこうした定型的な説明で足りるということで一致したとする。

さて、金融商品販売法という新法施行直後に、甲のタイプの投資家から出された訴えに対して、裁判所は適切な

法命題をどのように示すのであろうか。

限定的規約主義の立場であれば、以下のような二つの語り方が考えられる。

Z_1「新法に規定されているのは定型的な説明義務である。本件では定型的な説明義務は尽くしているから、甲タイプの投資家である被害者は救済されない。」

Z_2「新法に規定されているのは定型的な説明義務である。本件では定型的な説明義務は尽くしているから、原則として会社には本法違反はないはずだが、例外的に追加的・派生的な義務を認めることで、被害者は救済される。」

Z_1とZ_2は、被害者の救済という点では、その帰結は正反対であるが、いずれも聞き慣れた正当化の過程であろう。Z_2の帰結は、その論者が投機的商品の説明責任をいわば応答責任にまで拡張して認めようとする傾向を表している。しかし、意味の導出の仕方としては、立法経過を意味の水源池として実質的に利用している点では同じである。

根元的規約主義では、たとえばW_1かW_2という示し方になるであろう。

W_1「目の前にある個別的事例においては、私は乙タイプの投資家を基準とする定型的説明義務が適切だと決断する。この事例では定型的な説明は尽くしており、新法の説明義務違反はなく、被害者は救済されない。」

W_2「仮に、立法経過では定型的な説明義務で十分だという立場が明示されたとしても、この立場に何らの優越性を認めることなく（水源池として利用することなく）、目の前にある個別事例において、私は甲タイプの投資家の個性に着目した顧客の属性に応じた個別的説明責任を認めるべきだと決断する。この事例では個別的説明責任は尽くしておらず、被害者は救済される。」

根元的規約主義の規約の示し方を浮き彫りにするために、多少煩雑な表現となったが、要は、目の前にある、事例（たとえば、仕事に就いたことのない専業主婦で投機取引も過去に経験があるものの損が続いてほとんど投資の知識を獲得できなかった主婦が、長年取引のある証券会社を信頼して継続した取引の結果、巨額損害を被ったような場合）において、商品Wのリスクにつき説明義務を負わせるのが法命題として適切な評価かどうかが決断されるのである。そして、当該個別事例の決断と同時に、情報提供責任か応答責任かという責任の基礎づけを含めて、新法全体の意味づけをも構成するという作業をおこなっているのである。たしかに、結論だけをみれば、W_2もZ_2も、被害者救済の点では同じである。しかし、後者の方が、解釈者の決断・コミットメント、決定した責任や理由づけがより明確になり、その命題の意味の正当化という範型が受け入れられるかどうかという問いを投げかけ、市場というネットワークにおける緊張（たとえば投資家対企業、企業側の防衛策として適合性原則の提唱）を浮き彫りにする可能性があるという特質がある。

四　根元的規約主義の問題点と行方

本章の前節である「法実践における根元的規約主義の意義」で展開してきたように、根元的規約主義に基づく法的思考論が展開したのは、実践でおこなわれている法的思考とは規約の決断に伴う意味の再構成なのであって、その示しは開かれたものでなければならないことである。

しかし、根元的規約主義は直観にそぐわないという反論は根強いものがあるだろう。ここで、もう一度根元的規約主義による法解釈の性質、法命題の正当化について、当然寄せられると想定される批判を分析し検討して、これにできる限り応えることで、根元的規約主義の問題点を浮き彫りにするとともにその行方を検討してみたい。

1　意味のよどみ

第一の疑問として想定できるのは、その都度決定すると主張する根元的規約主義自体がリアリティに欠けるという素朴な疑問である。この疑問は、根元的規約主義の適用を言語使用や数学に適用する野矢の問題関心においては、とりわけ重要だとされている。すなわち、その都度その都度使用を決断しているというけれども、私たちは日々の生活の中で、いちいちそのような取り決めをしていないのではないかという批判である。

しかし、この批判は、根元的規約主義に対する決定的批判とはなり得ない、と野矢はいう。野矢は、言語規則の使用に関して、規則に従っているときには、選択はせず、規則に盲目的に従っているのだとして、言語使用の盲目性を指摘することで、この疑問に答えようとする。規約の決断が問題になるのは、この言語使用の盲目性が破れたとき、すなわち言語の使用が問題になったときであり、この場合には、いわば意味のよどみが生じているといえる。私たちが、命題の意味について語るのは、まさにこうした意味のよどみが生じたときなのである(52)。

では、この野矢の議論を、法的思考の場面に転用してみるとどうであろうか。法的ルールの解釈については、言語使用と対比すれば、むしろ容易にこの意味のよどみの含意を理解することができるであろう。というのは、法解釈が問題になるのは、まさに解釈上の不一致が生じたときであるからである。殺人罪において、人の死という概念の解釈が問題になるのは、たとえば、従来の心臓死で把握されていた死の意味がよどんだときであり、それ以前は死の認定については盲目的におこなわれていたともいえるのである。単に死のような言葉の意味が問題になるだけではなく、法文全体の文脈の位置づけが解釈の対象となる場面も、法解釈の場面ではしばしばであるが、このときも、文脈に置かれた法文につき意味のよどみが同様に生じているといえよう。

2　偶然性

第二に、第一の批判よりも、根元的規約主義における意味の正当化過程に関わる問題である点で深刻であり、しかも法実践の領域で正面から取り組まなければならない批判がある。

まず、根元的規約主義の立場に従えば、そもそも規則を定める必要がなくなり、命題が完全に偶然的で、論理的連関性を失うというディレンマがあるという批判である。論理的連関性を失うというディレンマとは、根元的規約主義による意味の正当化の過程は、限定的規約主義がおこなうような固定化された前提から帰結が「導出」されるという関係にはないということである。つまり、根元的規約主義の意味は、決断が問題とされる度に構成され直すのである。このため、根元的規約主義には、命題同士の整合的な判断もできなければ、命題間の論理的連関性も失ってしまうのではないかという恐怖がつきまとう。このような恐怖があるからといって、あらかじめ定められた規則が個別的な適用を導くとしたら、限定的規約主義に戻ってしまう。

こうしたディレンマは、以下のような説明により回避されうるであろう[53]。限定的規約主義が公理Aから定理Bが導出されると説明する場面において、根元的規約主義によれば、Bという命題と、Bという命題がAという命題と推論規則から導き出されることとの両方が取り決められると説明する。たしかに、この取り決めは偶然的なものではあるが、注意しなければならないのは、その取り決めは単にBを取り決めているだけではなく、AとBとを含んだ論理的連関全体を取り決めているということである。すなわち、根元的規約主義は、BのみならずBがAから導出されるという関連性を取り決めることにより、A自体そのものの意味さえも変更しているのである。取り決めの決断そのものは、ジャンプの前に正当化が保障されているものではないが（限定的規約主義と異なる点である）、決して決断によって論理的連関性が喪失するわけではない。コミュニケーションが成り立つ同士間では、今までのなされてきた取り決め総体に整合的な決断に向かってのジャンプがなされ得るのである。そして、決断された後、ジャンプして着陸した地面から、決断の筋道を後づけで振り返ることができるのである。法解釈の場合には、決断をした後に後戻りでみるような形の、いわば「先取りする法」の存在を前提にし、規範の生成の契機を先取りしているといえよう(54)。しかし、その法の存在は、決断の後でのみに明らかにされるに過ぎず、決断の度ごとに命題間の実践的意味でのネットワークは作り直される。要は、根元的規約主義が強力に葬り去ろうとしているのは、「導出」する前提を普遍的とし、必然的な論理命題のパッケージがその前提に存在するとして、命題の正当化をはかる水源池モデルなのである。したがって、あらかじめ存在している規則を、変えることができない水源池ではなくて単なる図式として用いることは可能であって、規則をゲームのルールブックとして利用するのはむしろ有益であり、法文や先例なども同じ位置づけが与えられ得るといえよう。しかし、いったんそのゲームのルールが問題になれば、ルールブックとそのゲームそのものの意味の正当化がその都度問い直されることになるだけなのである。

次に、水源池モデルの完全否定は、法の予測可能性の要請と正面から抵触するという批判であり、法解釈の性質に特有の問題といえる。仮に、命題間の論理的連関性を失うことに起因するディレンマを回避したとしても、水源池モデルを完全に否定したことにより、法の予測可能性という要請、これは法の支配の一つの現れであるが、法秩序に内在する徳として考えられている価値理念と、正面から衝突するのではないかという疑問である。

しかし、このような疑問も、判決形成過程の性質を具体的に見直していくならば、解消されるのではないだろうか。仮に、具体的な紛争を、個別的な規定から演繹しようと試みる方法を演繹的方法と呼ぶとする。こうした演繹的方法で法的ルールや原理を特定化する能力に限界があるだろう。個別的な規定から判決を演繹的に導こうとすれば、必ず思いがけない問題に直面する。たとえば、複雑な契約実務についての一定の知識がなければ、契約関係を支配する有益な行為指針となる規定群を生み出すことは、不可能である。同じように、個別規定群から、契約関係の紛争を解決する判決を生み出すことは不可能である。これは、自分で気がついていない問題を解決するための個別規定を解釈し、定式化できる人はいないという当たり前すぎることに由来する。このような複雑な実務へのアクセスは制限されており、裁判官でさえも、実務で現実に生じている複雑な問題のニュアンスへのアクセスは、訴訟の提起を待たなければならないのである。つまり、法の起源は、個々の事例の中で進化を遂げてきた法理の内にある。そして、このことは、コモンロー、大陸法の起源の両方に当てはまる。言い換えれば、法的ルールの解釈は、コンヴェンショナルなものを含まざるをえず、哲学的議論から演繹され尽くすものではない。いや、哲学的な議論は、規定群の批判のために用いられるが、第一次的にこれらを生み出すことができないといってもいいだろう。この意味では、第一次的にこれを生み出す場としての、公開の場でなされる裁判の役割は積極的に評価されるべきである。

むしろ抽象的な法の支配原理の機能は、誤った解答を除外することにあるのであって、正しい回答を一義的にもたらすものではない。この意味で、法の支配原理自体が、完全な確定性ではなく、いわば事実上の半決定性と表現することも可能な機能を有しているのである(55)。そして、判決の形成過程がこのようなものならば、法の予測可能性の侵害という問題は、根元的規約主義を適用するために発生した問題ではなく、判決の形成過程自体がもともと内包していた問題なのであり、根元的規約主義の適用は、問題の所在を明らかにしたにすぎない。さらに、こうした問題を内包しているにもかかわらず、現実社会の裁判では予測可能性の重大な侵害は生じていないという、いささか楽観的な見通しも、根元的規約主義はいわば無限遡及におちいるという批判の破壊力はそれほど強力なものではないということを補強するのではないか。

3　根元的規約主義と裁判

以上をまとめると、根元的規約主義は、前提と帰結の関係を一体として捉え、帰結をいわば導き出すことが、前提あるいは推論規則の意味をも構成し直すという、命題の正当化のもつ創造的性格を明らかにする理論である。元々は、数学の公理系に関する議論として提示されたというのが、根元的規約主義の出自である。しかし、法命題については、解釈の対立をめぐり、裁判例のような個々の事例との関連で示されていかざるをえない性格を有していることから、法命題の正当化の場面では、より一層根元的規約主義による説明が説得力をもち得るだろう。根元的規約主義の立場からみれば、個別事例への法的判断は、関連する裁判例群の総体へ影響を与えることを前提としているわけであって、法的判断は、個別事例の意味を創造すると同時に、前提となる法令、判例などの総体の意味をも構成する作業ということができるであろう。

しかし、ここで、それでもなお素朴であるが、強力な批判が提起されるであろう。根元的規約主義に要求される決断は、正当化をもたない暗闇へのジャンプという盲目的性格を有する決断であって、その決断により前提と帰結とそれを結ぶ推論全体が構成され直すわけである。このような説明には理性的には納得できたとしても、あまりにも不確かであって本能的な不安をやはり感じざるをえない。裁判の権威を失わさせるような法的イマジネーションをかきたてるのであれば、根元的規約主義という理論が受け入れられるためには、この不安の解消ないし無力化の実現も課題となる。

裁判の権威、あるいは法解釈の権威への信仰は、その正当化根拠とは独立して、それ自体が重要である。こうした一種の信仰が全くなければ、制度は機能しえないともいえるからである。さらに、根元的規約主義自体が孕む不安感だけではなく、法解釈の理論として全面的に根元的規約主義に依拠することになることにより生じる様々な問題も解決されなければならない。たとえば、法実践のあり方に変化の可能性があるのではないか[56]。あるいは、やはり法実践や法解釈の正当化することや法の支配への信頼の失墜を招くのではないかという疑いである。また、こうした実践的な諸問題とは独立した形での疑問、すなわち、徹底した反実在論に基づくような根元的規約主義による考え方自体への疑問、すなわち、すべての構成を決断するという根元的規約主義の考え方自体への疑問や、ある決断をするという行為自体が、実は何らかの基盤に依拠していないと、無限遡及をしてしまい、決断すること自体が意味をなさなくなるのではないか、という、哲学的な疑問もあるだろう。

これらの疑問や批判について、今の段階で解消できたとは、もちろんいえないが、解消する方向性として考えられるものを挙げておきたい。

一つ目は、判断の一致が常態であるような解釈共同体の存在を挙げて、こうした解釈共同体の存在が根元的規約主義の不安定性を事実上解消しているとする方向性である。すなわち判断の一致が常態であり、極めて例外的に不一致が生じるとすれば（たとえばクワス算を想定せよ）、不確定性は現実的にはあまり問題にならないとする立場である。しかし、こうした立場は、言語や数学規則にあてはまっても、解釈に争いが生じることが一般的な法解釈にはそのまま該当させることはできない(57)。

そこで、二番目に法曹集団としての解釈共同体を措定して、この解釈共同体の一員となったものは、法的ルールが何かを学ぶだけではなく、いかにして法的ルールを抽出するかを学ぶ過程で how to know の十分な訓練を経てきているため、根元的規約主義的な視点で法的思考を扱っても、決して法解釈に対する信頼を失うことはなく、現実も深刻な不確定性は生じないし、法曹集団の一員になった者は、法実践にコミットしているので、実践の正当化も不要であるという立場である。

しかし、この立場は、法曹集団が解釈共同体の大部分を占めるということを認めたとしても、解釈共同体を法曹集団に限定してしまう点についてはは慎重に吟味するべきだろう。たとえば、市場に関する紛争については、解釈共同体は、裁判官や法曹集団に限られるわけではなく、市場に関わる実務家、たとえば金融商品をめぐる法的紛争については、銀行業界なども解釈共同体に入る余地があるし、また、田島が指摘するように民衆法廷が問題になった慰安婦のような問題であると、解釈共同体の範囲は拡がり得るだろう(58)。また、仮に法曹集団に限るとしても、解釈者に決断の契機を要請する根元的規約主義の問題は、how to know ではなく、what to know の問題に直面することを免れることはできない。

野矢は、右に挙げた、コミュニケーション危機に対する応答の中で、ウィトゲンシュタインの言語ゲームの無根拠性を挙げる(59)。

言語ゲームは、いわば予見不可能なものであることを、君は心にとめておかなければならない。つまり、無根拠なのだ。それは理性的でもない（非理性的でもない）。
それはそこにある――われわれの生活と同様に(60)。

では、法解釈を試みる私たちは、コミュニケーションの無根拠性を混沌としたアナーキーの世界に放り出されるのであろうか。最後に、法的思考において、演繹的推論ではなく、欠陥を排除する形の、より緩やかな枠的なものを想定するという方向性に言及しておきたい。

本書では、何らかの確保された動かない出発点から以後の論証および言語の使用が引き出されていかなければならないという水源池モデルを批判して、むしろ出発点や到達点を問わず、その適用全体が論理的連関に満たされているという構図を提示しようとした。この構図は、ウィトゲンシュタインによる「体系とは、論証の出発点ではなく、論証の生きる場なのである。」と対応するかもしれない(61)。では、この「場」がどのようなものなのかということを考えたときに、そこには、水源池モデルのように固定的ではなくて、流動的であるが緩やかな枠がはまっているというイメージを想定できるのではないか。いや、枠というと、枠内と枠外との線引きをするものであるから、枠というよりも、内外に分けることに意味をもたない回路網のようなものであって、「マトリックス」と呼んだ方がよいかもしれない。しかし、このマトリックスの内容とは何かという問題もあるし、そもそも、このような装置を必要とすることと根元的規約主義との整合性の問題など検討すべき問題は多々ある。

法的思考論において水源池モデルに対する決別は、かくして非常に難しい。水源池モデルを否定するべきであるということを確信しているならば、むしろ根元的規約主義の有するアナーキー性を正面から受け止めるべきなのかもしれない。しかし、筆者の出発点が、従来の形式主義でも、形式主義を批判したルール懐疑主義でもない、私たちの直観に適った法的思考の途を探るということであったとすれば、混沌としたアナーキーに陥らない、法の支配を維持する形での、法の不一致つまり法の意味のよどみが生じた場合の根元的規約主義の可能性について探ることを継続していかなければならないだろう(62)。

五　法概念論から契約法理論へ

この第Ⅲ部では、契約法を素材として、法という規範体系、続いて法的思考という推論形式・思考形式について検討した結果、法学の領域への根元的規約主義の適用の可能性を提示した。本章の第三節および第四節で検討した根元的規約主義とは、言葉の意味導出の不確定を前提とした上で、意味がよどんだ場合において意味を確定するための決断をする、しかも決断時から後戻りをして意味を確定しようとするという特殊な形での決断に基づく立場である。

第Ⅲ部の冒頭は、法的思考とは、解釈者の恣意的な主観に基づく思考様式なのか、それとも何か客観的な科学的な基礎づけがあるのか、という素朴な問いから出発した。しかし、法的思考の思考様式を検討するにあたっては、こうした、いわば自然科学などの視座からの、非科学対科学という対立軸では十分に捉えきれないものがあることが、示されたと思う。この原因の一つが言語の意味を導出する際の不確定性の問題である。観念論的な概念体系が社会の文脈を離れたどこかに実在しているという考え方においても、あるいは裁判官が過去に下した判決データの予測により実証的に分析された結果によって法的思考が規定されるという考え方においても、確固として実在するものへの強い希求性がその背後にある。しかし、根元的規約主義は、こうした志向に対しては真っ向から異論を唱えたのである。

こうした根元的規約主義に対しては、本章第四節でみたように、右で挙げたような伝統的な立場からだけではなく、様々な批判が想定できる。こうした批判への応答を、ここで繰り返すことはしないが、一点だけ追加しておきたい。本書は、契約法という私法理論を素材として根元的規約主義の問題を扱ってきた。そのため、当事者がその企画の実現をめざす、水平的な契約法の領域は根元的規約主義を適用する余地があるが、垂直的な側面を有する公法領域や、あるいは犯罪と刑罰に関し、処罰という重大な不利益を被告人に科する刑事法の領域では、根元的規約主義は容認しがたく、私法の領域と公法や刑事法とは当然異なる扱いをすべきではないかという問いが予想される。しかし、「その通り、本書は契約法の理論だからこそ根元的規約主義が成り立つのだ。」という回答はしない。序章の最後で述べたように、私法の領域では強制的側面が見えにくいからこそ、一層私法の権力的、暴力的な側面を自覚する必要がある。したがって、本書は、契約法の有する強制的な契機を明確に意識したうえで、根元的規約主義を展開してきたことを確認しておきたい。たしかに、たとえば刑事法の領域で根元的規約主義を採用することは、契約法に比べると、より一層直観にそぐわず、法が喚起するイマジネーションを考慮するならば、根元的規約主義の問題点はより鮮明になるかもしれない。だが、根元的規約主義の問題の性質は、どの領域にあっても共通なのである。

さて、最後に、法概念論から、出発点であった契約法理論へ、と戻ってこなければならないだろう。第Ⅲ部で展開した法規範体系や特殊な思考様式・推論形式としての法的思考は、契約法理論の領域において、どのような含意を有するのか。とりわけ、特殊な思考様式としての根元的規約主義は、契約法理論の理解に対して、どのような影響を与えるのか。一見すると、根元的規約主義は、近代私法理論が前提としていた予測可能性という価値と抵触するかのようである。

近代の一九世紀頃までの私法理論においては、資本主義社会における自由な競争を促進するために、予測可能性を確保することが要請されていたという理解が一般的である。たとえば不法行為の領域で過失責任主義が採用されたのもこの予測可能性に資するという側面から説明される典型例であるし、人が自ら契約内容を創設することもまた、予測可能性を保障することに繋がりうる。しかし、根元的規約主義が後づけで意味を確定するという作業をおこなう以上、それは予測可能性などと無縁の考え方であって、近代の私法理論とは正面から衝突するのではないか。もちろん、本書は近代の私法理論全体を擁護しようとする試みでもないし、古典的な私法理論に忠実だと一般に考えられているリバタリアニズムでさえ、過失責任主義ではなく厳格責任主義の方が原則であるという主張をR・エプスティンがおこなうことからもわかるように、近代の私法理論とのずれは、それほどの問題ではない。しかし、市場で財やサービスを交換するにあたっては、予測ができる程度が高ければ高いほど、市場の参加者にとっては利用しやすい制度であることも真実である。こうした予測しがたい状況が出現することに対し、根元的規約主義は、どのように応えるのか。そもそも、根元的規約主義は、本書の市場経済が確立した自由な社会と協働しうる契約法理論の正当化の試みを基盤から掘り崩すものではないのか、という疑問も沸いてくるかもしれない。

こうした疑問に対する、一番簡単な回答は、確かに予測できる程度は高い方がよいけれども、もし法規範の分析から導かれる洞察が予測可能性を低下させ、これを市場経済の危機と呼ぶならば、「しょうがない、それはそういうものなのだ。」という野矢流の回答である。ただ、これではあまりにそっけないだろう。

根元的規約主義が当事者の予測を害するという想定は、一方当事者の訴えを受けた裁判官が当事者の権利義務に関する決断を下すという、根元的規約主義の構造に基づく。しかし、契約当事者が、どれほど周到な準備をして交渉の上で契約を締結したとしても、当事者同士の間で意味のよどみが生じることは避けられない。交渉力の程度が相当に異なる者同士の間であれば、なおさらである。このような場合に意味のよどみを解消し確定する作業が必要であり、この作業を、裁判官があらかじめどこかに実在する法をその水源池から導くものとするのか（水源池モデル）、それとも根元的規約主義のように水源池モデルを否定し規範を導出し後づけで正当化を与えるとするのか、ということが問題なのである。とすれば、むしろ契約関係を創設するという契約への自由が存在するからこそ、意味がよどんだ状況への対応が問題になってくるのである。したがって、少なくとも契約への自由と根元的規約主義は整合的である。むしろ、実際は予測可能性がないにもかかわらず、予測可能性があるかのように装う方が、予測可能性への侵害の程度はより一層高いともいえるのである。

さて、裁判所の決断においては、実際上は、正当化根拠が示されるか、あるいは少なくとも正当化根拠を推測できるような形が、一般的である。この正当化根拠が当事者や同種の問題に関わる人たちにとって理に適った決断でなければ、その決断は権威があるものとはなりえず、生き続けることはできないからである。また、理に適った根拠を全く示さずに、望ましくない決断を下し続ける裁判所ならば、誰も一緒にことをなそうとしないだろう。そのような裁判所とはコミュニケーションが成立しないともいえるかもしれない。つまり、そういう裁判所は、紛争を事前に予防したり解決したりする機能を発揮することができず、市場経済が確立した自由な社会と協働しうる契約法理論の構築にあたっては、その一翼を担えないことになってしまうのである。

本書は、単一の国家法秩序を前提として展開してきた。しかし、なぜ国家が、警察や国防、そして司法機能を独占すべきなのかということ自体を疑問視する立場もある。R・バーネットやM・ロスバード、L・スプーナーのような、市場無政府主義ないし市場無政府主義的な主張に親和的なタイプのリバタリアンたちは、法が、国家だけではなく、市場によっても供給されてきたし、されるべきであるということを、強調してきた。単一の国家秩序を前提とすれば、「裁判所とは、ことをなせない」という回答は非現実的であるが、同一地域の中で複数の司法機関が競合するような分散的秩序を前提とすれば、こうした回答も決して荒唐無稽ではない。根元的規約主義と裁判との関係については、本章第四節で展開したように複数のアプローチがあり得るが、今後は、分散的な法秩序の制度構想も検討対象に入れた、より広い視座から、契約法理論と根元的規約主義との関係を検討していきたいと考えている。そして、実は、こうした検討には、裁判所の機能については、第I部で扱ったように、契約当事者を取り囲む、国家、市場、そしてこの二つ以外の第三の領域——共同体、市民社会、社交と呼ばれているような——の三者の関係をどのように位置づけるかという問題も深く関わっているが、この点も今後の課題としたい。

第八章　注

（1）［ホッブス 2002］第一章、を参照。

（2）［平野・亀本・服部 2002］二一二頁、を参照。

(3) 概念法学については、［田中 1994］三〇〇―三〇二頁、［青井 2007］二〇九―二二五頁、を参照。

(4) ライプニッツに用いられた新しい認識方法とは、第Ⅰ部で述べた大陸合理主義的な幾何学的な方法のことである。

(5) ［石部 2006］一六一―一六四頁、を参照。

(6) 自由法学運動については、［青井 2007］二二六―二四六頁、を参照。日本におけるいわゆる利益衡量論は、その意味しているところ自体が多義的であるが、裁判官の価値判断が反映されるという意味では自由法学と同一の傾向に属するといえよう。

(7) ［Frank 1930］3-13（三七―四九頁）．を参照。

(8) ［Frank 1930］109（一六二頁）．を参照。

(9) ［Frank 1930］140（一九八頁）．

(10) ［青井 2005］一六頁、を参照。また、［田中 1994］三七一頁、［平野・亀本・服部 2002］二〇五頁等、を参照。

(11) ［田島 2006a］一八七―一八八頁。

(12) ［富永・山片 1973］（五二―五三頁）、を参照。

(13) ［宮川 2002］七一―八九頁、を参照。

(14) ［中山 1991］（一）三九―五五頁、を参照。

(15) ［Rorty 1967］．を参照。

(16) 言語論的転回の意義をどうとらえるかについては、議論があるところである。たとえば、一九世紀から二〇世紀にかけて、論理実証主義、日常言語学派を含む、言語につき関心を向けた分析哲学内部の包括的動き全体を指すと考える立場もあるが（［亀本 1998］三六二、三七九頁）、中山は、後期ウィトゲンシュタインと日常言語学派の研究を中心とした範囲に着目して、言語論的転回の意義を展開する。［中山 1991］（一）三九―五五頁、を参照。また、少なくとも論理実証主義は、中山のいう近代の認識論的枠組の中に含まれることには注意が必要である。分析哲学については、［ダメット 1998］、を参照。

（17）［亀本 1998］三五九―三六〇頁、を参照。

（18）たとえば、アメリカの文芸批評家であるスタンリー・フィッシュによる文芸批評論の法解釈理論へ応用が有名である。彼は、いわゆる解釈共同体理論を唱え、そのアプローチに基づき、ドゥオーキン等の法解釈理論を検討している。フィッシュの解釈理論については、［石前 1997］六四頁、［大屋 2006a］五三―六六頁が詳しく検討している。念のために付言しておくが、フィッシュの議論自体が、法の強制的側面を見過ごしているという強い主張まで本書はおこなっているわけではない。

（19）［Hart 1961］141－154（一五四―一六八頁）．を参照。

（20）［中山 1991］［中山 2000］第二章、を参照。

（21）［Hart 1961］123, 126－128, 134－135（一三三、一三七―一三九、一四六―一四七頁）．を参照。

（22）日常言語学派としてのハートのルール概念や司法裁量論については、すでに挙げた文献の他、［深田 1983］、［森際 1983］、［マコーミック 1996］等、を参照。

（23）［Dworkin 1986］．を参照。

（24）Rigs v. Palmer, 115 N. 506, 22 N. E. 188［1889］．を参照。

（25）［Dworkin 1986］15－20（三六―四二頁）．を参照。

（26）［Dworkin 1986］51－52（八九頁）．

（27）［Dworkin 1986］225－226（三五三頁）．

（28）小林公は、ドゥオーキンの理論を、何が法であるかについて、法体系内部の要素の整合関係のみで基礎づけようという意味で、法の自立性を鮮明に表現した理論として紹介している。しかし、「統一性という価値が法の存在理由とされ、テクストの特定化と適合性がともにこの価値に依存するのであれば反省的均衡は悪循環に終わり、非基底主義的で整合的とされた理論体系は解釈者が対象に付与する価値に全面的に依存することになるであろう。」として、これは、ドゥオーキンが否定した基底的な自然法論に帰着するのではないかという疑問を投げかけている。［小林公 1998］二八―

三三頁、を参照。

(29)［Dworkin 1986］227–228（三五六頁）．を参照。

(30) 大屋によれば、「個々のルールが何を命じており、あるいは命じていないのかは確定的である。」とドゥオーキンは想定しており、原理による支配で補充したに過ぎないのであり、加えて、大屋は、ドゥオーキンは法命題の導出の不確定性の問題を想定していないという。［大屋 2006a］四七頁、を参照。他方、井上達夫は、ドゥオーキンの法理論について、異なる見解を提示している。井上によれば、しばしば誤解されているように、法実証主義の法モデルの一変種や部分修正ではないとする。井上は、「ドゥオーキンにおいては、法は権威的標準として与えられているものではなく、社会の制度史によって存立する特殊な種類の道徳的権利義務の問題に関する議論実践を通じて発見さるべきものであり、まさにそれゆえに、かかる問題をめぐる公共的論争の場——その典型が裁定（adjudication）である——において提示される判断の認識論性格の理解が、法の存在性格を理解する上で決定的な重要性をもつ。」と述べる。［井上 1985］一四八頁、を参照。

(31) 本章第三節は、拙稿［山田八千子 2002］を加筆修正したものである。

(32)［野矢 1990］一三二—一三三頁、を参照。

(33) 法の規範性、法命題の問題について、法命題の真理値を認める立場からの論文として、［井上 1986］がある。

(34) 規則が定められたとしても、何をその規則に従ったものをみなすかは偶然性に委ねられるとする点では、根元的規約主義は、リアリズム法学やネオリーガルプラグマティズム、あるいは批判的法学運動（Critical Legal Study）などの立場と共通点を有しているともいえるが、偶然性を認めつつも命題間の論理的関連性をなおも維持しようと試みる点が根元的規約主義の独自性であり、きわめて重要な特徴であると考える。［野矢 1990］一四一頁、を参照。

(35)［野矢 1990］一三六—一三七頁、を参照。

(36)［Dummett 1959］324–348（一二八—一六二頁）．を参照。

(37)［野矢 1999］一二九—一九四頁、［野矢 1995］一五九—二三四頁、を参照。法哲学の分野における根元的規約主義の立場として、［大屋 2006a］一三六―一四二頁、等を参照。

(38)［大屋 2006］四頁、を参照。

(39)［Wittgenstein 1953］§201

(40)［Kripke 1982］7－54（一一―一〇六頁）．を参照。ただし、クリプキによるウィトゲンシュタインの解釈は誤っているという批判も多いことには注意が必要である。［大屋 2006a］七三―七四頁、を参照。本書では、クリプキのウィトゲンシュタイン解釈の正誤を直接の検討対象とせず、クリプキの提示した懐疑的パラドクスに焦点をあてたい。

(41)［Kripke 1982］8－15（三―二六頁）．を参照。

(42)［キャロル 2005］一六―二三頁、を参照。キャロルのパラドクスに対する対照的な見方として［大森 1984］三四三―三四七頁、［野矢 1990］一三二―一三三頁、を参照。

(43)［野矢 1999］一二九―一三九頁、を参照。

(44) 根元的規約主義への批判に関する、［松阪 1992］二九頁以下、を参照。

(45)［野矢 1999］一二一頁、を参照。

(46) たとえばドゥオーキンは、［Dworkin 1986］において懐疑主義に対する批判をおこなっているが、ドゥオーキンの構成的解釈は一種の水源池モデルに分類される余地があると考える。

(47) 野矢によれば、「論証は定理を発見・確立する道具ではなく、定理に意味を与え、翻って公理にも意味を与えるものだという（［野矢 1999］一四六頁）。先取りする規則については、［野矢 1999］への書評である［田島 2000］、を参照。

(48)［田島 2000］一九五頁、を参照。

(49) 哲学者で根元的規約主義の立場の田島は、その典型例として、国際法、国内法ともに「合法的」であった行為が裁かれたニュルンベルク裁判や東京裁判のような戦争法廷を挙げている。戦争法廷での解決は、事後法の禁止という、いわば公理的な立場にあるルールの意味を問い直したのである（［田島 2006b］一四一―一五五頁）。しかし、同じく根元的規約主義の立場でも、田島に反対する立場もある。前掲注（37）に挙げた法哲学者の大屋は、民衆法廷について、それが法廷と称すること自体に批判的であって、田島にくらべて、法的権威を有する場を制限的に解する傾向にあるといえよう。この大屋の謙抑的な姿勢は、大屋が裁判制度の意味について述べている箇所で、法の命ずるところに関する十分な一致が得られなかった場合におこなわれる法解釈においては、「我々は、互いの行為を正当化するような意味連関を提示しあう。このとき、探求の枠組みとして争われない地平を設定することなしには、枠組みの連関によって示される必然性という概念が意味を持たなくなるだろう。従って、法的論証は、争わない枠組みを定めての営為でなくてはならない。」として、法の謙抑性を強調していることと、関連性があると考えられる。［大屋 2006a］一七四頁、を参照。

(50)［山田八千子 2001］二九五―三一五頁、も参照。

(51) この事例は、平成一三年に施行された金融商品販売法三条を素材として、ワラント債（新株引き受け権付き社債）について、立法の前後で生じた解釈論や裁判例に沿って構成したものである。

(52)［野矢 1999］一五二―一五八頁、を参照。

(53)［野矢 1999］一四七頁、を参照。

(54)［田島 2000］、を参照。

(55)［Barnett 1998］109–113（一三四―一四〇頁）、を参照。

(56)［佐藤 1999］は、法の不確定性を意識することで法実践のあり方も変容するという。

(57) 野矢は、言語ゲームの文脈で、目の前の者がクワス算をおこなわない者であったということは僥倖でしかなく、このことをもってコミュニケーションが端的に破壊されてしまうという危機というのであれば、それは、全くその通りで、その意味で絶えざる危機にさらされているとして、「だが、しようがない、それはそういうものなのだ。」という。しかし、続けて、野矢は、「この『危機』は懐疑論的な意味での危機であろうが、実際的な意味での危機ではない。それゆえ合理的に解消しうるものではない。」と述べている。野矢のこの発言における「実際的な意味での危機がない。」という点については、危機を生じさせない程度に一致する解釈共同体が実際には存在するということを、実は野矢が前提にしているとも理解できる。［野矢 1990］一三九頁、を参照。［大屋 2006b］六六―六九頁も、参照。

(58)〔田島 2006b〕、を参照。

(59)〔野矢 1990〕一三九頁、を参照。

(60)〔ウィトゲンシュタイン 1975〕五五九節、を参照。

(61)〔ウィトゲンシュタイン 1975〕一〇五節、を参照。また、〔野矢 1990〕一四一頁、を参照。

(62) 法哲学者で根元的規約主義の立場を採用する大屋は、法解釈の言語哲学として、根元的規約主義について展開した著作〔大屋 2006a〕の中で、「在る法が規範的であるとはどういうことか」という問題関心に基づき、完全に判断の客観性を放棄するという立場に依拠せず、規範についての議論が成立するための条件ないし位置づけを探ろうというのが基本的動機であると述べている（同書iv、六頁）。こうした動機で出発した大屋が、その著作の最後の部分で、根元的規約主義と法の支配との関係について言及している点は興味深い。大屋と同じく、根元的規約主義の立場に立つ哲学者の田島が、「革命的な法創造」ということを一貫して強調するのとは、ある意味で対照的である（〔田島 2006b〕）。大屋は、野矢の根元的規約主義を発展させ、法命題の意味も適用のたびごとに制作されているとし、これを「運動としての法」という言葉で表現する。そして、法が完全に運動であるならば、どのように法について語ることができるのかという疑問に対しては、法の支配を、文字通り「法という主体」の名における行為であると認識することにより、法は主体として立ち上げられることになるという。また、我々が様々な現象を法という主体の行為として理解するときに法という主体が実在するようになるのであるとも述べている。そして、「法が存在することを枠組み命題とした行為遂行が法を存在させるようになることを、無自覚的な法維持活動と呼ぶ」一方で、誰かが法の存在を疑うというよどみが生じた場合には、この点に関する齟齬が取り除かれなければならないとして、「自覚的な法維持活動」が必要であると述べる（〔大屋 2006a〕一九六―一九八頁）。根元的規約主義が直接的規約と派生的規約との区別を認めず、論証があらゆる必然的命題にその都度新たな意味を与えるものであるとすれば、根元的規約主義において、「自覚的に維持すべき法」の意味を、根元的規約主義の立場に立つ者は、まさに検討しなければならないだろう。

事 項 索 引

ア　行

カ　行

サ　行

タ　行

ナ　行

ハ　行

マ　行

ヤ　行

ラ　行

人名索引

ア　行

カ　行

サ　行

タ　行

ナ　行

ハ　行

マ　行

ヤ　行

ラ　行

参考文献

〈邦語文献〉

［青井 2005］青井秀夫「裁判官による法適用への一視角―二種類の『実践理性』に関する疑問」法科大学院要件事実教育研究所年報 1 号（2005）.

［―― 2007］青井秀夫『法理学概説』（有斐閣，2007）.

［アクィナス 1985］T・アクィナス（稲垣良典訳）『神学大全（18）』（創文社，1985）.

［浅野 2002］浅野有紀『法と社会的権力―「私法」の再編成』（岩波書店，2002）.

［網野 1996］網野善彦『無縁・公界・楽―日本中世の自由と平和』（平凡社，増補版，1996）〔網野善彦著作集（12）（岩波書店，2007）所収〕.

［―― 1997］網野善彦『日本社会の歴史（下）』（岩波書店，1997）.

［アリストテレス 1971］アリストテレス（高田三郎訳）『ニコマコス倫理学（上）』（岩波書店，1971）.

［飯田 2004］飯田高『〈法と経済学〉の社会規範論』（勁草書房，2004）.

［池本 2004］池本正純『企業家とはなにか―市場経済と企業家機能』（八千代出版，2004）.

［石井 1982］石井良助『近世取引法史』（創文社，1982）.

［石部 2006］石部雅亮「啓蒙期自然法学から歴史法学へ――一八世紀ドイツの法学教育の改革との関連において」原島重義先生傘寿『市民法学の歴史的・思想的展開』（信山社，2006）.

［石前 1997］石前禎幸「法における言語論的転回とポストモダン」法哲学年報 1997（有斐閣，1998）.

［磯村 1987］磯村保「システム契約と行為論」NBL384 号（1987）.

［伊藤・加藤 2005］伊藤正己・加藤一郎編『現代法学入門』（有斐閣，第 4 版，2005）.

［稲垣 2000］稲垣文則他「座談会　電子取引　法制度整備の課題」ジュリスト 1183 号（2000）.

［稲本 1994］稲本洋之助他『資料・不動産売買契約の標準書式のあり方に関する報告と提言』（財団法人不動産適正取引推進機構，1994）.

［井上 1981］井上達夫「法の存在根拠は決定か正当化か―ケルゼンを突き刺すルール懐疑の毒牙」『法という企て』（東京大学出版会，2003）〔初出「ケルゼンとルール懐疑」長尾龍一他編『新ケルゼン研究』（木鐸社，1981）〕.

［―― 1985］井上達夫「法の存在と規範性―ドゥオーキンにおける法の存在性格」『法という企て』（東京大学出版会，2003）〔初出「法の存在と規範性―R・ドゥオーキンの法理論に関する一註釈」上原行雄・長尾龍一編『自由と規範―法哲学の現代的展開』（東京大学出版会，1985）〕.

［―― 1986］井上達夫「規範と法命題」，国家学会雑誌 98 巻 11・12 号，99 巻・2 号，99 巻 3・4 号，99 巻 5・6 号（1985-1986）.

［―― 1989］井上達夫「共同体と自己解釈的存在」『他者への自由』（創文社，1999）〔初

出「共同体の要求と法の限界」千葉大学法学論集 4 巻 1 号（1989)〕.
[── 1990] 井上達夫「共同体論の諸相と射程」『他者への自由』（創文社，1999)〔初出「共同体論─その諸相と射程」法哲学年報 1989（有斐閣，1990)〕.
[── 1995] 井上達夫「序説─なぜリベラリズムが問題なのか」『他者への自由』（創文社，1999)〔初出「リベラリズムと正統性─多元性の政治哲学」『岩波講座・現代思想（16) 権力と正統性』（岩波書店，1995)〕.
[── 1998] 井上達夫『新・哲学講義 7　自由・権力・ユートピア』（岩波書店，1998).
[── 1999a] 井上達夫『他者への自由』（創文社，1999).
[── 1999b] 井上達夫「法の支配─死と再生」『法という企て』（東京大学出版会，2003)〔初出「法の支配─死と再生」井上達夫・嶋津格・松浦好治編『法の臨界Ⅰ　法的思考の再定位』（東京大学出版会，1999)〕.
[── 2000] 井上達夫「公正競争とは何か─法哲学的試論」『法という企て』（東京大学出版会，2003)〔初出「公正競争とは何か─法哲学的試論」金子晃・根岸哲・佐藤徳太郎監修『企業とフェアネス─公正と競争の原理』（信山社，2000)〕.
[── 2003] 井上達夫『法という企て』（東京大学出版会，2003).
[── 2004] 井上達夫他「リベラリズムの再定義」思想 965 号（2004).
[今井・伊丹 1993] 今井賢一・伊丹敬之「組織と市場の相互浸透」伊丹敬之・加護野忠男・伊藤元重編『企業と市場─日本の企業システム(4)』（有斐閣，1993).
[ウィトゲンシュタイン 1975] L・ウィトゲンシュタイン（黒田亘訳）「確実性の問題」『ウィトゲンシュタイン全集 9』（大修館書店，1975).
[内田 1990] 内田貴『契約の再生』（弘文堂，1990).
[── 1993] 内田貴「現代契約法の新たな展開と一般条項（1)(2)(3)(4)」NBL514, 515, 516, 517 号（1993).
[── 2000] 内田貴『契約の時代』（岩波書店，2000).
[内村 1995] 内村鑑三『代表的日本人』（岩波書店，1995).
[江頭 2003] 江頭進「企業家論─カーズナー，ハーパー」尾近裕幸・橋本努編『オーストリア学派の経済学─体系的序説』（日本経済評論社，2003).
[大木 1992] 大木雅夫『比較法講義』（東京大学出版会，1992).
[大村 1993] 大村敦志「取引と公序」『契約法から消費者法へ』（東京大学出版会，1999)〔初出「取引と公序─法令違反行為効力論の再検討（上)(下)」ジュリスト 1023，1025 号（1993)〕.
[── 1995] 大村敦志『公序良俗と契約正義』（有斐閣，1995).
[大森 1984] 大森荘蔵「飯田隆の『演繹と換言』に対する大森荘蔵の応答『飯田氏に答えて』」野家啓一編『哲学の迷路─大森哲学批判と応答』（産業図書，1984).
[大屋 2006a] 大屋雄裕『法解釈の言語哲学─クリプキから根元的規約主義へ』（勁草書房，2006).
[── 2006b] 大屋雄裕「討議は何故必要か？─公共性と解釈的実践」井上達夫編『公共性の法哲学』（ナカニシヤ出版，2006).
[岡田 1972] 岡田与好「第 1 章　資本主義と『営業の自由』」『経済的自由主義─資本主義と自由』（東京大学出版会，1987)〔初出「資本主義と『営業の自由』」高柳信一・藤

田勇編『資本主義法の形成と展開 1』(東京大学出版会，1972)〕.
[—— 1985] 岡田与好「序論　経済的自由主義とは何か」『経済的自由主義—資本主義と自由』(東京大学出版会，1987)〔初出「経済的自由主義とは何か」『社会科学研究』37 巻 4 号 (1985)〕.
[岡田・高橋 2001] 岡田則之・高橋康文編『逐条解説　金融商品販売法』(金融財政事情研究会，2001).
[沖野 2000] 沖野眞已「『消費者契約法 (仮称)』における『契約締結過程』の規律—第 17 次国民生活審議会消費者政策部会報告を受けて」NBL685 号 (2000).
[尾近・橋本 2003] 尾近裕幸・橋本努編『オーストリア学派の経済学—体系的序説』(日本経済評論社，2003).
[オドリスコル & リッツオ 1999] J・P・オドリスコル・Jr. & M・J・リッツォ (橋本努・井上匡子・橋本千津子訳)『時間と無知の経済学—ネオ・オーストリア学派宣言』(勁草書房，1999).
[貝塚・奥村・首藤 2002] 貝塚啓明・奥村洋彦・首藤恵『金融』(東洋経済新報社，第 2 版，2002).
[堅田 2003] 堅田剛「権利と義務」石塚正英・柴田隆行監修『哲学・思想翻訳語事典』(論創社，2003).
[桂木 1995] 桂木隆夫『市場経済の哲学』(創文社，1995).
[—— 1998] 桂木隆夫『新版・自由社会の法哲学』(弘文堂，1998).
[—— 2005] 桂木隆夫『公共哲学とはなんだろう—民主主義と市場の新しい見方』(勁草書房，2005).
[—— 2006] 桂木隆夫「市場の平和と市場の公共性」井上達夫編『公共性の法哲学』(ナカニシヤ出版，2006).
[亀本 1988] 亀本洋「法におけるルールと原理—ドゥオーキンからアレクシーへの議論の展開を中心に (1)(2)」『法的思考』(有斐閣，2006)〔初出「法におけるルールと原理—ドゥオーキンからアレクシーへの議論の展開を中心に (1)(2)」法学論叢 122 巻 2 号，123 巻 3 号 (1987，1988)〕.
[—— 1990] 亀本洋「法解釈の理論」大橋智之輔・三島淑臣・田中成明編　『法哲学綱要』(青林書院，1990).
[—— 1998] 亀本洋「言語論的転回への懐疑—論理実証主義を中心に」『法的思考』(有斐閣，2006)〔初出「言語論的転回への懐疑—論理実証主義を中心に」法哲学年報 1997 (有斐閣，1998)〕.
[—— 2004] 亀本洋「『公正としての正義・再説』における格差原理の正当化」『国家と自由：憲法学の可能性』(日本評論社，2004).
[—— 2006] 亀本洋『法的思考』(有斐閣，2006).
[—— 2007] 亀本洋「一般条項について—広中俊雄教授の民法解釈方法論覚書その二」法学論叢 160 巻 3・4 号 (2007).
[河上 1993] 河上正二「キャッシュ・ディスペンサーからの現金引出しと銀行の免責」幾代通先生献呈『財産法学の新展開』(有斐閣，1993).
[—— 1998] 河上正二「4　民法四七八条 (債権の準占有者に対する弁済)」広中俊雄・星

野英一編『民法典の百年Ⅲ—個別的観察(2) 債権編』(有斐閣，1998).
[川島 1964] 川島武宜『科学としての法律学』(弘文堂，1964).
[—— 1987] 川島武宜『「科学としての法律学」とその発展』(岩波書店，1987).
[川田 1995] 川田悦男「カード規定試案改正条項の逐条解説」金融法務事情 1410 号 (1995).
[来生 1997] 来生新「消費者主権と消費者保護」『岩波講座・現代の法 (13) 消費生活と法』(岩波書店，1997).
[北川 1995] 北川善太郎「近未来の法モデルについて」法学論叢 136 巻 4・5・6 号 (1995).
[キャロル 2005] L・キャロル (柳瀬尚紀編訳)「亀がアキレスに言ったこと」『不思議の国の論理学』(筑摩書房，2005).
[草間 1929] 草間直方「三貨圖彙」瀧本誠一編『日本經濟大典(39)』(啓明社，1929).
[来栖 1954] 来栖三郎「法解釈と法律家」『来栖三郎著作集(1)』(信山社，2004)〔初出「法解釈と法律家」私法 11 号 (1954)〕.
[小粥 1996] 小粥太郎「説明義務違反による不法行為と民法理論 (上)(下)」ジュリスト 1087 号，1088 号 (1996).
[後藤 2002] 後藤巻則『消費者契約の法理論』(弘文堂，2002).
[小林公 1991] 小林公『合理的選択と契約』(弘文堂，1991).
[—— 1998] 小林公「法の自立性について—意味論の観点から」法哲学年報 1997 (有斐閣，1998).
[小林秀之 2001] 小林秀之編『詳解 金融商品販売法の解説』(新日本法規出版，2001).
[子安 1995] 子安宣邦「近世儒者知識人の存在と知の位相」『江戸思想史講義』(岩波書店，1998)〔初出「中井履軒・近世儒者知識人の存在と知の位相」思想 848 号 (岩波書店，1995)〕.
[—— 2004] 子安宣邦他『懐徳堂知識人の学問と生—生きることと知ること』懐徳堂記念会編 (和泉書院，2004).
[サイモン 1987] H・A・サイモン (佐々木恒男・吉原正彦訳)『意思決定と合理性』(文眞堂，1987).
[佐藤 1999] 佐藤憲一「法の不確定性—法理解のパラダイム転換に向けて (1)(2)」法学論叢 143 巻 2 号，144 巻 6 号 (1998，1999).
[ジェイコブズ 1998] J・ジェイコブズ (香西泰訳)『市場の倫理　統治の倫理』(日本経済新聞社，1998).
[潮見 2004] 潮見佳男『契約法理の現代化』(有斐閣，2004).
[—— 2005] 潮見佳男「説明義務・情報提供義務と自己決定」判例タイムズ 1178 号『説明義務・情報提供義務をめぐる判例と理論』(2005).
[—— 2007] 潮見佳男『プラクティス民法　債権総論』(信山社，第 3 版，2007).
[柴田 2003] 柴田隆行「自由」石塚正英・柴田隆行監修『哲学・思想翻訳語事典』(論創社，2003).
[嶋津 1985] 嶋津格『自生的秩序—ハイエクの法理論とその基礎』(木鐸社，1985).
[—— 1993] 嶋津格「進化論的契約論素描」千葉大法学論集 8 巻 1・2 号 (1993).
[—— 2007] 嶋津格「私と公をめぐって—私の生成を中心に」学術の動向 2007 年 8 月号 (2007).

[シュンペーター 1998] J・A・シュンペーター（清成忠男編訳）『企業家とは何か』（東洋経済新報社，1998）.
[情報サービス産業白書 2005] 経済産業省商務情報政策局監修『情報サービス産業白書2005』（コンピュータ・エージ社，2005）.
[鈴村 1993] 鈴村興太郎「競争・規制・自由」伊丹敬之・加護野忠男・伊藤元重編『企業と市場—日本の企業システム(4)』（有斐閣，1993）.
[スティグリッツ & チャールトン 2007] J・S・スティグリッツ & A・チャールトン（浦田秀次郎監訳）『フェアトレード—格差を生まない経済システム』（日本経済新聞社，2007）.
[瀬川 1999] 瀬川信久「民法解釈論の今日的位相」瀬川信久編『私法学の再構築』（北海道大学図書刊行会，1999）.
[セン 2000] A・セン「未来に向けて 往復書簡」朝日新聞 2000 年 10 月 18 日，19 日夕刊（2000）.
[曽野 2006] 曽野裕夫「商人による私的秩序形成と国家法の役割」絹巻康史・齋藤彰編『国際契約ルールの誕生』（同文館出版，2006）.
[—— 2007] 曽野裕夫「日本私法学会シンポジウム資料：競争秩序と民法—競争秩序と契約法」NBL863 号（2007）.
[高橋 2003] 高橋洋児「市場」石塚正英・柴田隆行監修『哲学・思想翻訳語事典』（論創社，2003）.
[田島 2000] 田島正樹「野矢茂樹『哲学・航海日誌』書評」哲学・科学史論叢 2 号（2000）.
[—— 2006a] 田島正樹『読む哲学事典』（講談社，2006）.
[—— 2006b] 田島正樹「公共性の母胎と革命的法創造」井上達夫編『公共性の法哲学』（ナカニシヤ出版，2006）.
[田中 1989] 田中成明『法的思考とはどのようなものか—実践知を見直す』（有斐閣，1989）.
[—— 1994] 田中成明『法理学講義』（有斐閣，1994）.
[棚瀬 1991] 棚瀬孝雄「契約と私的自治・序説」法曹時報 43 巻 1 号（1991）.
[谷口 2006] 谷口功一「立法機能における党派性と公共性」井上達夫編『公共性の法哲学』（ナカニシヤ出版，2006）.
[田村 1998] 田村善之「競争秩序と民法学」『競争法の思考形式』（1999，有斐閣）〔初出「競争的利益」ジュリスト 1126 号（1998）〕.
[ダメット 1998] M・ダメット（野本和幸他訳）『分析哲学の起源—言語への転回』（1998，勁草書房）.
[ダントレーヴ 1952] A・P・ダントレーヴ（久保正幡訳）『自然法』（岩波書店，1952）.
[富永・山片 1973] 富永仲基・山片蟠桃『日本思想史大系(43) 富永仲基 山片蟠桃』（岩波書店，1973）.
[鳥澤 2002] 鳥澤円『社会規範の探究—法の企ての基点』（博士論文・法学，2002）.
[—— 2005a] 鳥澤円「社会規範に従う「自由」？—自生的秩序の再検討」『法哲学年報2004』（有斐閣，2005）.
[—— 2005b] 鳥澤円「ランディ・バーネット『自由の構造』」森村進編『リバタリアニズム読本』（勁草書房，2005）.

[内閣府 2003] 内閣府国民生活局消費者企画課編（2003）『逐条解説　消費者契約法（補訂版）』（商事法務，2003）.

[―― 2007] 内閣府国民生活局消費者企画課編（2007）『逐条解説　消費者契約法（新版）』（商事法務，2007）.

[中田・山本・塩谷 2005] 中田裕康・山本和彦・塩谷國昭編『説明義務・情報提供義務をめぐる判例と理論』判例タイムズ 1178 号（2005）.

[中山 1991] 中山竜一「法理論における言語論的転回―『法と言語』の研究序説」法学論叢 129 巻 5 号，130 巻 2 号（1991）.

[―― 2000] 中山竜一『二十世紀の法思想』（岩波書店，2000）.

[ナジタ 1992] テツオ・ナジタ（子安宣邦訳）『懐徳堂― 18 世紀日本の「徳」の諸相』（岩波書店，1992）.

[那須 2001] 那須耕介「法の支配を支えるもの」摂南法学 25 号（2001）.

[―― 2007] 那須耕介「非法律家にとっての法学学習の意味について―『法学部無用論』の手前で」『法哲学年報 2006』（有斐閣，2007）.

[西野 1990] 西野基継「法の妥当根拠」大橋智之輔・三島淑臣・田中成明編 『法哲学綱要』（青林書院，1990）.

[野矢 1990] 野矢茂樹「根元的規約主義―論証の生きる場としての論理」現代思想 18 巻 10 号（1990）.

[―― 1995] 野矢茂樹『心と他者』（勁草書房，1995）.

[―― 1999] 野矢茂樹『哲学・航海日誌』（春秋社，1999）.

[ハーバーマス 1987] J・ハーバーマス（丸山高司他訳）『コミュニケイション的行為の理論（下）』（未来社，1987）.

[橋本努 1999] 橋本努『社会科学の人間学 自由主義のプロジェクト』（勁草書房，1999）.

[―― 2003a] 橋本努「市場プロセス論―カーズナー，ラックマン」尾近裕幸・橋本努編『オーストリア学派の経済学―体系的序説』（日本経済評論社，2003）.

[―― 2003b] 橋本努「知識論―リッツオ」尾近裕幸・橋本努編『オーストリア学派の経済学―体系的序説』（日本経済評論社，2003）.

[―― 2005] 橋本努「自由」森村進編『リバタリアニズム読本』（勁草書房，2005）.

[―― 2007] 橋本努『帝国の条件』（弘文堂，2007）.

[橋本祐子 2008] 橋本祐子『リバタリアニズムと最小福祉国家―制度的ミニマリズムをめざして』（勁草書房，2008）.

[馬場 2005] 馬場圭太「説明義務と証明責任」判例タイムズ 1178 号『説明義務・情報提供義務をめぐる判例と理論』（2005）.

[濱 2008] 濱真一郎『バーリンの自由論―多元的リベラリズムの系譜』（勁草書房，2008）.

[ハルダッハ＆シリング 1988] G・ハルダッハ ＆ J・シリング（石井和彦訳）『市場の書―マーケットの経済・文化史』（同文舘出版，1988）.

[平野・亀本・服部 2002] 平野仁彦・亀本洋・服部高宏『法哲学』（有斐閣，2002）.

[広中 1989] 広中俊雄『新版民法綱要　第 1 巻　総論』（創文社，1989）.

[―― 1997] 広中俊雄『民法解釈方法に関する十二講』（有斐閣，1997）.

[深田 1983] 深田三徳『法実証主義論争―司法裁量論批判』（法律文化社，1983）.

［プラトン 1979］プラトン（藤沢令夫訳）『国家(上)』（岩波書店，1979）.
［M・フリードマン & R・フリードマン 1980］M・フリードマン＆R・フリードマン（西山千晶訳）『選択の自由』（日本経済新聞社，1980）.
［ブルクハルト 1989］ブルクハルト（柴田治三郎訳）「イタリア・ルネサンスの文化一試論」『世界の名著(56) ブルクハルト』（中央公論社，1989）.
［ヘバード & リンク 1984］R・F・ヘバード & A・N・リンク（池本正純・宮本光晴訳）『企業者論の系譜―18世紀から現代まで』（ホルト・サウダース・ジャパン，1984）.
［ペルチンスキー & グレイ 1987］Z・A・ペルチンスキー & J・グレイ（飯島昇藏・千葉眞他訳）『自由論の系譜』（行人社，1987）.
［星野 1966］星野英一「現代における契約」『民法論集(3)』（有斐閣，1972）〔初出「現代における契約」岩波講座『現代法(8) 現代法と市民』（1966）〕.
［―― 1983］星野英一「契約思想・契約法の歴史と比較法」『民法論集(6)』（1986）〔初出「契約思想・契約法の歴史と比較法」岩波講座『基本法学(4) 契約』（1983）〕.
［ホッブス 2002］T・ホッブス（田中浩他訳）『哲学者と法学徒との対話―イングランドのコモン・ローをめぐる』（岩波書店，2002）.
［ポラニー 1980］M・ポラニー（佐藤敬三訳）『暗黙知の次元―言語から非言語へ』（紀伊國屋書店，1980）.
［マクラミン 2007］J・マクラミン（瀧澤弘和・木村友二訳）『市場を創る―バザールからネット取引まで』（NTT出版，2007）.
［マコーミック 1996］N・マコーミック（角田猛之他訳）『ハート法理学の全体像』（晃洋書房，1996）.
［松浦 1999］松浦好治「法的イマジネーション」井上達夫・嶋津格・松浦好治編『法の臨界Ⅲ 法実践への提言』（東京大学出版会，1999）.
［松阪 1992］松阪陽一「根元的規約主義の可能性」哲学誌34巻（1992）.
［宮川 2002］宮川康子『自由学問都市大阪』（講談社，2002）.
［森際 1983］森際康友「法・言語・行為―H・L・A・ハートの法概念論の一分析（一）(二)(三)(四)(五)」法学協会雑誌98巻11号，99巻1，4，8号，100巻1号（1981―1983）.
［森田 1998a］森田修「『独禁法違反行為による私法上の効力』試論―独禁法による民法の〈支援〉」経法19号（有斐閣，1998）.
［―― 1998b］森田修「民法典と個別政策立法―〈支援された自律〉の概念によるエスキース」『岩波講座・現代の法（4）政策と法』（岩波書店，1998）.
［―― 2000］森田修「市場における公正と公序良俗」金子晃・根岸哲・佐藤徳太郎監修『企業とフェアネス―公正と競争の原理』（信山社，2000）.
［森村 1989］森村進『権利と人格―超個人主義の規範理論』（創文堂，1989）.
［―― 1995］森村進『財産権の理論』（弘文堂，1995）.
［―― 2001］森村進『自由はどこまで可能か―リバタリアニズム入門』（講談社，2001）.
［―― 2005］森村進「人間像」森村進編『リバタリアニズム読本』（勁草書房，2005）.
［―― 2007］森村進「分配的平等主義の批判」一橋法学6巻2号（2007）.
［ヤーギン＆スタニスロー 1998］D・ヤーギン＆J・スタニスロー（山岸洋一訳）『市場対

国家（上）』（日本経済新聞社，1998）.
[山田卓生 1992]「借家契約における賃借人の年齢と要素の錯誤（平成2年4月24日東京地裁判決）」ジュリスト1009号（1992）.
[山田八千子 1995] 山田八千子「契約法と配分的正義―クロンマンとコリンズの所説を中心に」成城法学48号（1995）.
[―― 1999] 山田八千子「市場における自律性―契約理論の再構成」井上達夫・嶋津格・松浦好治編『法の臨界Ⅲ 法実践への提言』（東京大学出版会，1999）.
[―― 2001] 山田八千子「書評― H. Collins, Regulating Contracts」比較法38巻（2001）.
[―― 2002] 山田八千子「法命題の正当化と根元的規約主義―市場への法的規制を素材として」法哲学年報2001（有斐閣，2002）.
[―― 2003] 山田八千子「市場経済と市場倫理―契約に対する法的規制を中心に」『市場の法文化』（国際書院，2003）.
[―― 2005a] 山田八千子「私法におけるリバタリアニズムの自由の構造―契約法理論を中心にして」『法哲学年報2004』（有斐閣，2005）.
[―― 2005b] 山田八千子「デイヴィド・ゴティエ『合意による道徳』」森村進編『リバタリアニズム読本』（勁草書房，2005）.
[―― 2007] 山田八千子「法曹養成・法科大学院・法哲学教育」『法哲学年報2006』（有斐閣，2007）.
[山本敬三 1993] 山本敬三「現代社会におけるリベラリズムと私的自治（1）（2）」法学論叢133巻4号，5号（1993）.
[―― 1996] 山本敬三「取引関係における公法的規制と私法の役割―取締法規論の再検討」『公序良俗論の再構成』（有斐閣，2000）〔初出「取引関係における公法的規制と私法の役割―取締法規論の再検討(1)(2)」ジュリスト1087，1088号（1996）〕.
[―― 2000] 山本敬三「消費者契約法と情報提供法理の展開」金融法務事情1596号（2000）.
[―― 2001] 山本敬三「消費者契約法の意義と民法の課題」民商法雑誌123巻4・5号（2001）.
[―― 2004] 山本敬三「契約関係における基本権の侵害と民事救済の可能性」田中成明編『現代法の展望―自己決定の諸相』（2004，有斐閣）.
[山本顯治 1989] 山本顯治「契約交渉関係の法的構造についての一考察（1）（2）（3）」民商法雑誌100巻2, 3, 5号（1989）.
[―― 1993] 山本顯治「契約規範の獲得とその正当化」谷口知平先生追悼『契約法』（信山社，1993）.
[―― 2006] 山本顯治「競争秩序と契約法―『厚生と権利』の一局面」神戸法学雑誌56巻3号（2006）.
[山本豊 1997] 山本豊『不当条項規制と自己責任・契約正義』（有斐閣，1997）.
[湯浅 2001] 湯浅邦弘編『懐徳堂事典』（大阪大学出版会，2001）.
[UNIDROIT 2004] 曽野和明他訳『UNIDROIT 国際商事契約原則』（商事法務，2004）.
[横山 1996] 横山美夏「契約締結過程における情報提供義務」ジュリスト1094号（1996）.
[吉田克己 1999] 吉田克己『現代市民社会と民法学』（日本評論社，1999）.
[―― 2005] 吉田克己「競争秩序と民法」厚谷襄児先生古稀『競争法の現代的諸相（上）』

（信山社，2005）.
［── 2007］吉田克己「日本私法学会シンポジウム資料：競争秩序と民法―総論・競争秩序と民法」NBL863号（2007）.
［吉田昌幸 2003］吉田昌幸「社会制度としての市場と企業家活動との相互補完性」ハイエク・カーズナー・ハーパーの市場＝企業家論から」経済学研究54巻2号（2004）.
［渡辺 2001］渡辺幹雄『ロールズ正義論再説―その問題と変遷の各論的考察』（春秋社，2001）.

〈英語文献〉

［Alexander & Wang 1984］L.ALEXANDER & W.WANG（1984）, *Natural Advantages and Contractual Justice*, 3 Law & Philosophy 281.
［Atiyah 1979］P.S. ATIYAH（1979）, THE RISE AND FALL OF FREEDOM OF CONTRACT（Clarendon Press）.
［Barnett 1986］R.E.BARNETT（1986）, *A Consent Theory of Contract*, 86 COLUM.L.REV. 269.
［── 1998］R.E.BARNETT（1998）, THE STRUCTURE OF LIBERTY : JUSTICE AND THE RULE OF LAW（Oxford University Press）. R・E・バーネット（嶋津格・森村進監訳）『自由の構造―正義・法の支配』（木鐸社，2000）.
［── 2000］R.E.BARNETT（2000）, *Lecture on a Consent Theory of Contract*, 早稲田大学比較法研究所講演記録集 vol.3. R・E・バーネット（小粥太郎訳）「契約法における同意理論」比較法学35巻1号（2001）.
［Barry 1986］N.BARRY（1986）ON CLASSICAL LIBERALISM AND LIBERTARIANISM（Macmillan）. N・バリー（足立幸男監訳）『自由の正当性―古典的自由主義とリバタリアニズム』（木鐸社，1990）.
［Berlin 1958］I.BERLIN（1969）, *Two Concepts of Liberty* in FOUR ESSAYS ON LIBERTY（Oxford University Press）〔first published 1958〕. I.バーリン（小川晃一他訳）「二つの自由概念」『自由論』みすず書房（1971）.
［── 1969］I.BERLIN（1969）, FOUR ESSAYS ON LIBERTY（Oxford University Press）. I・バーリン（小川晃一他訳）『自由論』（みすず書房，新装版，2000）.
［Boaz 1997］D.BOAZ（1997）, LIBERTARIANISM : A PRIMER（Free Press）.
［Brownsword 1994］BROWNSWORD（1994）, *The Philosophy of Welfarism and its Emergence in the Modern English Law of Contract* in WELFARISM IN CONTRACT LAW（Dartmouth）.
［Brownsword, Howells & Wilhelmsson 1994］Brownsword, Howells & Wilhelmsson（1994）, *General Introduction* in WELFARISM IN CONTRACT LAW（Dartmouth）.
［Collins 1992］H.COLLINS（1992）, *Distributive Justice through Contracts*, 45（2）CURRENT LEGAL PROBLEMS 49.
［── 1994］H.COLLINS（1994）, *Disclosure of Information and Welfarism* in WELFARISM IN

CONTRACT LAW (Dartmouth).

[—— 1999] H.COLLINS (1999), REGULATING CONTRACTS (Oxford University Press).

[—— 2003] H.COLLINS (2003), THE LAW of CONTRACT (4ed. LexisNexis).

[Dore 1965] R.P.DORE (1965), EDUCATION IN TOKUGAWA JAPAN (Routledge). R・P・ドーア(松居弘道訳)『江戸期の教育』(岩波書店, 1970).

[Dummett 1959] M.DUMMETT (1959), *Wittgenstein's Philosophy of Mathematics*, 68 PHILOSOPHICAL REV. 324 〔in TRUTH AND OTHER ENIGMAS (Gerald Duckworth & Company Limited, 1978)〕. M・ダメット(藤田晋吾訳)「ウィトゲンシュタインの数学の哲学」『真理という謎』(勁草書房, 1986).

[Dworkin 1977] R.DWORKIN (1977), TAKING RIGHTS SERIOUSLY (Harvard University Press). R・ドゥウオーキン(木下毅・小林公・野坂泰司訳)『権利論』(木鐸社, 1986), 同(小林公訳)『権利論Ⅱ』(木鐸社, 2001).

[—— 1986] R.DWORKIN (1986), LAW'S EMPIRE (Fontana Press). R・ドゥウオーキン(小林公訳)『法の帝国』(未来社, 1995).

[Eisenberg 1982] M.A.EISENBERG (1982), *The Bargain Principle and Its Limits*, 95 HARV. LAW REV.741 (1982).

[Epstein 1985] R.A.EPSTEIN (1985), TAKINGS : PRIVATE PROPERTY AND THE POWER OF EMINENT DOMAIN (Harvard University Press). R・A・エプステイン(松浦好治監訳)『公用収用の理論—公法私法二分論の克服と統合』(木鐸社, 2000).

[Frank 1930] J. FRANK (1963), LAW AND THE MODERN MIND (Anchor Books ed. Peter Smith) [first published 1930]. J・フランク著(棚瀬孝雄・棚瀬一代訳)『法と現代精神』(弘文堂, 1974).

[Fried 1981] C. FRIED (1981), CONTRACT AS PROMISE (Harvard University Press).

[Friedman 1989] D.FRIEDMAN (1989), THE MACHINERY OF FREEDOM (Open Court). D・フリードマン(森村進他訳)『自由のためのメカニズム—アナルコ・キャピタリズムへの道案内—』(勁草書房, 2003).

[Fuller 1969] L.FULLER (1969), THE MORALITY OF LAW (revised ed.) 〔1st ed. 1964〕.

[Gauthier 1986] D.GAUTHIER (1986), MORALS BY AGREEMENT (Oxford University Press). D・ゴティエ(小林公訳)『合意による道徳』(木鐸社, 1999).

[Gordley 1991] J.GORDLEY (1991), THE PHILOSOPHICAL ORIGINS OF MODERN CONTRACT DOCTRINE (Oxford University Press).

[—— 2001] J.GORDLEY (2001), *Contract Law in the Alistotelian Tradition* in THE THEORY OF CONTRACT LAW (P. Benson ed. Cambridge University Press).

[—— 2006] J.GORDLEY (2006), FOUNDATIONS OF PRIVATE LAW (Oxford University Press).

[Harper 1996] D.A.HARPER (1996), ENTREPRENEURSHIP AND THE MARKET PROCESS : AN ENQUIRY INTO THE GROWTH OF KNOWLEDGE (Routledge).

[—— 2003] D.A.HARPER (2003), FOUNDATIONS OF ENTREPRENEURSHIP AND ECOMOMIC DEVELOPMENT (Routledge).

[Hart 1961] H.L.A.HART (1994), THE CONCEPT OF LAW WITH POSTCRIPT EDITED BY P.A. BULLOCH AND J. RAZ (Oxford University Press) [1st ed. 1961]. 第1版の翻訳：H・L・

A. ハート（矢崎光圀監訳）『法の概念』（みすず書房，1976）.

[Hayek 1949] F.A.Hayek（1949），*The Use of Knowledge in Society* in Individualism and Economic Order（Routledge & K. Paul）. F・A・ハイエク（田中真晴・田中秀夫編訳）「社会における知識の利用」『市場・知識・自由』（ミネルヴァ書房，1986）.

[—— 1973] F.A.Hayek（1993），Law,Legislation and Liberty（reprinted by Routledge）：Volume 1（1973），Volume 2（1976），Volume 3（1979）. F・A・ハイエク（矢島鈞次・水吉俊彦訳）『法と立法と自由Ⅰ』（春秋社，1987），ハイエク（篠塚慎吾訳）『法と立法と自由Ⅱ』（春秋社，1987），ハイエク（渡辺茂訳）『法と立法と自由Ⅲ』（春秋社，1988）.

[Ihering 1924] R.von.Ihering（1924），Law as a Means to an End〔translated from by Isaac Husik（Macmillan）〕.

[Kelsen 1960] H.Kelsen（1967），Pure Theory of Law（translated by Max Knight, University of California Press）〔by translation from Hans Kelsen's Reine Rechtslehre（2nd German ed. 1960）〕. 第1版（1934）の翻訳：H・ケルゼン（横田喜三郎訳）『純粋法学』（岩波書店，1935）.（ただし，第2版は第1版を大幅に改訂している）.

[Kirzner 1973] I.M.Kirzner（1973），Competition and Entrepreneurship（The University of Chicago Press）. I・M・カーズナー（田島義博監訳）『競争と企業家精神：ベンチャーの経済理論』（千倉書房，1985）.

[—— 1997] I.M.Kirzner（1997），How markets work : Disequilibrium, Entrepreneurship and Discovery（The Institute of Economic Affairs）. I・M・カーズナー（西岡幹雄，谷村智輝訳）『企業家と市場とは何か』（日本経済評論社，2001）.

[Kripke 1982] S.A.Kripke（1982），Wittgenstein on Rules and Private Language（Basil Blackwell）. S・A・クリプキ『ウィトゲンシュタインのパラドックス—規則・私的言語・他人の心』（産業図書，1983）.

[Kronman 1980] A.Kronman（1980），*Contract Law and Distributive Justice*, 89 Yale Law J. 472.

[Kukathas & Pettit1990] C.Kukathas & P. Pettit（1990），Rawls : A Theory of Justice and its Critics（Polity Press）. C・クカサス & P・ペティット（嶋津格・山田八千子訳）『ロールズ：「正義論」とその批判者たち』（勁草書房，1996）.

[Laski 1936] H.J.Laski（1936），The Rise of European Liberalism（Allen & Unwin）. H・J・ラスキ（石上良平訳）『ヨーロッパ自由主義の発達』（みすず書房，1951）.

[Locke 1690] J.Locke（1980），Second Treatise Government（C.B.Macpherson ed. Hackett）[originally published 1690]. J・ロック（鵜飼信成訳）『市民政府論』（岩波書店，1968）.

[Lucy 1989] W.N.R.Lucy（1989），*Contract as a Mechanism of Distributive Justice*, 9 Oxford Journal of Legal Stud. 132.

[Lukes 1973] S.Lukes（1973），Individualism（Basil Blackwell）. S・ルークス（間宏訳）『個人主義』（御茶の水書房，1981）.

[Macneil 2001] I. Macneil（2001），The Relational Theory of Contract : Selected

WORKS OF IAN MACNEIL (D. Campbell ed. Sweet & Maxwell).

[—— 2003] I.MACNEIL (2003), *Reflections on Relational Contract Theory after a Neo-Claccical Seminar*, in IMPLICIT DIMENSIONS OF CONTRACT (Hart Publishing).

[Mill 1859] J.S.MILL (1929), ON LIBERTY (The Thinker's Library, Watts & Co)〔first published 1859〕. J・S・ミル (早坂忠訳)『自由論』『世界の名著 (49) ベンサム J・S・ミル』(中央公論社, 1979).

[Mises 1949] L.VON MISES (1949), HUMAN ACTION : A TREATISE ON ECONOMICS (Hodge). L・V・ミーゼス (村田稔雄訳)『ヒューマン・アクション』(春秋社, 1991).

[Mouffe 2000] C.MOUFFE (2000), THE DEMOCRATIC PARADOX (Verso). C・ムフ (葛西弘隆訳)『民主主義の逆説』(以文社, 2006).

[Nozick 1974] R.NOZICK (1974), ANARCHY, STATE, AND UTOPIA (Brackwell). R・ノージック (嶋津格訳)『アナーキー・国家・ユートピア　(上)』(木鐸社, 1985), R・ノージック (嶋津格訳)『アナーキー・国家・ユートピア　(下)』(木鐸社, 1989).

[Posner 2000] E.A.POSNER (2000), LAW AND SOCIAL NORMS (Harvard University Press). E・A・ポズナー (太田勝造訳)『法と社会規範—制度と文化の経済分析』(木鐸社, 2002).

[Rand 1957] A.RAND (1957), ATLAS SHRUGGED (New American Library). A・ランド (脇坂あゆみ訳)『肩をすくめるアトラス』(ビジネス社, 2004).

[Rawls 1971] J.RAWLS (1971), THEORY OF JUSTICE (Oxford University Press). J・ロールズ (矢島鈞次監訳)『正義論』(紀伊國屋書店, 1979).

[—— 2001] J.RAWLS (2001), JUSTICE AS FAIRNESS: A RESTATEMENT (Harvard University Press). J・ロールズ (田中成明・亀本洋・平井亮輔訳)『公正としての正義　再説』(岩波書店, 2004).

[Raz 1984] J.RAZ (1984), *Right—based Moralities* in THEORIES OF RIGHTS (Oxford University Press, J. Waldron ed.). J・ラズ (宇佐美誠訳)「権利を基底におく道徳」森際康友編『自由と権利』(勁草書房, 1996).

[—— 1989] J.RAZ (1989), *Liberalism, Skepticism, and Democracy*, 74 IOWA LAW REVIEW 761. J・ラズ (井上達夫訳)「リベラリズム・懐疑・民主制」森際康友編『自由と権利』(勁草書房, 1996).

[Richardson 1990] M.RICHARDSON (1990), *Contract Law and Distributive Justice Revisited*, 10 LEGAL STUD. 258.

[Riesman 1961] D.RIESMAN (1961), THE LONELY CROWD (Abridged ed. Yale University Press)〔first published 1950 (Yale University Press)〕. 1961年版の翻訳　D・リースマン (加藤秀俊訳)「孤独な群衆」(みすず書房, 1964).

[Rorty 1967] R.RORTY (1967), *Introduction Metaphilophical Difficulties of Linguistic Philosophy* in THE LINGUISTIC TURN: RECENT ESSAYS IN PHILOSOPHICAL METHOD (R. Rorty ed. University of Cicago Press 1967).

[Rothbard 1998] M.N. ROTHBARD (1998), THE ETHICS OF LIBERTY (NewYork University Press). M・N・ロスバード (森村進・森村たまき・鳥澤円訳)『自由の倫理学—リバタリアニズムの理論体系』(勁草書房, 2003).

[Sandel 1998] M.J.Sandel (1998), Liberalism and the Limits of Justice (2ed. Cambridge University Press). M・J・サンデル (菊池理夫訳)『リベラリズムとその限界』(三嶺書房, 第二版, 1999).

[Shand 1990] A.H.Shand (1990), Free Market Morality : The Political Economy of the Austrian School (Routledge). A・H・シャンド (中村秀一・池上修訳)『自由市場の道徳性―オーストリア学派の政治経済学』(勁草書房, 1994).

[Stiglitz 2002] J.E.Stiglitz (2002), Globalization and Its Discontents (Norton). J・E・スティグリッツ (鈴木主悦訳)『世界を不幸にしたグローバリズムの正体』(徳間書店, 2002).

[Stringham 2006] E.P.Stringham (2006), *Introduction*, in Anarchy and the Law (E.P.Stringham ed. Transaction Publishers).

[Sunstein 1996] C.R.Sunstein (1996), *Social Norms and Social Roles*, 96 Colum. L.Rev. 903.

[Wilhelmsson 1993] T.Wilhelmsson (1993), *Questions for a Critical Contract Law — and a Contradictory Answer : Contract as Social Cooperation*, in Perspectives of Critical Contract Law (T. Wilhelmsson ed. Dartmouth).

[Wittgenstein 1953] L. Wittgenstein (1953), Philosophical Investigations (translated by G.E.M. Anscombe, 3rd, 2001, Blackwell)〔by translation from L Wittgenstein's Philosophische Untersuchungen (1953)〕. L. ウィトゲンシュタイン (藤本隆志訳)「哲学探究」『ウィトゲンシュタイン全集 8』(大修館書店, 1976).

[Wolff 1991] J. Wolff (1991), Robert Nozick : Property, Justice and the Minimal State (Blackwell). J・ウルフ著 (森村進・森村たまき訳)『ノージック―所有・正義・最小国家』(勁草書房, 1994).

著者紹介

山田八千子（やまだ・やちこ）

東京生まれ
中央大学法学部法律学科卒業
中央大学法学研究科博士前期課程修了
現在　中央大学法科大学院教授・弁護士（東京弁護士会）
専攻　法哲学・民法
著書　『法の臨界Ⅲ』（共著、東京大学出版会・1999）、『市場の法文化』（共著、国際書院・2003）、『リバタリアニズム読本』（共著、勁草書房・2005）、『債権総論　STEP UP』（共著、不磨書房・2005）
訳書　クカサス・ペテッィト『ロールズ―「正義論」とその批判者たち』（共訳、勁草書房・1996）、バーネット『自由の構造』（共訳、木鐸社・2000）

自由の契約法理論【法哲学叢書 9】

平成 20 年 6 月 15 日　初版 1 刷発行

著　者　山　田　八千子
発行者　鯉　渕　友　南
発行所　株式会社　弘　文　堂　101-0062 東京都千代田区神田駿河台 1 の 7
TEL 03(3294)4801　振 替 00120-6-53909
http://www.koubundou.co.jp
装　丁　笠　井　亞　子
印　刷　三美印刷
製　本　井上製本所

ISBN978-4-335-30090-5